TEOLOGIA DA MISSÃO

Dados Internacionais de Catalogação na Publicação (CIP)
(Câmara Brasileira do Livro, SP, Brasil)

Suess, Paulo
  Teologia da Missão : convocar e enviar : servos e testemunhas do Reino / Paulo Suess. – 5. ed. – Petrópolis, RJ : Vozes, 2024. – (Coleção Iniciação à Teologia)

  ISBN 978-85-326-6944-5
  1. Evangelização 2. Missão da Igreja 3. Missões – Teoria I. Título. II. Série.

24-221420   CDD-266.001

Índices para catálogo sistemático:
1. Teologia da Missão : Cristianismo   266.001
Cibele Maria Dias – Bibliotecária – CRB-8/9427

PAULO SUESS

TEOLOGIA DA MISSÃO

Convocar e enviar servos e
testemunhas do Reino

EDITORA
VOZES

Petrópolis

© 2007, 2025, Editora Vozes Ltda.
Rua Frei Luís, 100
25689-900 Petrópolis, RJ, Brasil
www.vozes.com.br

Todos os direitos reservados. Nenhuma parte desta obra poderá ser reproduzida ou transmitida por qualquer forma e/ou quaisquer meios (eletrônico ou mecânico, incluindo fotocópia e gravação) ou arquivada em qualquer sistema ou banco de dados sem permissão escrita da editora.

CONSELHO EDITORIAL
Diretor
Volney J. Berkenbrock

Editores
Aline dos Santos Carneiro
Edrian Josué Pasini
Marilac Loraine Oleniki
Welder Lancieri Marchini

Conselheiros
Elói Dionísio Piva
Francisco Morás
Teobaldo Heidemann
Thiago Alexandre Hayakawa

Secretário executivo
Leonardo A.R.T. dos Santos

PRODUÇÃO EDITORIAL
Aline L.R. de Barros
Anna Catharina Miranda
Eric Parrot
Jailson Scota
Marcelo Telles
Mirela de Oliveira
Natália França
Priscilla A.F. Alves
Rafael de Oliveira
Samuel Rezende
Verônica M. Guedes

Editoração: A.J.P.
Diagramação: Littera Comunicação e Design
Revisão gráfica: Nilton Braz da Rocha
Capa: Editora Vozes

ISBN 978-85-326-6944-5

A presente publicação é uma edição atualizada das temáticas anteriormente desenvolvidas pelo autor em sua obra *Introdução à Teologia da Missão – Convocar e enviar: servos e testemunhas do Reino*, publicada em 2007 e que teve 4 edições.

Este livro foi composto e impresso pela Editora Vozes Ltda.

Sumário

Abreviaturas e siglas, 7
Prefácio, 13
Apresentação à segunda edição, 15
Introdução, 19
1 Da revelação: fundamentos bíblicos, 31
  1.1 Unidade dos testamentos, 32
  1.2 Convite ao Monte Sião (Antigo Testamento), 35
  1.3 Envio ao mundo (Novo Testamento), 41
  1.4 Revelação em outras religiões, 48
  1.5 Resumo, palavras-chave, questões, 52
2 Da origem: O mistério trinitário da *missio Dei*, 54
  2.1 A missão de Deus, 56
  2.2 O Espírito Santo: protagonista da missão, 61
  2.3 Desdobramentos eclesiológicos, 66
  2.4 Seguimento, identidade, transformação, 68
  2.5 Resumo, palavras-chave, questões, 72
3 Da mística: caminhar despojado na luta, 73
  3.1 O caminho, 75
  3.2 O despojamento, 80
  3.3 A luta, 86
  3.4 Resumo, palavras-chave, questões, 91
4 Da história: aprendizados de ontem para hoje e amanhã, 93
  4.1 Desde os primórdios: rejeição e assunção, 94
  4.2 A conquista espiritual, 101
  4.3 Cenário um: José de Anchieta (1534-1597), 104
  4.4 Cenário dois: Francisco Xavier (1506-1552), 108
  4.5 Resumo, palavras-chave, questões, 114

5 Do Vaticano II: da territorialidade da missão à essência missionária da Igreja, 116
   5.1 A Igreja entre isolamento e *aggiornamento*, 117
   5.2 O caminho tortuoso do decreto *Ad Gentes*, 119
   5.3 A Teologia da Missão no coração do Concílio, 129
   5.4 Hermenêutica da continuidade com descontinuidade, 134
   5.5 Resumo, palavras-chave, questões, 138

6 Do magistério latino-americano: sinais dos tempos: libertação, participação, inculturação, confirmação, 140
   6.1 Medellín: ler os sinais dos tempos, 142
   6.2 Puebla: assunção, comunhão, participação, 147
   6.3 Santo Domingo: inculturação, 151
   6.4 Aparecida: a missão como paradigma-síntese, 157
   6.5 Resumo, palavras-chave, questões, 167

7 Do diálogo: pluralismo intercultural, macroecumênico e teológico-pastoral, 169
   7.1 Diálogo intercultural, 170
   7.2 Macroecumenismo e pluralismo teológico, 182
   7.3 Resumo, palavras-chave, questões, 195

8 Da prática: discernimentos na ação, horizontes de comunicação, 197
   8.1 Discernimentos do agir missionário em seis continentes, 198
   8.2 Comunicação intercultural da fé, 209
   8.3 Resumo, palavras-chave, questões, 220

9 Do projeto: a proposta de uma "Igreja em saída" no itinerário do Papa Francisco, 222
   9.1 Fontes de inspiração, 223
   9.2 Linhas mestras, 232
   9.3 Resumo, palavras-chave, questões, 247

10 Da sinodalidade como bandeira e avental da missão, 249
   10.1 Articulação entre sinodalidade e missionariedade, 251
   10.2 O Sínodo para a Amazônia (2019), 254
   10.3 Conferência Eclesial da Amazônia e do Caribe (Ceama), 260
   10.4 XVI Assembleia Geral do Sínodo dos Bispos (2021-2024), 268
   10.5 Resumo, palavras-chave, questões, 278

Referências, 281

Abreviaturas e siglas

AA	*Apostolicam Actuositatem*, Decreto do Vaticano II sobre o Apostolado dos Leigos, 1965.
AG	*Ad Gentes*, Decreto do Vaticano II sobre a Atividade Missionária da Igreja, 1965.
Ap	Livro do Apocalipse de João (NT).
At	Atos dos Apóstolos (NT).
CdC	Comunidade de comunidades: uma nova paróquia, 2014.
Ceama	Conferência Eclesial da Amazônia, 2020.
Celam	Conselho Episcopal Latino-Americano, Bogotá.
ChL	*Christifideles Laici*, Exortação Apostólica Pós-sinodal de João Paulo II, 1988.
Cimi	Conselho Indigenista Missionário, Brasília (DF).
Clar	Confederação Latino-Americana e Caribenha de Religiosos e Religiosas, Bogotá.
CNBB	Conferência Nacional dos Bispos do Brasil.
Cor	Carta aos Coríntios (NT).
CTI	Comissão Teológica Internacional.
DA	*Diálogo e Anúncio*. Pontifício Conselho para o Diálogo Inter-religioso, 1991.
DAp	Celam, *Documento de Aparecida*. V Conferência Geral do Episcopado Latino-Americano e do Caribe, 2007.
DCE	*Deus Caritas Est*, Carta Encíclica de Bento XVI sobre o Amor Cristão, 2005.

DDI	*Dominus Iesus*, Declaração sobre a Unicidade e Universalidade Salvífica de Jesus Cristo e da Igreja. Congregação para a Doutrina da Fé, 2000.
DeV	*Dominus et Vivificantem*, Carta Encíclica de João Paulo II sobre o Espírito Santo na Vida da Igreja e do Mundo, 1986.
DFSA	Documento Final do Sínodo para a Amazônia (2019).
DFSU	Documento Final, XVI Assembleia Geral Ordinária do Sínodo Universal dos Bispos, Segunda Sessão, 2024.
DGAE	Diretrizes Gerais da Ação Evangelizadora da Igreja no Brasil, CNBB.
DH	*Dignitatis Humanae*, Declaração do Vaticano II sobre a Liberdade Religiosa, 1965.
DI	Discurso Inaugural de Bento XVI na V Conferência Geral do Episcopado Latino-Americano e do Caribe (Aparecida), 2007.
DM	Celam, Documento de Medellín. II Conferência Geral do Episcopado Latino-Americano e do Caribe, 1968
DN	*Dilexit nos*, Carta Encíclica do Papa Francisco sobre o amor humano e divino do coração de Jesus, 2024.
DNC	Diálogo com os Não Crentes, Secretariado para os Não Crentes (1968).
DP	Celam, Documento de Puebla. III Conferência Geral do Episcopado Latino-Americano e do Caribe, 1979.
DSD	Celam, Documento de Santo Domingo. IV Conferência Geral do Episcopado Latino-Americano e do Caribe, 1992.
DV	*Dei Verbum*, Constituição Dogmática do Vaticano II sobre a Revelação Divina, 1965.
EC	*Episcopalis Communio*, Constituição Apostólica do Papa Francisco sobre o Sínodo dos Bispos, 2018.

EG	*Evangelii Gaudium*, Exortação Apostólica do Papa Francisco sobre o anúncio do Evangelho no mundo atual, 2013.
EN	*Evangelii Nuntiandi*, Exortação Apostólica do Papa Paulo VI sobre a Evangelização no mundo contemporâneo, 1975.
ES	*Ecclesiam Suam*, Carta Encíclica do Papa Paulo VI sobre os caminhos da Igreja, 1964.
FABC	*Federation of Asian Bishops' Conferences*.
FeR	*Fides et Ratio*, Carta Encíclica do Papa João Paulo II sobre as relações entre fé e razão, 1998.
FT	*Fratelli Tutti*, Encíclica do Papa Francisco sobre a fraternidade e a amizade social, 2020.
GD	*Gaudete in Domino*, Exortação Apostólica do Papa Paulo VI sobre a alegria cristã, 1975.
GE	*Gravissimum Educationis*, Declaração do Papa Paulo VI sobre a Educação Cristã, 1965.
Gl	Carta aos Gálatas (NT).
Gn	Livro do Gênesis (AT).
GS	*Gaudium et Spes*, Constituição Pastoral do Vaticano II sobre a Igreja no mundo de hoje, 1965.
Hb	Carta aos Hebreus (NT).
IL/12	*Instrumentum Laboris* da XIII Assembleia Geral Ordinária do Sínodo dos Bispos sobre *A Nova Evangelização para a Transmissão da Fé Cristã*, 2012.
IM	*Inter Mirifica*, Decreto do Vaticano II sobre os Meios de Comunicação Social, 1963.
Is	Profeta Isaías (AT).
Jo	Evangelho segundo João (NT).

LG	*Lumen Gentium*, Constituição Dogmática do Vaticano II sobre a Igreja, 1964.
LS	*Laudato Si'*, Carta Encíclica, do Papa Francisco, sobre o cuidado da Casa Comum, 2015.
Mc	Evangelho segundo Marcos (NT).
MMCL	Missão e Ministérios dos Cristãos Leigos e Leigas, 1999 (Documentos da CNBB, 62).
Mt	Evangelho segundo Mateus (NT).
NA	*Nostra Aetate*, Declaração do Vaticano II sobre as Relações da Igreja com as Religiões Não Cristãs, 1965.
OA	*Octogesima Adveniens*, Carta Apostólica do Papa Paulo VI, 1971.
OT	*Optatam Totius*, Decreto do Vaticano II sobre a Formação Sacerdotal, 1965.
PC	*Perfectae Caritatis*, Decreto do Vaticano II sobre a Atualização dos Religiosos, 1965.
Pd	Carta de Pedro (NT).
PO	*Presbyterorum Ordinis*, Decreto do Vaticano II sobre o Ministério e a Vida dos Presbíteros, 1965.
PP	*Populorum Progressio*, Carta Encíclica do Papa Paulo VI sobre o desenvolvimento dos povos, 1967.
PT	*Pacem in Terris*, Carta Encíclica do Papa João XXIII sobre a paz de todos os povos na base da verdade, justiça, caridade e liberdade, 1963.
QAm	*Querida Amazônia*, Exortação Apostólica Pós-sinodal do Papa Francisco, 2020.
REB	Revista Eclesiástica Brasileira, Petrópolis.
Repam	Rede Eclesial Pan-Amazônica, 2014.

ReS1	Relatório de Síntese, XVI Assembleia Geral Ordinária do Sínodo dos Bispos, Primeira Sessão, 2023.
RMi	*Redemptoris Missio*, Carta Encíclica do Papa João Paulo II sobre a validade permanente do mandato missionário, 1990.
RPAE.ALeC	Reflexões e Propostas Pastorais a partir da Primeira Assembleia Eclesial da América Latina e o Caribe, 2022.
Santarém II	IV Encontro da Igreja Católica na Amazônia Legal, 2022.
SC	*Sacrosanctum Concilium*, Constituição do Vaticano II sobre a Sagrada Liturgia, 1963.
SCa	*Sacramentum Caritatis*, Exortação Apostólica Pós-sinodal do Papa Bento XVI sobre a Eucaristia, fonte e ápice da vida e da missão da Igreja, 2007.
Tm	Carta a Timóteo (NT).
UR	*Unitatis Redintegratio*, Decreto do Vaticano II sobre o ecumenismo, 1964.

Prefácio

O cristianismo nasce missionário, e essa sua razão de ser motivou o anúncio protagonizado pelas primeiras comunidades cristãs. Porém, ao longo da história, a comunidade cristã estabeleceu diferentes interpretações acerca da missão de Jesus, resultando em múltiplas concepções do agir cristão.

À Teologia da Missão cabe, portanto, estabelecer os critérios para a práxis missionária, seja considerando o momento de produção intelectual, seja estando junto aos sujeitos missionários. Nesse processo, a Teologia da Missão conta com alguns elementos constitutivos de seu pensamento. De um lado, o próprio Jesus e o período apostólico; do outro, a realidade atual na qual a comunidade cristã está inserida; àquele e àquela que pensam a Teologia da Missão deve estar vivo o objetivo de estabelecer um diálogo sincero e frutuoso entre essas duas realidades, de modo que a mensagem do Evangelho se faça comunicada e vivenciada.

Como a cada momento histórico e cultural, diferentes interpretações se fazem necessárias, o que resulta em diferentes paradigmas. Um paradigma pode ser entendido como um conjunto de critérios segundo o qual um conhecimento é construído. No caso do conhecimento teológico, é possível dizer que esse paradigma traz aspectos eclesiais, mas também sociais, culturais e históricos. A comunidade cristã e o conhecimento teológico são fruto de seu tempo, e também a missão eclesial assume critérios próprios das circunstâncias onde ela acontece.

A Teologia da Missão, enquanto disciplina teológica, busca voltar à ação de Jesus, para a compreensão da ação evangelizadora da comunidade cristã. Porém, tal entendimento se constitui como uma disputa pela concepção da própria evangelização, o que não acontece sem conflitos epistemológicos. Assim, o teólogo ou a teóloga são hermeneutas da missão cristã. Por isso mesmo, a formação desses atores teológicos se faz urgente e necessária.

A cada período histórico a Igreja assumiu diferentes perspectivas para a sua missão, o que levou a Teologia a estabelecer um frequente pensar sobre a relação do anúncio do Evangelho com a realidade na qual esse anúncio acontece. Por vezes, assumiu-se – e ainda há quem assuma – a perspectiva de que a mensagem cristã é atemporal e a ela se submete qualquer cultura. Nas últimas décadas contamos com um considerável avanço do diálogo entre a Teologia da Missão e os estudos culturais, sobretudo em perspectiva decolonial, o que leva ao entendimento de que o cristianismo está a serviço da vida e da valorização de culturas locais.

Nesta edição oferecemos ao leitor um livro revisitado, que considera os novos eventos e perspectivas missiológicas, gestadas sobretudo no Sínodo para a Amazônia e moldadas pelo papado de Francisco. Alguns elementos como o resumo, ao final de cada capítulo, foram mantidos porque entendemos que ajudam na compreensão dos conteúdos apresentados, mas também da missão cristã. Paulo Suess é uma referência no que diz respeito à Teologia da Missão, oferecendo ao leitor um pensamento atualizado, capaz de dialogar com as demandas eclesiais e culturais, mas também com as diferentes áreas de conhecimento e seus saberes.

Welder Lancieri Marchini
Editor teológico, Vozes
Coordenador da coleção

Francisco Morás
Professor do ITF
Coordenador da coleção

Apresentação à segunda edição

Uma coleção de Teologia, escrita por autores brasileiros, leva-nos a pensar a função do teólogo no seio da Igreja. Tal função só pode ser entendida como atitude daquele que busca entender a fé que professa e que, por isso, faz Teologia. Esse teólogo assume, então, a postura de produzir um pensamento sobre determinados temas, estabelecendo um diálogo entre a realidade vivida e a Teologia pensada ao longo da história, e se caracteriza por articular os temas relativos à fé e à vivência cristã, a partir de seu contexto.

Exemplo claro desse diálogo, com situações concretas, são Agostinho ou Tomás de Aquino, que posteriormente tiveram muitas de suas teorias incorporadas à doutrina cristã-católica, mas que a princípio buscaram estabelecer um diálogo entre a fé e aquele determinado contexto histórico. Como conceber um teólogo que se limite a reproduzir as doutrinas pensadas ao longo da história? Longe de ser alguém arbitrário ou que assuma uma posição de déspota, o teólogo é aquele que dialoga com o mundo e com a tradição. Formando a tríade teólogo-tradição-mundo, encontramos um equilíbrio saudável que faz com que o teólogo ofereça subsídios para a fé cristã, ao mesmo tempo em que é fruto do contexto eclesial em que vive.

Outra característica que o acompanha é a de ser filho da comunidade eclesial, o que torna seu ofício um serviço aos cristãos. Se consideramos que esses cristãos estão inseridos em realidades concretas, cada teólogo é desafiado a oferecer pistas, respostas ou perspectivas teológicas que auxiliem na construção da identidade cristã, que nunca está fora de seu contexto, mas que acontece justamente na relação dialógica com ele. Se o contexto é sempre novo, também a Teologia se renova. Por isso, o teólogo olha novos horizontes e desbrava novos caminhos a partir da experiência da fé.

O período do Concílio Vaticano II (1962-1965) consagrou novos ares à Teologia europeia, influenciada pela *Nouvelle Théologie*, pelo movimento bíblico e pelo litúrgico, dentre outros. A Teologia, em contexto de modernidade, apresentou sua contribuição aos processos conciliares, sobretudo na perspectiva do diálogo que ela própria estabelece com a modernidade, realidade latente no contexto europeu. A primavera teológica, marcada por expressiva produção intelectual e pelo contato com as várias dimensões humanas, sociais e eclesiais, também chega à América Latina. As conferências de Medellín (1968) e Puebla (1979) trazem a ressonância de vários teólogos latino-americanos que, diferente da Teologia europeia, já não dialogam com a modernidade, mas com suas consequências, vistas principalmente no contexto socioeconômico. Desse diálogo surge a Teologia da Libertação e sua expressiva produção editorial. A Editora Vozes, nesse período, foi um canal privilegiado de publicações e produziu a coleção *Teologia & Libertação*, que reuniu grandes nomes na perspectiva da Teologia com a realidade eclesial latino-americana. Também nesse período houve uma reformulação conceitual na *REB* (Revista Eclesiástica Brasileira), organizada pelo ITF (Instituto Teológico Franciscano), sendo impressa e distribuída pela Editora Vozes. Ela deixou de ser canal de formação eclesiástica para se tornar um meio de veiculação da produção teológica brasileira.

Embora muitos teólogos continuassem produzindo, nas décadas do final do século XX e início do XXI, o pensamento teológico deixou de ter a efervescência do pós-concílio. Vivemos um momento antitético da primavera conciliar, denominado por muitos teólogos como inverno teológico. Assumiu-se a Teologia da repetição doutrinária como padrão teológico e os manuais históricos – muito úteis e necessários para a construção de um substrato teológico –, que passaram a dominar o espaço editorial. Essa foi a expressão de uma geração de teólogos que assumiu a postura de não mais produzir Teologia, mas de apenas reafirmar aspectos doutrinários da Igreja. O papado de Francisco marcou o início de um novo momento, chancelando a produção de teólogos como José Antonio Pagola, José María Castillo e, em contexto latino-americano, Gustavo Gutiérrez. A Teologia voltou a ser espaço de produção, e muitos teólogos passaram a se sentir mais responsáveis por oferecerem ao público leitor um material consonante com esse momento.

Em 2004, o ITF, administrado pelos franciscanos da Província da Imaculada, outrora responsável pela coleção *Teologia & Libertação* e ainda responsável pela *REB*, organizou a coleção *Iniciação à Teologia*. O Brasil vivia a efervescência dos cursos de Teologia para leigos, e a coleção tinha o objetivo de oferecer a esse perfil de leitor uma série de manuais que explorassem o que havia de basilar em cada área da Teologia. A perspectiva era oferecer um substrato teológico aos leigos que buscavam o entendimento da fé. Em 2019 passamos por uma reformulação desta coleção. Além de visarmos a um diálogo com os alunos de graduação em Teologia, queremos que a coleção seja espaço para a produção teológica nacional. Teólogos renomados, que têm seus nomes marcados na história da Teologia brasileira, dividem o espaço com a nova geração de teólogos, que também já mostraram sua capacidade intelectual e acadêmica. Todos eles têm em comum a característica de sintetizarem em seus manuais a produção teológica que é fruto de seu trabalho.

A coleção *Iniciação à Teologia*, em sua nova reformulação, conta com volumes que tratam das Escrituras, da Teologia Sistemática, da Teologia Histórica e da Teologia Prática. Os volumes que estavam presentes na primeira edição serão reeditados; alguns com reformulações trazidas por seus autores. Os títulos escritos por Alberto Beckhäuser († 2017) e Antônio Moser († 2016), renomados autores em suas respectivas áreas, serão reeditados segundo os originais, visto que o conteúdo continua relevante. Novos títulos serão publicados à medida que forem finalizados. O objetivo é oferecermos manuais às disciplinas teológicas escritos por autores nacionais. Essa parceria da Editora Vozes com os teólogos brasileiros é expressão dos novos tempos da Teologia, que busca trazer o espírito primaveril para o ambiente de produção teológica e, consequentemente, oferecer um material de qualidade, para que estudantes de Teologia, bem como teólogos e teólogas, busquem aporte para seu trabalho cotidiano.

Welder Lancieri Marchini
Editor teológico, Vozes
Coordenador da coleção

Francisco Morás
Professor do ITF
Coordenador da coleção

Introdução

A *Teologia da Missão*, que o prezado leitor tem em suas mãos, é a quinta edição da *Introdução à Teologia da Missão*, ampliada e parcialmente reelaborada, obra que subsidiou muitos cursos de Missiologia na América Latina (publicado em português pela Editora Vozes e em espanhol pela Abya Yala, de Quito/Equador).

Desde a sua primeira edição (2007), a missiologia tem recebido novos impulsos, tanto por meio de conferências continentais, como a de Aparecida (2007) e do México (2021), quanto de encontros, como os de "Teologia Índia" (El Salvador, 2009; Equador, 2013; Guatemala, 2016; Panamá, 2020; Argentina, 2024), e de inspirações amazônicas, como o "Sínodo para a Amazônia" (2019) e o 4º Encontro da Igreja Católica na Amazônia Legal (Santarém II, 2022).

Finalmente, a Teologia da Missão e a Pastoral Missionária receberam novas inspirações dos documentos do Papa Francisco (cf. *Evangelii Gaudium* [2013], *Laudato Si'* [2015], *Episcopalis Communio* [2018], *Querida Amazônia* [2020]; *Fratelli Tutti* [2020]) e *Dilexit nos* [2024] que precisavam ser acolhidos. A riqueza documental da pena do Papa Francisco foi acompanhada por gestos de reconciliação e fraternidade, dos quais quero mencionar apenas dois: a sua viagem para o Canadá (2022), onde pediu perdão aos povos indígenas pelas atrocidades históricas, às vezes, até justificadas por doutrinas, e, no oitavo centenário do encontro histórico de São Francisco de Assis com o Sultão al-Malik al-Kāmil (1219), a visita do Papa Francisco aos Emirados Árabes Unidos (EAU), em cuja capital, Abu Dhabi, assinou com o Grão-Imane de Al-Azhar, Ahmad Al-Tayyeb, o documento *Fraternidade Humana em prol da paz mundial e da convivência comum* (2019). Foram eventos importantes para novos impulsos do paradigma missiológico e o diálogo inter-religioso.

A Sagrada Escritura nos mostra Deus Criador e Salvador como origem da missão e como primeiro missionário. Pelo Concílio Vaticano II, a Igreja foi exortada a sempre de novo assumir a sua essência missionária, anunciando "por toda parte" a Boa-nova da criação e salvação como seu "maior e mais santo dever" (AG, n. 29).

A missão é missão de uma comunidade eclesial em defesa da vida que envolve Deus, que compreendemos como Criador de todas as dimensões dessa vida, da dimensão cósmica e microcósmica, da dimensão natural e humana. A defesa da vida é a luta por algo absoluto, universal e integral. Essa missão não envolve somente uma imagem abstrata de Deus, mas um Deus-Emanuel, um Deus-Conosco, que se encarnou no mundo. A missão é histórica, com passado, presente e futuro, e é ambivalente, com santos e pecadores. Nas sandálias da comunidade missionária há poeira e sangue; nas suas roupas, o "cheiro de ovelha" (EG, n. 24); em sua vida, a necessidade de conversão permanente; em seus corações, o desejo de perdoar e de ser perdoado.

A comunidade missionária vive no interior da Igreja, que é Povo de Deus, comunidade constituída por comunidades que lutam pela vida a partir de sua fé, comunidades cientes da necessidade de sua conversão permanente: "A conversão pastoral da paróquia consiste em ampliar a formação de pequenas comunidades de discípulos convertidos pela Palavra de Deus e conscientes da urgência de viver em estado permanente de Missão" (CdC, n. 8). A missão não é uma entre muitas atividades da Igreja. Ela decorre de sua "natureza missionária", que tem sua origem no envio do Filho e na missão do Espírito Santo, segundo o desígnio de Deus Pai (cf. AG, n. 2). Falar da Igreja significa falar da missão. A estrutura dessa Igreja-missão é trinitária. Ela é "Povo de Deus", "Corpo do Senhor" e "Templo do Espírito Santo" (LG, n. 17).

O significado da missão se esclarece na relação entre Deus e a humanidade, que traz em si uma história de aproximação, comunicação e resgate, de convocação e libertação, mas sempre ameaçada pela ruptura do pecado: pelo distanciamento e pelo fechamento, pela dispersão e pelo egoísmo. Os autores bíblicos descrevem Deus como empenhado nesse resgate, um Deus das alianças em favor da vida, do diálogo, do perdão e da comunicação pelo Verbo, que se fez carne. Nunca se produziu uma ruptura definitiva entre Deus e a humanidade. A desgraça de Babel se converteu, por meio de Abraão, em graça, bênção e promessa para a humanidade (cf. Gn 12). Em Abraão – homem da fé e do caminho –, Deus elegeu um novo interlocutor e retomou a história do resgate em liberdade com a humanidade.

A história da salvação é uma história de libertação, como bem nos mostram as imagens da criação: a criação do mundo a partir do caos, a separação entre trevas e luz, e a libertação do barro pelo espírito. A libertação é sempre um processo de criação, de discernimento, de assunção de um destino novo e de despojamento. No Verbo Encarnado, o Deus Criador se contextualiza como Emanuel, como "Deus Conosco", prometido ao longo da história (cf. Is 7,14; Mt 1,23; 28,20). O caminho que reconduz a humanidade ao Pai passa pela contextualização de seu amor por meio da encarnação do Filho. Nele se cumpriu o que foi dito pelo Profeta Isaías: "O povo que jazia nas trevas viu uma grande luz" (Mt 4,16). Ele é o caminho para uma nova humanidade (cf. Jo 14,6).

A aproximação de Jesus-Emanuel ("Deus salva"/"Deus conosco") culmina na doação redentora da vida "a fim de que aqueles que vivem não vivam mais para si, mas para aquele que morreu e ressuscitou por eles" (2Cor 5,15). O seguimento de Jesus é, sobretudo, o seguimento do Crucificado e Ressuscitado nos pobres, nos excluídos e em todos os sofredores. Eis a "natureza missionária" da Igreja, constituída novo Povo de Deus, povo messiânico que não vive para si: "Tem por condição a dignidade e a liberdade dos filhos de Deus [...]. Sua lei é o mandamento novo de amar como o próprio Cristo nos amou (cf. Jo 13,34). Sua meta é o Reino de Deus" (LG, n. 9). Ela tem a tarefa de convocar, preparar e enviar servos e testemunhas do Reino. No Espírito Santo, é enviada para articular universalmente os povos em uma grande "rede" (cf. Jo 21,11) de fraternidade. Desse envio nascem comunidades pascais que tentam contextualizar a utopia do primeiro dia da nova criação. Das comunidades nasce o envio. A missão, com seus dois movimentos – a diástole, do envio à periferia do mundo, e a sístole, que convoca, a partir dessa periferia, para a libertação do centro –, é o coração da Igreja. Sob a senha do Reino, ela propõe um mundo sem periferia e sem centro.

Por meio de palavras, mensageiros e profetas enviados ao mundo, Deus rompe o silêncio de um criador distante e desinteressado de sua obra, comunica-se com ela e revela-se como Deus com zelo e cuidado com sua obra. A proximidade de Deus, que é expressão de seu amor, a sua presença no universo e o cuidado salvífico com a criação não anulam seu mistério. O Antigo e o Novo testamentos nos permitem seguir alguns caminhos amorosos e misteriosos desse cuidado de Deus com a humanidade. Tempo histórico e espaço físico permitem "uma contínua revelação do divino" (LS, n. 85). Os caminhos pelos quais Deus se revela continuamente exigem nossa atenção, conversão e fé na Palavra que se fez carne.

Quando "se completou o tempo" (Mc 1,15), na passagem do Antigo ao Novo Testamento, a missão de Deus assumiu, no Espírito Santo, uma nova visibilidade. Ele enviou seu Filho, Jesus de Nazaré, "não para condenar o mundo, mas para que o mundo seja salvo por Ele" (Jo 3,17) e reconduzido aos caminhos da criação proclamando seu Reino como "Boa-nova". Os destinatários dessa Boa-nova foram convidados para assumir esse Evangelho do Reino de Deus pela sua conversão e pela fé: "Convertei-vos e crede na Boa-nova" (Mc 1,15). Com a morte salvífica de Jesus, "o véu do santuário rasgou-se de alto a baixo, em duas partes" (Mc 15,38), apontando para a superação das barreiras que se interpunham entre Deus e a humanidade (cf. Is 59,1-3; Hb 9,11-14) causadas por transgressões antigas. O "menor dos apóstolos" (1Cor 15,9), Paulo, nos fala desse antigo querigma pascal "segundo as Escrituras" e do Evangelho da conversão radical da Lei para a Graça: "É pela graça de Deus que sou o que sou" (1Cor 15,10). O dom prometido pelo Evangelho da conversão e transmitido pela missão é vida além da longevidade humana: "Eu vim para que tenham vida, e a tenham em abundância" (Jo 10,10).

Quem foram os primeiros destinatários desse Evangelho da conversão? Uma leitura apressada dos textos do Novo Testamento pode transmitir a impressão de que o destinatário da missão de Jesus e da pregação dos apóstolos foi, com certa exclusividade, o povo de Israel; por exemplo, Deus enviou seu Filho "para resgatar os que eram sujeitos à Lei, e todos recebermos a dignidade de filhos" (Gl 4,5). Mas será que os que não foram sujeitos à Lei não receberam a dignidade de filhos de Deus? Vários relatos do Novo Testamento nos falam de encontros e inspirações salvíficos de Jesus com não judeus, entre os quais o centurião de Cafarnaum (cf. Mt 8,5-12), a mulher samaritana (cf. Jo 4,5-41), a mulher siro-fenícia (cf. Mc 7,24-30) e o centurião que proclamou Jesus crucificado "Filho de Deus" (Mc 15,39). Essas testemunhas, os discursos de Jesus e a tradição apostólica nos permitem afirmar a vontade salvífica universal de Deus. Nos Atos dos Apóstolos essa tradição costura, no discurso de São Paulo no Areópago de Atenas, a continuidade entre a *crença em um deus desconhecido* dos atenienses e a *fé em Jesus ressuscitado* (cf. cap. 4: Da história).

A missão *ad gentes* não tem a sua origem na rejeição da conversão pelos judeus, mas na salvação prevista, desde o início da criação, para toda a humanidade. A criação do universo seria incompatível com uma salvação particular de Israel ou, mais tarde, com um monopólio salvífico da Igreja (cf. cap. 5: Do Vaticano II). Em vista da convocação do novo povo universal e escatológico de Deus e da necessidade de "que a Boa-nova seja anunciada a todas as nações" (Mc 13,10), a missão salvífica de Jesus foi transgressora diante das expectativas e prescrições das autoridades religiosas de seu povo. Seu Deus é o Pai de todos e "quer que todos sejam salvos e cheguem ao conhecimento da verdade" (1Tm 2,4). Por conseguinte, "entregou-se como resgate por todos" (*ibid.*), sem impor aos "pagãos que se converteram a Deus" (At 15,19) fardos culturais travestidos de prescrições religiosas essenciais.

Durante os três anos de sua vida pública, Jesus anunciou essa mensagem de salvação universal como seu testamento aos discípulos e ao povo: "Como o Pai me enviou, também eu vos envio" (Jo 20,21) para

– anunciar, converter e crer no Reino de Deus (cf. Mt 6,33);

– curar os doentes e expulsar os demônios (cf. Mt 10,8);

– "fazer discípulos entre todas as nações" (Mt 28,19; cf. Mc 16,15); e

– "salvar o que estava perdido" (Lc 19,10).

No Decreto sobre a "Atividade missionária da Igreja" (AG, n. 3), o Vaticano II nos deixou uma bela descrição e uma profunda compreensão da missão de Jesus e da Igreja como obra de reconstrução da unidade do Povo de Deus. Jesus de Nazaré nos fez compreender que a diversidade de culturas e nações do Novo Israel "supera a dispersão de Babel" (AG, n. 4). "Para estabelecer a paz ou a comunhão com Ele e para uma sociedade fraterna entre a humanidade, apesar de ser pecadora, Deus determinou entrar de modo novo e definitivo na história da humanidade. Para isso, enviou o Filho na nossa carne, a fim de por Ele livrar a humanidade do poder das trevas [...] e nele reconciliar o mundo consigo [...]. Os Santos Padres constantemente proclamam que não foi sanado o que não foi assumido por Cristo. Ora, Ele assumiu toda a natureza humana [...], exceto o pecado" (AG, n. 3).

No Vaticano II, a Igreja se declara herdeira dessa tradição missionária, testemunha e serva pela sua contextualização histórico-cultural: "A Igreja peregrina é por sua natureza missionária, pois se origina da missão do Filho e da missão do Espírito Santo, segundo o desígnio de Deus Pai" (AG, n. 2). Pela expulsão de demônios, pela cura de doentes e "pela pregação se iniciou a difusão do Evangelho entre as nações" (AG, n. 4) (cap. 2: Da origem). Pela pregação do Evangelho e por meio de sinais que têm caráter sacramental, a Igreja assume ainda hoje a herança apostólica, inconfundível nem com "um projeto empresarial, nem mesmo uma organização humanitária" (EG, n. 279). A centralidade e a atratividade da missão não se manifestam "no fascínio de poder mostrar conquistas sociais e políticas" ou civilizatórias, mas em obras inspiradas na concretude do amor e na misericórdia de Deus, que têm "o selo de Cristo encarnado, crucificado e ressuscitado" (EG, n. 95).

A missão dos batizados interrompe a linearidade de projeções, projetos e propostas humanas, se entendida como tempo de semeadura e colheita, tempo de alegria e de sofrimento, como a própria vida. É seguimento de Jesus no Espírito Santo, que é quem indica o caminho e é o Caminho. Essa missão é assumida por santos e pecadores, não separados como duas categorias antagônicas, mas compreendidos como santos que são pecadores e por pecadores santos, os quais procuram anunciar e seguir a gratuidade de um Deus-amor como a razão de sua esperança (cf. 1Pd 3,15) e o sustento da alegria em sua vida missionária (cf. EG, n. 21), "inclusive quando é necessário semear entre lágrimas" (DAp, n. 552).

A historicidade e a realidade da missão nos obrigam a reconhecer que nas sandálias da comunidade missionária há poeira e sangue, o que aponta para a necessidade de conversão permanente. A *Evangelii Gaudium* nos recomenda diferentes conversões interligadas que têm "um significado programático" (EG, n. 25), urgente e dinâmico: a "conversão eclesial" (EG, n. 26) e a "conversão pastoral", que se revelam como a "conversão missionária" (EG, n. 25). O Documento de Aparecida (2007) nos lembra, com as palavras do Vaticano II, "a conversão eclesial como a abertura a uma reforma permanente de si mesma por fidelidade a Jesus Cristo [...]. Como instituição humana e terrena, a Igreja necessita perpetuamente dessa reforma" (DAp, n. 26; UR, n. 6).

No âmbito eclesial, a palavra "missão" significa "convidar", "conviver" e "enviar" uma comunidade constituída em defesa de tudo que foi criado pelo amor de Deus: os seres humanos, a natureza e o universo. Os cuidados com a criação e a defesa da vida são as primeiras tarefas da missão que emanam dos imperativos da Boa-nova de Jesus, livremente anunciados e assumidos. Esses imperativos, que são a razão de sua encarnação, não desqualificam o diálogo inter-religioso, porque a interlocução do próprio Deus com a humanidade é um convite e não uma ordem, e a interlocução da humanidade com a verdade é dialogal, já que em circunstâncias diversas, como a física quântica nos mostra, pode ser captada ora como "onda" ora como "partícula".

Restabelecer a integridade da criação é a razão da encarnação de Jesus. Os imperativos do Evangelho são convites para o tempo presente e promessas para o futuro daqueles nos quais o amor de Deus encontrou ressonância: "O que Deus preparou para os que o amam é algo que os olhos jamais viram, nem os ouvidos ouviram, nem coração algum jamais pressentiu" (1Cor 2,9). A defesa histórica da vida ameaçada e a nossa capacidade de dar voz profética ao sofrimento humano e aos gemidos da natureza apontam para a realização da promessa escatológica do Apocalipse de João que viu "um novo céu e uma nova terra" onde "a morte não existirá mais" e onde "não haverá mais luto, nem grito, nem dor, porque as coisas anteriores passaram" (Ap 21,4).

Os dois cenários da missão para os quais Deus nos chamou são a preservação da criação por meio das lutas históricas e, na experiência e motivação dessas lutas, a antecipação da alegria com a "herança do vencedor" (Ap 21,7). A partir dos conflitos que envolvem os pobres e os outros, os excluídos e os que sofrem, compreende-se a missão como militância não por ilhas salvas dentro de um mar devastador, mas por um mundo melhor e por transformações históricas concretas. A missão é integral (abrange a pessoa em sua totalidade), específica (geográfica e socialmente situada) e universal (articulada nos diferentes segmentos sociais por uma causa comum). A missão é universalmente contextualizada e aponta, a partir de contextos concretos, aos confins do mundo.

Portanto, são dois cenários interligados que constituem o campo da missão; um histórico, com suas lutas, dores e vitórias e, nele inserido, outro escatológico, como promessa e esperança. A visualização dessa esperança em nosso imaginário fornece a energia e, por conseguinte, a perseverança nas lutas históricas pela vida. A defesa da vida da qual já fazemos parte fortalece o anúncio da promessa que almejamos. Somos realistas, "mas sem perder a alegria, a audácia e a dedicação cheia de esperança" (EG, n. 109). Nessa perspectiva, a Teologia da Missão, com sua concretude histórica vinculada à origem do universo e ao futuro da humanidade, tornou-se teologia fundamental e pastoral.

Na missão, o discurso teológico se faz carne por meio da presença e da prática pastoral de cada dia, na proximidade da convivência, quando as grandes palavras da "luta", da "causa" e do "Reino" se encarnam na vida concreta onde são vividas como mística pascal e cuidado samaritano. "Não é possível empenhar-se em coisas grandes apenas com doutrinas" (LS, n. 216), por isso, a missão não é só uma doutrina ou uma atividade entre outras da Igreja. Ela decorre de sua "natureza missionária", que tem sua origem no envio do Filho e na missão do Espírito Santo, segundo o desígnio de Deus Pai (cf. AG, n. 2). A Igreja nasce do envio trinitário, na Festa de Pentecostes. Ela vive a essência missionária de sua origem no seguimento de Jesus, anunciando o Reino e convocando a humanidade para o encontro com Deus na vida cotidiana e no fim dos tempos. A missão vem de Deus e volta para Deus (cf. cap. 2: Da origem). Missão é *missio Dei*. A Igreja é um instrumento dessa missão, que é a sua essência, sendo ela "Povo de Deus", "Corpo do Senhor" e "Templo do Espírito Santo" (LG, n. 17).

A missão é expressão da transitoriedade da Igreja, de sua caminhada histórica e peregrinação escatológica, de seu caráter diaconal e instrumental. A Igreja tem um início e um fim. Suas realizações necessitam permanentemente da "purificação", "inspiração" e "animação" do Espírito. Pobres sinais marcam sua trajetória: o vazio, a abertura, a partilha, a ruptura, a caminhada, o presépio e a cruz. O presépio e o sepulcro estão vazios; a porta do cenáculo está aberta, a genealogia, interrompida pelo Espírito. A expulsão de Jerusalém marca o início da missão *ad gentes*. Quem nasce e renasce ao pé da cruz, na fuga e na peregrinação desconfia dos brilhantes falsos do poder e dos vencedores.

A Igreja essencialmente missionária não tem pátria, nem cultura, nem é dona de verdades. Ela é serva, peregrina, hóspede, instrumento, sinal. Mas ela tem rumo. Sua missão se realiza com certa urgência escatológica. O anúncio do Reino por meio da realização do "novo mandamento" é uma questão urgente, de vida e morte. "A caridade de Cristo nos compele" (2Cor 5,14) a destruir as estruturas da morte, a interromper a lógica dos sistemas e a questionar a lentidão das burocracias. A vida é sempre para hoje. A esperança é para agora.

A mensagem fundamental da missão é a esperança contida na ressurreição de Jesus Cristo como vitória da vida e da justiça. A esperança não deve ser imaginada como progresso quantitativo em uma sociedade de classes. No horizonte da esperança está uma sociedade que supera a divisão de classes sociais. Essa esperança não é nossa obra, mas nosso dom. Nós não construímos a esperança; nós a acolhemos como dom, como energia que vai além de cálculos e benfeitorias humanas. O dom não dispensa o próprio esforço. Vivemos essa esperança na partilha do pouco que temos, nas causas do Reino que defendemos e na articulação dos poucos que somos. O dom da esperança que marca nossa existência é, ao mesmo tempo, histórico e escatológico, sempre incompleto e em luta com os "poderes da morte" (DSD, n. 13). A missão não termina com o batismo do último "pagão". Ela é o permanente anúncio da vida como possibilidade em um mundo de conflitos, miséria, violência e mortes.

Como cumprir essa missão de anunciar a vida e a esperança nesse mundo concreto, onde a miséria não é um acidente, mas um produto de sua organização social e de sua civilização? A partir da compreensão da missão como memória histórica, projeto de vida e seguimento de Jesus, e a partir do lugar dos pobres e dos outros na América Latina, procuramos, nesta *Teologia da Missão*, nos aproximar das questões da verdadeira humanidade. Com esse olhar real e místico (cf. cap. 3) buscamos fazer a leitura dos textos bíblicos (cf. cap. 1), dos dados históricos (cf. cap. 4, 5 e 6), dos tratados sistemáticos (cf. cap. 2) e dos propriamente pastorais (cf. cap. 7 a 10). Sem renunciar à nossa identidade, empenhamo-nos em desenvolver essas reflexões em um espírito macroecumênico, o qual nos une a outras Igrejas, comunidades eclesiais e religiões, e em uma inter e transdisciplinaridade, sobretudo com a antropologia, que, sem dúvida, sempre nos enriquece.

A Teologia da Missão, declarada essencial nos documentos da Igreja, ainda não encontrou um lugar correspondente a essa essencialidade em nossas faculdades de Teologia. Também nos grandes seminários poucas aulas são reservadas à Missiologia, insuficientes, em todo caso, para encantar a fé dos estudantes e para se tornarem discípulos missionários. Os documentos do Vaticano II (cf. cap. 5) e de Aparecida (cf. cap. 6.4), os escritos do Papa Francisco (*Evangelii Gaudium*; *Laudato Si'*) e o *Documento Final do Sínodo para a Amazônia* (2019) podem reaquecer nosso ardor missionário e ajudar a transformar os batizados em discípulos missionários e a "natureza missionária" em "estado permanente de missão" (cf. DAp, n. 213, 551; EG, n. 25).

Agradeço a acolhida deste novo livro pelos leitores. Agradeço a doação da vida das testemunhas do Reino. Agradeço aos que me ensinaram algo fundamental para a missão até os confins do mundo:

• vale a pena manter viva a memória perigosa da Boa-nova;

• gratuidade e despojamento são as condições para a não violência e a paz para todos;

• no mundo, onde os privilegiados perdem o sentido de vida e os excluídos o horizonte e a força de resistência, a energia missionária fundamental e a nossa luta pela vida são trifásicas: emanam da mística, da justiça e da esperança.

Pe. Paulo Suess
São Paulo, 2025

Quinto Centenário dos "Colóquios de 1524" entre os doze franciscanos e os líderes astecas vencidos por Hernán Cortês, considerado o Moisés do Novo Mundo (Suess, 2024, Doc. 64, p. 413-465). – Memória dos 1.700 anos que se passaram desde o Concílio de Niceia (325), cuja definição de Jesus Cristo como "Deus de Deus, luz de luz, consubstancial ao Pai", ainda hoje nos faz caminhar como "Peregrinos da Esperança" (Tema do Ano Santo 2025).

1
Da revelação:
fundamentos bíblicos

O propósito deste capítulo é levantar questões relevantes para uma teologia fundamental da missão que emergem da leitura dos escritos bíblicos. É a leitura da Igreja, comunidade de interpretação, que desde seus primórdios se compreendeu como herdeira legítima das promessas de Israel. Na afirmação dessa herança se fundamenta a compreensão da unidade histórica e salvífica entre Antigo e Novo testamentos, apesar de rupturas e diferenças. Podemos falar de uma continuidade com rupturas entre os dois testamentos. Simplificando um pouco, poderíamos caracterizar as diferenças entre ambos com as palavras "convite" e "envio". "Missão" no Antigo Testamento significa convite de todos os povos com suas religiões purificadas da idolatria e da magia para a peregrinação escatológica ao Monte Sião, que no imaginário bíblico tardio representa a Nova Jerusalém. Já no Novo Testamento e na prática pós-pascal e pós-constantiniana dos cristãos, o significado da "missão" é envio aos confins do mundo com a tarefa de produzir conversões no aqui e agora da história ao único salvador, Jesus Cristo. Esse "único" progressivamente foi compreendido como "privilégio exclusivo". À pergunta sobre o lugar onde estariam seus antepassados, Francisco Xavier respondeu aos japoneses como José de Anchieta aos povos indígenas e Antônio Vieira aos escravos:

estão todos no inferno. Nem bondade natural, nem orações ou sacrifícios conseguirão tirá-los desse lugar definitivo. A partir do Vaticano II, a Igreja Católica redescobriu a sua natureza missionária em detrimento de uma compreensão territorial da missão, seu *ser* em detrimento do seu *ter*. Sua interpretação da Escritura, juntamente com muitas Igrejas e denominações evangélicas, não aboliu o espírito da exclusividade salvífica, mas o modificou dizendo que a graça concedida por Jesus Cristo a ela pode, sob determinadas condições, também salvar pessoas de outras religiões.

Iahweh, que nos foi revelado por Jesus Cristo como Deus Pai, certamente aceita o convite ao Monte Sião, de Israel, como aceita o envio até os confins do mundo, dos cristãos, como atitudes complementares, já que Israel, por sua situação de diáspora em que hoje se encontra, também foi enviado ao mundo, e a presença da Igreja no mundo religiosamente plural e ideologicamente secular também é convite, convocação, *ecclesia*. Nesse mundo, conversão não significa, em primeiro lugar, mudança de religião; significa, antes, repensar a cada dia o sentido da própria existência para o bem da humanidade e substituir a lógica e a ética dominantes do "custo-benefício" por uma lógica e uma ética de gratuidade do Reino de Deus[1].

1.1 Unidade dos testamentos

Para os cristãos, a missão se fundamenta na "missão de Deus", no coração da Santíssima Trindade. O Deus Trindade é herança, não "criação", dos cristãos. Os judeus podem dizer quem são e em quem depositam a sua fé, sem recorrer ao cristianismo. Os cristãos não podem dizer quem são e em quem acreditam sem recorrer à tradição dos judeus. Para os cristãos, Jesus é o Messias, que os

---

1. Temos acesso a sínteses exegéticas abrangentes sobre os diferentes enfoques da missão na Bíblia (cf. Bradanini, s.d.; Kertelge, 1982; Senior/Stuhlmueller, 1987).

judeus ainda hoje esperam. Sem a revelação de *Iahweh*, Jesus não nos poderia falar de Deus Pai. Jesus de Nazaré não veio para revogar a Lei e os Profetas, mas "para dar-lhes pleno cumprimento" (Mt 5,17). E os cristãos não podem esquecer que "a salvação vem dos judeus" (Jo 4,22). Portanto, o cristianismo resistiu desde o início a todas as tendências de dispensar ou desvalorizar o Antigo Testamento[2]. Outras religiões podem ter seu próprio Antigo Testamento e sua história da salvação que apontam para a peregrinação de todos os povos ao Monte Sião, mas para o cristianismo é difícil pensar que o Antigo Testamento poderia ser substituído pelos mitos ou pela história da salvação de outras religiões. Quem vem de outras religiões ao cristianismo traz sua herança cultural, religiosa e histórica, mas deve também aceitar a herança da nova religião cristã, como os cristãos também devem aceitar a herança religiosa dos que vêm de outras religiões. O desafio teológico da construção de *uma* história da salvação a partir de múltiplas histórias da salvação que são as histórias reais dos povos até hoje não foi convincentemente solucionado.

A aliança de *Iahweh* com Israel nunca foi abolida. Acreditamos em um só Deus com Abraão e sua descendência. Temos e somos esperança com Abraão, às vezes, contra todo desespero da realidade sociopolítica. Por isso, Israel faz parte do anúncio (querigma) missionário da Igreja, de sua liturgia e teologia, de sua história da salvação, também de sua história de iniquidade. Estêvão, diácono helenista da primeira hora e mártir, a quem os Atos dos Apóstolos descrevem como "homem cheio de fé e do Espírito Santo" (At 6,5), acusa os judeus do pecado mais grave para os cristãos: de terem resistido ao Espírito Santo e de terem traído e matado o Justo (cf. At 7,51s.). Até o reconhecimento da sororidade entre

---

2. Cf. as lutas contra Marcião, que em 144, em Roma, foi excluído da Igreja.

Sinagoga e *Eclésia* nos dias de hoje se passaram dois mil anos nos quais a *Eclésia* causou muito sofrimento à *Sinagoga*.

A Igreja primitiva era uma Igreja missionária em todos os sentidos: na sua prática diaconal, teológica e litúrgica. Embora a palavra "missão" não esteja presente nos escritos bíblicos, o campo semântico da atividade e reflexão missionárias se encontra nas palavras e na fé dos profetas e patriarcas, dos apóstolos e das discípulas. Ambos os testamentos falam da fé e do testemunho, da convocação do povo da aliança com uma responsabilidade universal para com o mundo; falam da obediência, do serviço, do ser luz do mundo, da conversão, do juízo e da salvação. Na leitura cristã, ambos os testamentos falam do Messias, do Cristo, portador da promessa de Deus. Para os cristãos, a partir do Novo explicita-se o Antigo Testamento e sem o Antigo não se pode compreender o Novo Testamento.

Entre os testamentos, entre as antigas e a Nova Aliança, há ruptura em continuidade, como há ruptura em continuidade entre a promessa e seu cumprimento[3]. Ao apontar para uma Nova Aliança, a promessa profética enfatiza a continuidade dos dois testamentos (Jr 31,31), enquanto São Paulo, ao enfatizar a superioridade da Nova Aliança, praticamente admite uma ruptura; por certo, uma ruptura em continuidade. A Antiga Aliança era "gravada com letras sobre a pedra", gerando morte; e a Nova Aliança é do Espírito, que comunica a vida (cf. 2Cor 3,6ss.). O entrelaçamento

---

3. Na tradução da Bíblia Hebraica para a língua grega pelos Setenta, a palavra *berith* foi basicamente traduzida como *diathēkē* ("aliança"). *Diathēkē*, por sua vez, foi originalmente traduzida para o latim como "testamento" e, mais tarde, por Jerônimo, como "aliança". Portanto, há um entrelaçamento do conceito mais jurídico e documental ("testamento") com o conceito mais teológico-prático ("aliança"). Quando falamos do Novo Testamento e da Nova Aliança, a palavra raiz é quase sempre a palavra *berith* e *diathēkē*. A Aliança não é um contrato ou uma parceria na base da reciprocidade vantajosa para ambas as partes. Na aliança, Deus dá à humanidade "o dom de sua lei como caminho da vida" (Ratzinger, 2003, p. 51; cf. Kittel, 1967, v. II, p. 105-137).

entre a esperança em um futuro no qual se cumprirão a promessa e a ruptura com o imaginário messiânico pela sua realização histórica surpreendente por meio da encarnação e sua realização escatológica gera tensão permanente e faz grande diferença para o significado da missão. Entre a promessa e seu cumprimento, também para os cristãos existem sempre surpresas, decepções e bloqueios. As promessas são permanentemente reinterpretadas pela fé, no meio de múltiplas decepções da história. Não só o Messias *dos* e *para os* judeus veio inesperado e de uma maneira muito diferente; também para os cristãos, o atraso da parusia causou crise de legitimidade e orientação vivencial. Qual é o valor das Escrituras se elas não correspondem aos fatos históricos? A comunidade cristã teve de aprender que os escritos bíblicos não correspondem a equações matemáticas. Falar de Deus significa sempre falar em analogias. É como o poeta canta: "Navegar é preciso [exato], viver não é preciso..." Para as comunidades da fé, a história da salvação é uma caminhada cheia de surpresas. Não há linearidade ou previsibilidade evolutiva. A reinterpretação da parusia marca o início da missão cristã.

1.2 Convite ao Monte Sião (Antigo Testamento)

Na Bíblia Hebraica a visão da missão de Israel está ligada à visão da aliança de *Iahweh* com seu povo. Na aliança com Noé (cf. Gn 9,8-17), Israel representa a humanidade. Trata-se de uma aliança universal que inclui todos os povos e animais que estiveram na arca. As outras alianças, a com Abraão (cf. Gn 17) e a com Moisés (cf. Ex 19–24), são etnicamente restritas. Referem-se a Abraão e à sua descendência. No decorrer de sua história, Israel considerava a aliança e a Lei (Torá) privilégios seus, dados por *Iahweh*. A missão dos profetas, por exemplo, geralmente não é um envio aos outros povos, embora a sua mensagem tenha um alcance mais amplo; é uma tarefa a ser feita entre o próprio "povo eleito". Também no entender de Israel a Nova Aliança é uma promessa de *Iahweh* para o próprio povo: "Virão dias em que selarei com a casa de Israel uma aliança nova [...]. Eu porei minha lei no seu seio e a escreverei em seu coração" (Jr 31,31.33).

O cristianismo, na tradição de Jesus, viu essa Nova Aliança realizada, historicamente, na Última Ceia. O Evangelista Lucas descreve assim essa apropriação cristã da Aliança: "Este cálice é a Nova Aliança em meu sangue" (Lc 22,20). Israel não oferece a Aliança nem a Torá aos demais povos (cf. Jr 32,37-41; 50,4s.; Ez 16,59-63). Sua missionariedade está diferentemente configurada. Missão não é um envio para incorporar os outros povos na fé de Israel nem é um dom estritamente ligado à identidade de Israel (circuncisão, Aliança, Torá). Israel permanece, no decorrer de sua história, o "povo eleito" por Deus e separado dos outros povos. O sentido da eleição está na separação, na identidade específica, no sinal e no testemunho.

Sinal e testemunho, porém, têm sempre como referencial um outro. Israel não corre atrás desse outro, mas o convida. A missão de Israel tem os contornos de um convite e de uma permissão. Trata de um convite não de integração ao que é próprio de Israel, mas sim de peregrinação com o que lhe é diferente. O convite para a peregrinação ao Monte Sião é dirigido a todos os povos:

> E acontecerá, no fim dos dias, que a montanha da casa de *Iahweh* estará firme no cume das montanhas [...]. Então, povos afluirão para ela, virão numerosas nações e dirão: "Vinde, subamos a montanha de *Iahweh*, para a casa do Deus de Jacó. Ele nos ensinará os seus caminhos e caminharemos pelas suas veredas [...]. *Iahweh* julgará entre povos numerosos e será o árbitro de nações poderosas. Estes forjarão de suas espadas arados, e de suas lanças, podadeiras" (Mq 4,1-3; Is 2,2-4).

A peregrinação ao Monte Sião é escatológica. Nas condições históricas concretas, as nações continuam como um referencial positivo ou negativo fora de Israel. Ocasionalmente são mencionadas quando praticam um culto agradável a Deus, como Melquisedec (cf. Gn 14,18ss.), Jetro (cf. Ex 18,12) e Naamá (cf. 2Rs 5,17). Poucos personagens se integram ao povo de Israel, como Tamar (cf. Gn 38), Raab (cf. Js 6,25), Rute (cf. Rt 1,16), os gabaonitas (cf. Js 9,19-27) e os estrangeiros residentes que aceitam a circuncisão (cf. Ex 12,48s.; Nm 15,14ss.; cf. Bradanini). Israel não está sob o imperativo do anúncio missionário, como os cristãos. *Iahweh* mesmo vai ensinar aos povos o caminho da Torá. Nenhum dos textos da peregrinação dos povos fala de uma integração dos povos na aliança de *Iahweh* com Israel (cf. Lohfink, 1981, p. 1s.). Essa tradição mais solta em face da participação de outros povos na adoração de *Iahweh* já está presente na oração de Salomão, por ocasião da inauguração do Templo. Também o não judeu pode vir e orar no Templo, e *Iahweh* pode atender as suas orações:

> Mesmo o estrangeiro, que não pertence a Israel, teu povo, se vier de um país longínquo por causa da grandeza do teu nome [...], quando vier orar nesta casa, escuta do céu onde resides, atende todos os da terra reconheçam teu nome e te temam como o faz Israel, teu povo (2Cr 6,32s.).

A compreensão de sua missionariedade faz de Israel hoje um interlocutor importante no diálogo macroecumênico. A caminhada da fé refletida no Antigo Testamento nos ajuda na compreensão das nossas próprias raízes e prioridades. Algumas palavras-chave do Antigo Testamento que se tornaram também palavras-chave para a prática missionária das comunidades cristãs são: monoteísmo, libertação, identidade, fidelidade, profecia, territorialidade. O Deus do Antigo Testamento é salvador e criador ao mesmo tempo. A vida começa e recomeça sempre com um resgate; resgate da terra (criação), do cativeiro, da regressão coletiva, do exílio e do futuro. E esse resgate é precedido por grandes sofrimentos, erros e castigos. Um povo que sofreu como Israel, desde o êxodo até o exílio e as diferentes destruições do Templo, esse povo é um povo de esperança. Mas esse povo, uma vez que não compreende a ambivalência humana como tal, sempre está em perigo de culpar a si mesmo por desvios de sua história causados pela desobediência, por se refugiar em um estatuto de eleição religiosa ou por se radicalizar projetando os azares da vida para outros povos. A desobediência a Deus pode ter a sua causa no excesso de abertura aos outros (adaptação). A adaptação e a aculturação fizeram Israel, na sua reflexão exílica, perder a sua identidade. Em consequência disso alimenta, posteriormente, um nacionalismo fechado no tempo de Esdras e Neemias (Esd 9–10; Ne 10; 13). Mas é impossível proteger a sua identidade atrás de muros. Os judeus de Alexandria já traduziram a Bíblia para o grego. Experimentam a diáspora. Tomam consciência de ser "povo-testemunha" no meio das nações (cf. Sb 13–15), e não nação poderosa, e fazem a leitura de sua "eleição" como missão testemunhal (cf. Bradanini).

Israel sempre aprendeu pelos dois caminhos: pelo caminhar histórico da obediência a *Iahweh* e pelo caminhar que passa pela transgressão da Torá e pelo esquecimento da Aliança, seguidos pelo castigo de *Iahweh*. Ambos os caminhos foram sofridos. Um serve de exemplo e outro de advertência. E a Igreja de Jesus Cristo, caminhando entre excessos de fidelidade e transgressões, faz bem em se lembrar das experiências históricas de Israel, seu irmão maior. Essas experiências são aprendizados e heranças relevantes para a missão da Igreja.

Um primeiro aprendizado-herança é a afirmação do monoteísmo com a absoluta soberania e unicidade de Deus. O monoteísmo protegeu a fé e a esperança de Israel contra os ídolos e as manipulações de uma autonomia irresponsável em face do outro, de si mesmo e das futuras gerações. No Antigo Testamento encontramos indivíduos e um povo em seu conjunto lutando para que sua fé seja adulta. O monoteísmo forneceu parâmetros importantes para sua emancipação e autodeterminação. Figuras como Newton (natureza), Marx (sociedade) e Freud (psiquismos), entre outras, precisam ser compreendidas a partir de sua herança judaica.

Um segundo aprendizado gira em torno da identidade. A abertura sem critérios faz perder a identidade. O fechamento rígido, que isola da história, torna a identidade estanque. Ela há que ser construída e negociada sempre de novo entre a adaptação fácil, hoje presente por meio de determinadas "modernizações" e "modas", e o fechamento a-histórico em um fundamentalismo voltado para o passado. Os privilégios do povo eleito nunca foram absolutos (cf. Senior; Stuhlmueller, 1987, p. 428), mas tampouco foram oferecidos aleatoriamente aos outros. A relação com *Iahweh* não permitiu arranjos com as religiões dos pagãos, mas tampouco os excluiu genericamente do paraíso.

Um terceiro aprendizado para a missão cristã aponta para a instituição da profecia e dos profetas. Em uma cultura em que a Lei (Torá) é considerada um dom de Deus para regulamentar a sociedade com autoridade divina, são os profetas que garantem a história viva das instituições religiosas e políticas, fazendo a cada instante a análise histórica e conjuntural e interpretando os sinais dos tempos mediante a Palavra de Deus. A presença profética representa o discernimento crítico do caminhar histórico. Os profetas advertem Israel quando este faz parcerias com terceiros que parecem mais importantes do que a Aliança com Deus; quando a instituição está mais preocupada com a pureza da fé e da moral dos pobres do que com a sua fome e com a justiça; quando a prerrogativa do "povo eleito" se torna privilégio e prestígio em detrimento do serviço e testemunho. Os profetas abrem portas quando a instituição procura mantê-

-las fechadas. Por isso, vivem permanentemente em conflito com as instâncias político-religiosas e, às vezes, com o próprio povo. Não escolheram a missão da profecia. Aceitaram essa missão com medo e objeções (cf. Ex 4,13; Jr 1,6). Ao transpor o horizonte escatológico ao aqui e agora da história e ao incentivar a responsabilidade universal do "povo eleito", prepararam o caminho para a proposta de Jesus (cf. Lohfink, 1981, p. 257).

Um quarto aprendizado se refere à história do "povo eleito" como história da salvação. *Iahweh* salva seu povo por meio de sua caminhada histórica. Analogicamente, pode-se pensar que a história de cada povo é história da salvação, porque Deus não salva os povos fora de sua história. As histórias dos povos caminham para uma convergência escatológica. As religiões dos outros não precisam ser incorporadas à religião de Israel que continua, até hoje, o povo da Aliança.

Os cristãos receberam o dom da Nova Aliança e da Torá do Novo Mandamento. No decorrer da história, foram tantas vezes infiéis à Aliança e ao Novo Mandamento quanto os judeus foram infiéis à Aliança e à Torá. A peregrinação das religiões ao Monte Sião, que não é mais um lugar geográfico, mas simbólico, já começou. Somos todos caminheiros e caminheiras. A peregrinação é escatológica, a caminhada é histórica, o convite para caminharmos mais perto uns dos outros é a graça da convocação a partir da diáspora.

Os cristãos falam dessa caminhada de Deus Uno e Trino, que se revelou como Pai-Mãe e nos fez a todos irmãos e irmãs no seu sangue. Confessam em sua fé a encarnação de Deus nessa história, sua fé em Jesus de Nazaré, que também é Cristo-Messias, que os convocou para a prática do amor maior. Cada um falará dos seus ideais, de suas revelações, de seus sonhos. Os judeus, certamente, falarão do dom da Aliança e da Torá que *Iahweh* lhes deu e que podem ser relevantes para toda a humanidade. E os guaranis? Ah, os guaranis, se perguntados sobre sua religião, farão um grande silêncio. Depois farão um canto, uma reza e uma dança (cf. Meliá, 1989; Chamorro, 1998). A aliança de Noé com toda a humanidade, as alianças com Israel e a Nova Aliança com os cristãos não são concorrentes. As alianças de Deus somam forças históricas na gratuidade de seu doador e preparam caminhos que convergem para o bem de toda a humanidade.

O quinto aprendizado que a Igreja herdou de Israel é a passagem da territorialidade à universalidade, de Canaã à diáspora. Desde a escravidão no Egito – passando pela experiência do Êxodo, do deserto, do assentamento na Terra Prometida, do desenraizamento territorial no exílio –, os olhos de Israel estão voltados para um território: Templo, Jerusalém, Canaã, Palestina. E o território é sempre um entrave para o testemunho além dos próprios muros e das próprias fronteiras. Com a destruição do Templo e da cidade santa de Jerusalém, e por meio da dispersão na diáspora, Israel se tornou universal sem perder a sua identidade. Quem sofreu o que Israel sofreu, nessa diáspora, pode compreender o sonho de um retorno a fronteiras seguras; porém, sob o ponto de vista religioso, o Estado de Israel é um equívoco. O cristianismo pode aprender com Israel que também sua territorialidade, seja como Europa cristã seja como Cristandade latino-americana, foi um equívoco, cujos atos fundantes foram atos de violência. O cristianismo e, na sua forma menor, o catolicismo serão verdadeiramente universais em situações de diáspora.

1.3 Envio ao mundo (Novo Testamento)

Páscoa e Pentecostes mudaram o rumo da missão. No tempo pré-pascal, a missão é orientada para Israel, o "povo eleito" por Deus. Jesus de Nazaré não fez missão entre os pagãos, cuja conversão considerou um resultado da convocação escatológica de Israel, no fim do tempo já próximo. Jesus se considerou "enviado às ovelhas perdidas da casa de Israel" (Mt 15,24; cf. 10,5s.). Em vários episódios, porém, Jesus falou da possibilidade de que a "eleição" poderá ser tirada de Israel ou, ao menos, ampliada também para os pagãos, quando menciona, por exemplo, o envio de Elias à viúva de Sarepta ou a cura do sírio Naamá da lepra (cf. Lc 4,25s.). Jesus elogia o centurião romano de Cafarnaum por causa de sua fé (cf. Mt 8,5ss.); diz que foi enviado para salvar as ovelhas perdidas da casa de Israel, mas cura a filha da mulher cananeia porque achou grande a sua fé (cf. Mt 15,21ss.); perguntado sobre as condições para alcançar a vida eterna, conta a parábola sobre a prática da caridade de um dissidente samaritano (cf. Lc 10,29ss.).

No tempo pós-pascal, em uma primeira fase, a missão se dirige ainda ao povo que frequenta as sinagogas e o Templo. Mais tarde, constatada, segundo São Paulo, a obstinação de Israel e seu coração endurecido diante da nova ordem messiânica (cf. Rm 2,5; 9,18), essa missão se torna por obra de Deus missão *ad gentes* e chega, passando pela Grécia, até Roma, o centro do Império Romano (cf. At 14,27; 15,12). O fracasso da missão dos discípulos e da comunidade cristã primitiva entre os judeus é um dos pressupostos para a missão além de Israel (cf. Pesch, 1982, p. 17-32).

Depois de um pequeno período do discipulado na comunidade penitencial de João Batista, Jesus de Nazaré inicia sua missão na Galileia como peregrino e pregador, em sinagogas e praças públicas, nas estradas e em casas, sem manter relações estáveis com sua família, profissão e moradia. Em sua mensagem central, Ele rejeita o papel de restaurador do Reino de Israel, esperado pelo povo e pelos próprios discípulos. Não é o Reino de Israel que Ele anuncia, mas o Reino de Deus. Diante da expectativa do povo, o próprio Jesus passou por um processo de discernimento, que Lucas descreve no episódio dramático das tentações no deserto (cf. Lc 4,1-13). O reino político de Israel seria, como todos os reinos políticos, um reino de poder, de privilégios e de prestígio para poucos.

Ao rejeitar o acesso privilegiado ao pão não partilhado, ao poder que não é serviço e ao prestígio das elites, inaugura, guiado pelo Espírito, a sua missão. Assume a tradição profética e anuncia na Sinagoga de Nazaré a Boa-nova aos pobres, a libertação aos oprimidos, a recuperação da vista aos cegos e um ano de graça do Senhor aos endividados (cf. Lc 4,16-19). A sinagoga ficou enfurecida com a mensagem dele, que indica os novos destinatários do seu Reino. Depois, Jesus se dirige a Cafarnaum, onde começa a convocação escatológica de Israel: "Cumpriu-se o tempo, e o Reino de Deus está próximo. Convertei-vos e crede na Boa-nova" (Mc 1,14). Jesus anuncia a chegada iminente do Reino de Deus como reino de amor, justiça e misericórdia de Deus. Suas palavras de esperança e misericórdia, que foram acompanhadas por sinais do Reino, tiveram uma acolhida crescente entre o povo pobre e sofredor. Para os pobres, a sua mensagem é Boa-nova: "Ao ver a multidão, teve compaixão dela, porque estava cansada e abatida como ovelhas sem pastor" (Mt 10,36). Os pobres não têm nada a temer e tudo a esperar da justiça de Deus. A colheita era muito grande para os poucos operários.

Para acompanhá-lo nessa pregação a serviço do Reino, Jesus chamou seguidores, discípulos e apóstolos. A vocação exige uma mudança radical na vida das pessoas escolhidas. Pescadores que se tornaram missionários deixam de ser pescadores. Ao seguir Jesus, os discípulos sempre tiveram de deixar algo, que pode significar deixar tudo. Ao tornarem-se pescadores de homens e mulheres (cf. Mc 1,17), tudo que aprenderam antes passa a ser apenas um referencial metafórico (cf. Lc 9,23ss.). Foram convocados para renovar todo Israel. Também a escolha dos Doze aponta para essa intenção. A finalidade da vocação e da convocação é o envio e o anúncio do Reino messiânico a Israel.

Os enviados vão dois a dois. São pequenas comunidades missionárias a caminho. Podem comer o que recebem nas casas, sem constrangimento ritual (cf. Lc 10,8). Para Jesus, o princípio ético vai além da prática da Torá em Israel e aponta para o Reino de Deus. Nesse Reino, o mais importante são as pessoas, não as leis nem os ritos nem o Templo nem a sinagoga. Sem a barreira ritual e legalista, a missão *ad gentes* se torna uma possibilidade (cf. Mc 7,1-23). Enquanto a ética da Torá se tornou ideologia religiosa, sem mediação dos que sofrem, a ética do Reino passa pela mediação histórica e antropológica dos necessitados.

Em dois episódios Jesus lembra a seus interlocutores que o Reino não chega por meio de práticas religiosas, mas por práticas históricas mediadas pelo atendimento aos necessitados. A vida é missão, e a missão está a serviço do Reino; esse serviço passa pela nova lógica da partilha e pelo alívio do fardo dos "sobrecarregados" (Mt 11,28). "Mestre, que farei para ter a vida eterna?" (Mt 19,16; Lc 10,25), perguntaram, em ocasiões diferentes, o moço rico e o doutor da Lei. Na sua expectativa de resposta, pensavam que Jesus falaria de algumas esmolas a mais ou de uma observância mais rigorosa ou mais abrangente da Lei. E Jesus convida o primeiro, o jovem rico, a partilhar seus bens com os pobres, e o segundo, o doutor da Lei, na Parábola do Bom Samaritano, a aproximar-se e a socorrer aquele que caiu nas mãos dos ladrões (cf. Lc 10,29-37). Para o contexto da Torá, Jesus questiona o princípio *ex opere operato*, a eficácia salvífica dos ritos em si, sem amor ao próximo (cf. CIgC, n. 1127, 1128).

A mensagem do Reino, que questiona a prática da Torá controlada pelas autoridades do Templo, está diretamente ligada à morte de Jesus. Depois da expulsão dos vendedores e compradores do Templo, que questionou as práticas comerciais e sacrificiais "da casa de oração para todos os povos", a elite sacerdotal dos saduceus e dos escribas começou a pensar em um plano de "como fazê-lo perecer, pois toda a multidão andava muito extasiada com o seu ensino" (Mc 11,17s.). A purificação do Templo, em um sentido mais amplo, teve um impacto sobre a área religiosa, econômica e política. Atingiu a base econômica da aristocracia sacerdotal, a base ideológica do legalismo de Israel, e fortaleceu a suspeita de que o movimento messiânico popular de Jesus de Nazaré poderia sacudir a ordem político-religiosa, que era a base do Estado controlado pelos romanos (cf. Merklein, 1984, p. 131-135).

Para Jesus, o Templo perdeu seu significado salvífico. Tornou-se um lugar de assassinato (cf. Mt 23,35), de prestígio e espetáculo (cf. Lc 4,9), de mentira (cf. Mt 23,16ss.). Diante da inoperância salvífica do culto, do Templo e da Lei para a redenção de Israel, Jesus, o enviado do Pai, propõe, segundo a leitura teológica da comunidade cristã, com a sua morte, uma nova prática salvífica, um novo e último sacrifício redentor para todos. Jesus põe fim à prática sacrificial do Templo. A misericórdia é maior do que as exigências do Templo; diante do sábado, o doente tem absoluta prioridade (cf. Mt 12,6ss.). Na Última Ceia e na cruz, Jesus de Nazaré instaura uma "Nova e Eterna Aliança" com Deus, que é renovada na celebração eucarística, ceia e sacrifício, memória de sua morte e ressurreição. A cortina do Templo, agora lugar de partida, não de chegada, está rasgada (cf. Mt 27,51). O templo novo é o corpo de Cristo (cf. Jo 2,21) e, por meio dele, a comunidade cristã: "Não sabeis que sois um templo de Deus e que o Espírito de Deus habita em vós?" A purificação do Templo se tornou, na morte de Jesus, despojamento radical dos seus seguidores.

Ao falar de uma Nova Aliança, os cristãos retomam a promessa profética de Jeremias (cf. Jr 31,31ss.) e a colocam no contexto da Última Ceia. Os relatos desta correspondem aos relatos sobre a Aliança no Sinai, ao mesmo tempo em que se diferenciam (cf. 2Cor 3,4-18; Gl 4,21-31). Mateus e Marcos, que se referem diretamente em seus evangelhos à Aliança no Sinai, mostram isso claramente: "Isto é o meu sangue, o sangue da Aliança, que é derramado em favor de muitos" (Mc 14,24; cf. Ex 24). Lucas e Paulo, depois de lembrarem o "corpo que é dado por vós", falam da "Nova Aliança em meu sangue, que é derramado em favor de vós" (Lc 22,19s.). A renovação da Aliança, que desde os primórdios de Israel foi o núcleo de seu culto, na memória eucarística está presente como herança de Israel, porém radicalmente transformada pela morte e ressurreição de Jesus. Para o Israel letrado, a Nova Aliança que propõe Jesus de Nazaré significa uma ruptura com a Antiga Aliança. Para a classe sacerdotal, escribas e doutores da Lei, Jesus e as comunidades missionárias rompem com os sinais das alianças do Antigo Testamento, com o Templo e suas prescrições, com o sábado e, mais tarde, com a necessidade salvífica da circuncisão. Quem rompe com os sinais rompe com o conteúdo representado por eles. Para Jesus e as primeiras comunidades, os novos sinais da cruz, do batismo e do domingo, como nova Páscoa, não significavam uma simples ruptura; significavam ruptura em continuidade e, a rigor, realização da Antiga Aliança. As estações importantes da história da salvação, que são o núcleo do anúncio missionário pós-pascal, são marcadas pelas antigas alianças (Noé, Abraão, Moisés), pela Nova Aliança (Jesus Cristo), pela redenção por meio do sangue do cordeiro de Deus derramado na cruz, pelo escândalo e pela loucura da cruz como graça (cf. 1Cor 1,22s.) e como dom de Deus para toda a humanidade, inaugurando um parentesco universal no sangue do Cristo, e pela ressurreição do Justo como justiça definitiva de Deus.

A redenção, no horizonte do Reino, está não em tábuas de pedras, mas nos corações e significa: humanização de Deus pela encarnação e divinização da humanidade pela redenção. "Quem se une ao Senhor constitui com Ele um só Espírito" (1Cor 6,17). [...] E a Torá, ou seja, a Instrução de Cristo, do Ungido, que significa "Messias", é o próprio Jesus; o Deus que salva é também o "lugar" da redenção. Ele é a casa de Deus, o Templo novo. Sua redenção não exige o mérito de sacrifícios ou lugares sagrados ou de esforços pessoais redentores. Sua redenção é dom, pobre como o presépio e eficaz como a cruz. A eficácia da graça cresce com sua proximidade a meios pobres e aos pobres. Isso vale para toda a prática missionária: de graça recebemos e de graça partilhamos. "Somos servos inúteis, fizemos apenas o que devíamos fazer" (Lc 17,10). A graça não substitui o esforço pessoal, mas, ao subordinar o esforço do "homem feitor" (*homo faber*) à graça, ela resgata a soberania de Deus e nossa filiação divina. Tudo o que realmente vale a pena na vida rompe com a meritocracia e com o virtuosismo ético, porque é graça e revelação de um desdobramento do amor redentor de Deus. A Lei de Cristo, a Torá do Messias, a ética do Reino, que está em seu testamento, o Novo Testamento, é levada às nações por testemunhas que no despojamento e na doação de sua vida experimentam a presença do Reino (cf. Lc 24,48).

Em uma catequese que já sintetiza a missão pré e pós-pascal da comunidade cristã e a relação entre o antigo e o novo Povo de Deus, o Evangelho segundo Mateus conta a vinda de magos do Oriente em busca do Rei dos Judeus (cf. Mt 2,1-12). Os pagãos encontram o Filho de Deus e Salvador voltando-se para os judeus. "A Epifania manifesta que a plenitude dos pagãos entra na família dos patriarcas e adquire a dignidade israelítica" (CatIC, n. 528). A Igreja nascente é composta de judeus e pagãos. A fé dessa Igreja, com sua natureza missionária, não existe sem a fé de Israel, cujos profetas anunciaram que a glória de *Iahweh* será proclamada entre todas as nações: "Todas as nações trarão todos os vossos irmãos como uma oferenda a *Iahweh*, montados em cavalos [...] e em camelos, conduzindo-os ao meu santo monte, a Jerusalém" (Is 66,20).

Na catequese transmitida por Mateus, as religiões são como estrela que conduz a humanidade ao Messias de Israel e ao Reino anunciado por Ele. Essa estrela aponta para a passagem pela Jerusalém "que é escrava" (Gl 4,25). Lá, a estrela desapareceu como em todos os lugares de escravidão. As instituições religiosas e políticas de Jerusalém, na época de Jesus, não estiveram mais abertas à realização histórica da memória messiânica. Mas, nas escrituras que elas guardaram, sem compreendê-las, a estrela continua brilhando e reaparece. E as escrituras de Israel apontam para uma Nova Jerusalém, "a Jerusalém livre do alto", cujos filhos e filhas serão numerosos (cf. Gl 4,27). A verdadeira Cidade da Paz (Jerusalém) não é um lugar geográfico; é utópico, é acontecimento histórico e escatológico. É o acontecimento que se desdobra em múltiplos acontecimentos que têm em Belém, na Cidade de Davi, seu início histórico e núcleo simbólico.

O Cristo-Messias, Filho de Deus, que rompeu com as tradições obsoletas do Templo e da Torá em face da necessidade concreta do povo, só pode ser compreendido no interior da história que construiu esse Templo e que recebeu a Torá como um dom de *Iahweh*. "Ele veio para o que era seu, e os seus não o receberam" (Jo 1,11). O acontecimento de Belém mostra a dinâmica profética que se realizará na missão de Jesus: une Israel e o mundo pagão no lugar insignificante de Belém e na pessoa de uma criança, literalmente sem berço, longe da pompa e do poder da velha Jerusalém. Como na escolha de Israel, na escolha da criança não há merecimento nem prestígio ou grandeza humana. Tudo é graça. Em Belém se inicia, na catequese de Mateus, a universalidade de um reino novo sem fixação territorial, no encontro simbólico de judeus, pagãos e pobres com a verdadeira tradição judaica.

1.4 Revelação em outras religiões

A compreensão da "revelação de Deus" como privilégio do cristianismo pode tornar-se uma prática de exclusão, semelhante à noção do "povo eleito" de Israel. Ao acreditar, junto com Israel, em uma peregrinação escatológica de todos os povos com suas religiões ao Monte Sião, o reconhecimento da revelação de Deus nesses povos ganha probabilidade. Essa probabilidade não é exterior à normatividade do cristianismo, mas é inerente aos imperativos do Evangelho de Jesus Cristo, que vincula a questão social do reconhecimento da alteridade estreitamente à questão da ortodoxia e da ética do Reino. Pecado, nessa ética, significa indiferença diante da exploração e do desprezo do pobre-outro (cf. Suess, 2007a).

Desde os primórdios da humanidade temos relatos sobre um Deus que se revelou de múltiplas maneiras; seja pela razão seja pela intuição, seja por fenômenos naturais seja por históricos, seja por sua palavra dirigida a pessoas comuns seja por aquela a profetas, seja dentro seja fora de Israel (cf. Hb 1,1ss.). Em uma oração de louvor ao Pai, Jesus de Nazaré agradece o sucesso missionário dos seus discípulos e confirma a revelação de Deus aos pobres: "Eu te louvo, ó Pai, Senhor do céu e da terra, porque ocultaste estas coisas aos sábios e entendidos, e as revelaste aos pequeninos" (Lc 10,21; cf. Mt 11,25). Os pequenos, os pobres, os crucificados da história são portadores da sabedoria divina e já receberam, antes da chegada dos discípulos de Jesus, a revelação suficiente para iniciar a construção do projeto de Deus, que é o Reino. Receberam a revelação não por causa de sua pertença religiosa, mas por causa do seu estatuto social de "pequenos". Na "ação do *Espírito* Santo", *Jesus* invoca *Deus* como criador do universo e Pai, e exulta de alegria. Os pobres vivem desde sempre o mistério trinitário na abertura ao projeto de Deus. As duas afirmações universais, nesse trecho, são de que Deus é criador do universo e de que sua revelação desde as origens da humanidade foi feita não aos "sábios e prudentes", mas aos "pequenos". Jesus de Nazaré não ergue fronteiras entre bons e maus, entre santos e pecadores, entre judeus ortodoxos e samaritanos heterodoxos, mas entre o discurso ideológico das elites e a fala tosca e sofrida dos pequenos (cf. Lc 10,25ss.). Estes, que vivem a loucura cotidiana de sua pobreza, são mais aptos a compreender a revelação de Deus na loucura da cruz como verdadeira sabedoria. A revelação de seu projeto como Reino de Justiça enfrenta duas dificuldades estruturais: o horizonte escatológico e a compreensão analógica das coisas divinas. Concretamente, pode-se afirmar:

- Desde os primórdios, a maioria dos povos reconhece uma revelação de Deus Criador em suas culturas e religiões. "Deus proporciona aos homens, nas coisas criadas, um permanente testemunho de si" (cf. Rm 1,19s.) (DV, n. 2).

- A tradição não ideológica da revelação é garantida pelas vítimas da história. O que rompe com a ideologia, que defende um estatuto social superior como natural, é o sofrimento concreto dos pobres.

- A revelação mais específica em Jesus Cristo, vivida nos diferentes cristianismos, é histórica e culturalmente transmitida e, portanto, assumida em condições de precariedade e ambivalência.

- Na parusia, o Verbo, que se fez carne, será o Verbo (a Palavra) de todas as línguas. Por meio desse Verbo universal, todas as religiões se comunicarão com Deus em um novo Pentecostes.

- Na perspectiva escatológica, a questão da verdade não é posta de lado, mas colocada no horizonte do próprio Evangelho, em um lugar e em uma hora desconhecidos "em que os verdadeiros adoradores adorarão o Pai em espírito e verdade" (Jo 4,23). Nesse horizonte, o cristianismo não perde o sentido de sua singularidade histórica e não cai na cilada de um exclusivismo a-histórico.

- A revelação no fim dos tempos pode e deve ser esperada como revelação definitiva dos mistérios, tanto para os cristãos como para os seguidores de outras religiões. Para os cristãos, o sujeito da parusia tem um dos múltiplos nomes que a humanidade deu a Deus: Jesus Cristo, que significa "Deus Salvador e Messias".

Jesus de Nazaré escolheu os pequenos-outros como protagonistas de seu projeto, porque eles são os portadores da revelação de Deus. Em seus discursos axiais da Sinagoga de Nazaré (cf. Lc 4), das Bem-aventuranças (cf. Mt 5) e do Último Juízo (Mt 25), Jesus é muito claro. Os primeiros e privilegiados destinatários de sua palavra, os protagonistas e o núcleo central de seu projeto, que é o Reino, são as vítimas e os desfavorecidos. Mas as vítimas não são apenas protagonistas ou destinatárias do projeto de Deus, são também representantes de Deus no mundo e, como tais, portadores e mediadores de sua revelação e promessa.

Os pobres-outros como protagonistas e mediadores do Reino são universais, estão além de suas particularidades étnicas, nacionais ou culturais. Existe uma vinculação entre verdade e pobreza. "A pobreza é a verdadeira aparição divina da verdade" (Ratzinger, 2003, p. 116), sobretudo a pobreza na sua concretude dos pobres. Neles, que são lugar da epifania e revelação de Deus, a Igreja reconhece "a imagem de seu fundador pobre e sofredor" (LG, n. 8c) e, neles, o próprio Cristo clama em alta voz (cf. LG, n. 22a). Nas conclusões de Puebla, as feições sofredoras e reveladoras de Cristo são nomeadas a partir do mundo real de hoje (cf. DP, n. 31ss.).

A continuidade da revelação está nas sempre novas experiências contextuais e históricas da humanidade com o Verbo Criador, que continua relevante não só a partir da encarnação, mas também antes e depois dela; não só para os israelitas ou os cristãos, mas também para os que estão fora de Israel ou fora da Igreja Católica. Samaritanos, centuriões e estrangeiros, hoje, têm outros nomes. A partir da vontade salvífica de Deus, há que pensar os caminhos propostos pelas religiões como caminhos que permitem um acesso interino à salvação. Diante do Reino de Deus, todas as religiões são mediações interinas. Nas condições histórico-culturais, o absoluto e definitivo é sempre experimentado em sua relatividade cultural e provisoriedade temporal.

À reserva escatológica corresponde a reserva salvífica de Deus, que se dirige livremente e por múltiplos caminhos a toda a humanidade, sem esvaziar o papel salvífico de Israel ou da Igreja. A sucessão apostólica é um elemento ordenador normativo interno da Igreja Católica, não um instrumento que desapropria Deus da possibilidade de outros caminhos salvíficos. Desde os primórdios da humanidade até os dias de hoje, Deus tem caminhos de comunicação salvífica além de cada Igreja e religião. Também para a Igreja, a verdade é um horizonte, não uma posse (cf. DV, n. 8b).

Na escuta de Deus, todos somos eternos aprendizes. Precisamos aprender a crer na soberania de Deus, Salvador da humanidade, radicalmente encarnado na realidade histórica e, ao mesmo tempo, radicalmente transcendental, aquém e além de todas as contingências culturais, religiosas e geográficas. Podemos alegrar-nos com a mediação salvífica que Jesus de Nazaré atribuiu aos pobres-outros. Ao ouvir sempre de novo a voz de Deus em sua racionalidade salvífica única e, ao mesmo tempo, na multiplicidade dos ecos nas religiões, permanecemos aprendizes na reciprocidade de dar ouvido à Palavra e de recebê-la. Quando nos assalta a vontade de arrancar todo joio da história, o Evangelho nos lembra do horizonte escatológico da colheita. Fomos enviados não para erguer muros, mas para abrir portas, como o carpinteiro de Nazaré.

1.5 Resumo, palavras-chave, questões

> Desde suas origens, o cristianismo enfatizou elementos de *ruptura e continuidade* entre o Antigo e o Novo testamentos. A Aliança de *Iahweh* com Israel nunca foi abolida. Israel faz parte do anúncio missionário da Igreja, de sua liturgia e teologia, de sua história da salvação, também de sua história de iniquidade. Os cristãos herdaram de Israel o *monoteísmo*, o zelo pela *iden-*

tidade, a instituição da *profecia*, a *superação da territorialidade* como pressuposto da *universalidade*.

A relação entre a missão no Antigo e no Novo Testamento é a relação entre *convite e envio*. Israel abre para as nações a perspectiva de participar da *peregrinação escatológica* ao Monte Sião. A *prática missionária de Jesus* era uma prática *voltada para Israel*. Para os pobres, a mensagem do Reino, que é mensagem de justiça e misericórdia, é Boa-nova. Eles não têm nada a temer da justiça de Deus. Para as autoridades religiosas de Israel, a lógica do Reino questiona a lógica e a prática do Templo. Este perdeu seu significado salvífico. A partir da purificação do Templo, as autoridades religiosas de Israel planejam a sua morte.

A *resistência contra o Evangelho* de Jesus de Nazaré e o *atraso da parusia* marcam o início da missão pós-pascal às nações, que é *envio* para transmitir uma mensagem. Fazem parte dessa mensagem as alianças do Antigo Testamento, o significado da Nova Aliança, a redenção pelo sangue do cordeiro de Deus, o escândalo e a loucura da cruz como graça (cf. 1Cor 1,22s.) e dom de Deus para toda a humanidade, e a ressurreição do Justo como justiça definitiva de Deus. A *ética do Reino* está na Torá do Messias, na "*Lei de Cristo*" (Gl 6,2).

O anúncio missionário não anula a *mensagem das religiões não cristãs*; configura uma ruptura em continuidade. A unidade das religiões, que são portadoras não só de experiências culturais, mas também da *revelação do Deus* único no interior de uma *história da salvação* própria, aponta para o horizonte escatológico e analógico de todas as realizações humanas.

2
Da origem:
o mistério trinitário da *missio Dei*

Neste capítulo mostraremos o resultado de uma longa evolução e discussão em torno do mistério da Santíssima Trindade, enquanto relevante para a missão. Pode-se resumir esse mistério com as palavras de João: "Deus é amor" (1Jo 4,16); o amor não se contenta consigo mesmo e por causa disso envia o Filho no Espírito Santo em missão para anunciar a Boa-nova a toda a humanidade. Falar de Deus significa, portanto, falar de amor e missão. Nos primeiros séculos do cristianismo essa verdade fundamental era vivida sem definições de conceitos e dogmas. A Palavra de Deus que se encontra nos livros bíblicos, fonte das afirmações sobre a paternidade de Deus e a fraternidade/sororidade das pessoas, é paradigmática, sapiencial, poética e histórico-culturalmente situada (cf. Schierse, 1972). A palavra bíblica não é uma palavra conceitual. Permite múltiplas interpretações e configurações eclesiais que, no decorrer da história, ameaçaram a unidade da fé e da Igreja.

Depois de três séculos de martírio e clandestinidade dos cristãos, Constantino proclama, em 313, o Edito de Tolerância (Edito de Milão), que reconhece o cristianismo, no interior do Império Romano, como uma religião entre outras. Até a sua morte, em 324, a religião cristã acumula uma série de privilégios (cf. Fröhlich, 1987, p. 31). Em 321, o domingo cristão é introduzido no calendário do império. Em 375, o imperador romano Graciano renuncia ao título de *Pontifex Maximus*. Logo depois, os papas assumem esse título de "Sumo Pontífice", que prevalece até hoje[4]. Em 391, Teodósio proíbe os cultos pagãos. Com a progressiva assunção da Igreja como religião oficial do Império Romano, surgiram dificuldades internas nas Igrejas locais a respeito da reta interpretação da Palavra de Deus e da compreensão da Santíssima Trindade.

Depois da razão do testemunho qualificado, o martírio, que uniu os cristãos, a razão do conceito e do Estado começou a dividi-los. O conceito ameaça tornar a fé viva e subjetiva pela qual se crê (*fides qua creditur*) em fórmula herdada, histórica, porém não subjetivamente experimentada (*fides quae creditur*). Não podemos experimentar tudo de novo. Vivemos em uma comunidade eclesial que nos permite confiar na experiência religiosa dos antepassados. A apropriação dessa experiência, porém, há que ser sempre vivencial, contextual e transformadora. Essa apropriação vivencial da fé exige, para a sua credibilidade, compreensão e transmissão, inovar a linguagem, as fórmulas, as metáforas e as parábolas. Para quem nunca viu uma ovelha, a Parábola do Bom Pastor é exótica. Precisamos de uma fina sensibilidade para a realidade de fé que é simbolicamente estruturada.

No contexto desta *Teologia da Missão* procuramos apenas captar o resultado dessas primeiras lutas doutrinárias, enquanto relevantes para a missão. Essas discussões, que eram basicamente discussões em torno da encarnação, não só aconteceram em um debate entre bispos em aulas conciliares de Constantinopla [381] e de Calcedônia [451]), mas também na rua e no meio do povo[5]. O povo cristão da época participou das discussões em torno do Deus Uno e Trino porque entendeu a relevância prática dessas discussões para sua vida cotidiana. A resposta eclesial às perguntas: "Quem é Deus?", "Quem é Jesus Cristo?" e "Quem é o Espírito Santo?" estava e está interligada. É crucial para o anúncio, a motivação, a finalidade e a relevância da

---

4. Como Paulo VI substituiu a tiara papal pela mitra episcopal, assim a substituição do título "Sumo Pontífice" por um título mais bíblico teria um significado simbólico importante para uma Igreja pós-conciliar voltada ao povo (*versus populum*).

5. Grandes contribuições para iluminar a questão da encarnação deram os Santos Padres, como Atanásio, Basílio de Cesareia, Gregório Nazianzeno, Gregório de Nissa, Agostinho e Cirilo de Alexandria.

missão. Portanto, a reflexão sobre a missão há que começar sempre com as duas perguntas: "Quem é Deus?" e "Com quem acreditamos, celebramos e assumimos esse Deus?" Teologia e eclesiologia são organicamente entrelaçadas. Mas nunca vamos esgotar essas perguntas por meio de nossas respostas conceitualizadas. Todas as nossas palavras sobre Deus Uno e Trino são apenas aproximações, e as nossas definições são afirmações analógicas sobre um mistério inesgotável. Entre criador e criatura, afirma o IV Concílio do Latrão (1215), a dessemelhança é sempre maior do que a semelhança (cf. Denzinger-Schönmetzler, 1976, n. 806)[6]. O próprio filho de Deus, quando fala do Reino, não fala em conceitos, mas em parábolas. A palavra dos poetas, às vezes, chega mais perto do mistério divino do que o discurso conceitual dos teólogos.

Os cristãos, no interior de sua biografia pessoal, pertencem a uma comunidade eclesial local. Por meio da comunidade local fazem parte de uma rede de comunidades de vivência e interpretação, a Igreja "Povo de Deus", que se considera missionária "por sua natureza" (AG, n. 2, 6). Os cristãos participam dessa natureza missionária como "adeptos do caminho" (At 9,2) e seguidores de Jesus Cristo. Ele é o primeiro missionário, enviado por Deus Pai-Mãe ao mundo (cf. Jo 5,36s.). O caminho é escolha e escola. Como se pode compreender essa maneira muito humana de falar de Deus quando o quarto Evangelho e, por meio dele, a Igreja primitiva, repetidas vezes afirmam que Jesus é, como "Enviado do Pai", o primeiro missionário que está cumprindo e transmitindo aos seus seguidores a "missão de Deus"?

2.1 A missão de Deus

A missão tem a sua origem na iniciativa do amor de Deus, Uno e Trino. Portanto, a missão tem a sua origem na Santíssima Trindade e é anterior à Igreja. A missão emerge de uma comuni-

---

6. Cf. n. 806: *Quia inter creatorem et creaturam non potest tanta similitudo notari, quin inter eos maior sit dissimilitudo notanda* ["Porque entre o Criador e a criatura não pode ser observada tanta semelhança, sem que entre eles deva ser notada uma maior dessemelhança"].

dade e aponta para a convocação e o envio de comunidades missionárias. A Igreja é instrumento do plano salvífico de Deus, existe na missão, ou, como o Vaticano II declara, ela "é, por sua natureza, missionária" (AG, n. 2), mas ela não é a origem nem a finalidade da missão. O fim da missão é a acolhida e a construção do Reino de Deus. O conteúdo do conceito "missão de Deus" (*missio Dei*) envolve a reflexão missiológica já nas discussões antigas que acompanharam a definição do mistério da Santíssima Trindade[7]. O conceito *missio Dei* se pronuncia sobre o amor gratuito e a presença não manipulável de Deus no mundo.

A reconstrução do significado "missão de Deus" começa com a afirmação de São João: "Deus é amor" (1Jo 4,8.16).

Se Deus é "amor", Ele não pode ser "solidão cerrada". Dizer "Deus é amor" significa dizer "Deus é relação". "Transbordar", "comunicar" e "relacionar" são características do amor, independentemente de uma finalidade posterior.

O amor de Deus é gratuito, mas não contingente. Busca a face da criatura, do outro. Com o "pecado original" esse outro mudou a sua face, que pode ser a de um assassino ou a de um assassinado, a de um explorador ou a de um explorado. Na situação histórica concreta da humanidade caída, o amor de Deus tem direção e intenção descritas pelos Santos Padres como plano de salvação. O amor de Deus tem um desdobramento direcionado para reverter a desintegração da humanidade causada pelo pecado e, por conseguinte, para reintegrar a humanidade na vida plena que é o Reino, em uma perspectiva histórica e escatológica.

O amor de Deus que transborda, na teologia da Santíssima Trindade, é chamado "amor fontal" (AG, n. 2b). Dessa fonte procede o *Logos* (o Verbo), que é gerado pelo Pai, e o *Pneuma* (o Es-

---

7. A afirmação de que a missão tem a sua origem na "missão de Deus" (*missio Dei*) nos une às Igrejas articuladas no movimento ecumênico. Quem pela primeira vez sistematizou o conceito *missio Dei*, que teve uma grande importância para as Igrejas articuladas no Conselho Mundial das Igrejas, foi Georg F. Vicedom.

pírito Santo), pela aspiração do Pai e do Filho. A teologia clássica fala em "comunicação" intratrinitária, em "processões" ou "relações" que configuram a Trindade imanente desde a eternidade ou, como João diz, "antes da criação do mundo" (Jo 17,24).

O "amor fontal", princípio sem princípio, é descrito pela teologia nas imagens de "processões" e "relações" entre Deus, *Pneuma* e *Logos*, constitui o pano de fundo invisível e eterno da Santíssima Trindade. Essa Trindade, que a teologia chama de "imanente", transborda e se desdobra na história da salvação. A teologia convencionou chamar esse transbordar histórico da Trindade imanente de Trindade econômica ou Trindade histórico-salvífica que configura a *missio Dei*. As "processões" ou "relações", antes do tempo, caracterizam a Trindade *ad intra*, e a "missão de Deus" é a Trindade *ad extra*, no tempo histórico em geral e, mais especificamente, na plenitude do tempo. Por meio dessa missão *ad extra*, Deus afirma e explicita seu plano de salvação. Como se trata da mesma Trindade una e trina, também para a "missão de Deus", para a Trindade histórico-salvífica, a "relação" (novas relações humanas inauguradas por Jesus!) e a "processão" (envio e seguimento!) da Trindade imanente têm um significado profundo. A rigor, missão, relação, processão e comunicação configuram uma unidade semântica inseparável.

A "missão de Deus", a *missio Dei* da Trindade histórico-salvífica, aponta, em uma primeira instância, para a presença de Deus no mundo por meio do *Logos* (Jesus Cristo) e do *Pneuma* (Espírito Santo). Como se relacionam nessa "missão de Deus" a missão do Verbo e a missão do Espírito Santo?

A missão do Verbo (*Logos*), que se fez carne na pessoa de Jesus de Nazaré, se prolonga na história, no mundo, na Igreja e nas pessoas por meio do Espírito Santo. A revelação da presença do Deus Trino, a sua morada na pessoa que vive no amor (na graça), é uma das finalidades da "missão de Deus" (cf. Jo 14,23). A articulação da *missio Dei* com o mundo e a história e, ao mesmo tempo, com os indivíduos garante o equilíbrio entre comunitarismo e individualismo; impede a privatização e, ao mesmo tempo, a coletivização da presença de Deus no mundo. A comunidade eclesial sempre reconheceu a consciência do indivíduo como a última instância para a tomada de decisões. Ao mesmo tempo, a Igreja tem a tarefa de convocar e articular a diversidade de indivíduos e entrelaçar a multiplicidade de projetos culturais de vida com o projeto maior que é o Reino de Deus. A Igreja não é o Reino, mas aponta para ele. Essa articulação da diversidade, que é uma característica da Igreja desde o primeiro Pentecostes, visa à "unidade no Espírito Santo".

A presença de Deus no mundo por meio de Jesus Cristo e do Espírito Santo não deve ser compreendida como deslocamento ou parcelamento de Deus. Nas pessoas divinas de Jesus e do Espírito está sempre o Deus Uno e Trino, inteira e misteriosamente presente. E a presença de Deus no mundo não permite conclusões sobre a sua ausência em outro lugar. Para exprimir isso, a nossa linguagem conceitual e nossas metáforas são muito limitadas. Ao falar em separado de Deus Pai-Mãe, de Jesus Cristo e do Espírito Santo, fala-se sempre também do Deus Uno e Trino. Deus está, no dizer de Santo Irineu, próximo de cada pessoa humana por meio de suas duas mãos estendidas, que são o Filho e o Espírito Santo (cf. Irineu de Lião, 1997, V, 6,1). Ao mesmo tempo, Deus está distante e permanece mistério infinito e inexaurível. A proximidade de Deus não anula o mistério, e o mistério não impede de falar da proximidade de Deus. A Teologia da Missão apoiada somente em Jesus Cristo ou somente na ação do Espírito Santo, sem considerar sua origem e seu fim no mistério de Deus Trino e Uno, não corresponde à história da salvação delineada na Sagrada Escritura e na tradição original da Igreja.

Uma última advertência: na *missio Dei*, Deus não é somente aquele que envia. Ele é também, no Filho e no Espírito Santo, o enviado: "Quem me viu, viu o Pai" (Jo 14,9). Como o Deus Uno é também o Deus Trino, a compreensão da "missão de Deus" é sempre um entendimento analógico e/ou metafórico. Deus não envia partes de si ou "embaixadores divinos". A *missio Dei* é um indicador da presença integral de Deus no meio da humanidade.

DEUS É AMOR

O AMOR FONTAL DE DEUS TRANSBORDA

antes do tempo voltado,	na plenitude do tempo voltado,
ad intra, para si mesmo	*ad extra*, para a humanidade

O pecado interrompeu a harmonia primordial entre Criador e Criatura.

Deus inicia a história da salvação, que culmina na *missio Dei* histórica.

TRINDADE IMANENTE	TRINDADE ECONÔMICA ou HISTÓRICO-SALVÍFICA
O transbordar intratrinitário:	O transbordar extratrinitário:
PROCESSÕES ou RELAÇÕES	***MISSIO DEI***
entre PAI, FILHO, ESPÍRITO SANTO	MISSÃO DE DEUS

O PAI ENVIA

O FILHO
encarnação
amor maior (na cruz)
salvação
recapitulação
O ESPÍRITO
articulação da diversidade na unidade do Espírito Santo

o Filho, enviado do Pai, envia os discípulos por meio do Espírito Santo

A Igreja nasce do envio trinitário, na Festa de Pentecostes. Ela vive a essência missionária de sua origem no seguimento de Jesus, anunciando o Reino e convocando a humanidade para o encontro com Deus. A missão, portanto, vem de Deus e volta para Deus.

2.2 O Espírito Santo: protagonista da missão

O Espírito Santo é força divina e dom. Ele está no início de todas as caminhadas que geram vida. Crer no Espírito Santo significa crer no Senhor, que dá a vida (Credo de Constantinopla I, 381). Ele é aquele "Espírito de Deus" que no princípio do tempo e do mundo "pairava sobre as águas" (Gn 1,2). No *princípio* eram o Verbo e o Espírito. Ambos são inseparáveis. Um é caminho, o outro é guia, junto ao Deus Pai, criador do mundo.

A mesma unidade trinitária, que estava na origem da criação, está na origem da recriação do mundo, na encarnação. Maria concebeu seu filho Jesus, Palavra de Deus, redentora do mundo, pela força do Espírito Santo. E esse mesmo Espírito está no início da missão de Jesus de Nazaré. Nele, o filho do carpinteiro de Nazaré foi confirmado "Filho bem-amado" de Deus, por ocasião de seu batismo no Jordão (cf. Lc 3,22). Nele foi ungido Messias e fez o discernimento decisivo de sua vida sobre a finalidade de sua missão: "Ele me ungiu para evangelizar os pobres" (Lc 4,18). No mesmo Espírito, na Festa de Pentecostes, a Igreja começa "a falar em outras línguas" (At 2,4) e inicia a sua missão, revestida "da força do alto" (Lc 24,49).

a) Pentecostes

Na Festa de Pentecostes, festa do dom da Lei para os judeus e para os cristãos, festa do dom do novo mandamento, o testemunho da futura Igreja rompe as barreiras linguísticas e étnicas, e a "Lei de Cristo" (Gl 6,2) começa a ser anunciada a todos os povos. E esse anúncio das maravilhas de Deus na língua dos outros povos acontece pela força do Espírito. Nele, judeus e gentios são chamados a se tornarem Povo de Deus, povo da Nova Aliança (cf. At 15,14). Nesse evento pentecostal, a unidade plural no Espírito Santo supera a confusão e dispersão de Babel (Gn 11,1-9), e os discípulos e as discípulas são convocados e enviados como testemunhas da ressurreição de Jesus e servos e servas do Reino de Deus. Pentecostes é a festa pascal que está no início da missão.

A fundação da Igreja, por princípio (quer dizer, desde o início) missionária, na Festa de Pentecostes, festa da convocação e do envio, estrutura a trajetória universal do anúncio do Evangelho da Graça. Universalidade dos horizontes e concretude dos conflitos, contextualidade, pluralidade das formas nas Igrejas locais e gratuidade dos modos de salvação ligam ação e anúncio missionários de maneira especial ao Espírito Santo. Em Pentecostes, a Igreja é concebida pelo Espírito Santo. Ele "acompanha e dirige" (AG, n. 4) os atos dos apóstolos, dos discípulos e das discípulas sem cessar.

Atos dos Apóstolos é o livro da missão realizada sob o protagonismo do Espírito Santo. Pentecostes continua na missão dos apóstolos. "Lucas coloca vários Pentecostes sucessivos: em Jerusalém (At 2; 4,25-31), na Samaria (At 8,14-17), aquele que inicia a aventura missionária com Cornélio e o evento de Cesareia (At 10,44-48; 11,15-17) e até o episódio de Éfeso (At 19,1-6)" (Congar, 2005, p. 69). O Espírito do alto converte Pedro e a Igreja de Jerusalém da estreiteza étnico-religiosa para o horizonte amplo da humanidade e dos confins do mundo. Sob iniciativa do Espírito, acontece o batismo dos primeiros gentios e a primeira missão na diáspora judaica, em Antioquia. A manifestação do Espírito produziu uma profunda conversão na liderança de Pedro e nas atitudes das comunidades judaicas (cf. At 10; 13,2; 15). Foi o Espírito Santo que fez a jovem Igreja se lembrar de que são "os doentes que precisam do médico e não os sãos" (Lc 5,31) e de que o "Filho do Homem veio procurar e salvar o que estava perdido" (Lc 19,10) e não para manter os salvos.

b) Espírito da Verdade

O Espírito Santo é o "Espírito da Verdade" (Jo 14,17) que fala em muitas línguas, mas "não fala de si mesmo" (Jo 16,13). Este Espírito faz a comunidade de Jerusalém compreender que sua missão não é cuidar de si mesma. A comunidade aprende do Espírito que a sua missão está no despojamento e no descentramento voltado para a unidade com outras comunidades e povos. O Espírito da Verdade sabe articular o plural e as diferenças em uma unidade maior, sem hegemonias isoladas, e sabe despojar-se dos e nos sinais de mediação. A diferença étnica e o plural cultural não afetam a verdade. O Espírito da Verdade pode ser experimentado na água do batismo e no fogo da sarça ardente, no óleo da unção messiânica e na luz de uma consciência nova, no imaginário da pomba palpável e da nuvem distante. "Despojamento", "descentramento" e "apagamento" (cf. CIgC, n. 694, 687) permitem transformar uma comunidade de manutenção em uma comunidade missionária que procura comunicar-se com os outros, os pobres, os sofredores e os perdidos.

O Espírito Santo é Espírito da Verdade não por causa de uma doutrina certa, de uma lei perfeita ou de uma moral superior, mas porque nele acontece a verdade na geração da vida: na prática do novo mandamento (Jo 13,34) e da justiça maior em favor dos pobres. Na raiz da pobreza está o "pai da mentira", o diabo, que perturba a ordem social – "aquele que acusava nossos irmãos dia e noite" (Ap 12,10). O Espírito Santo é o Paráclito, o "consolador", o "intercessor" e o "advogado" dos pobres (cf. DeV, n. 3b).

Na "Sequência de Pentecostes", o Espírito Santo é invocado não apenas como aquele que "dobra o que é rígido" (*flecte quod est rigidum*), mas também como "pai dos pobres" (*pater pauperum*). Não se trata de um pai abstrato, sem rosto. Com os pobres, que nele se tornam nossos irmãos e irmãs, Ele nos introduz nos grandes conflitos da humanidade e no Reino dos Céus (cf. Mt 5,3;

Lc 6,20). Por causa dessa proximidade dos pobres, o Espírito é, realmente, Espírito da Verdade, que vem do Pai e dá testemunho de Jesus. Ao conduzir os discípulos aos pobres, Ele conduzirá os discípulos no caminho da "verdade plena" (Jo 16,13; cf. 15,26) e no caminho da "vida plena", no caminho do Reino. A manifestação divina da verdade acontece na pobreza que garante o incógnito. Ao envolver a Igreja, por meio dos pobres, nas grandes causas da humanidade, a "opção pelos pobres" só faz sentido no próprio empobrecimento, capaz de transformar a missão *ad pauperes* em uma missão *inter pauperes*, a opção pelos pobres em uma opção com e entre eles. O Papa Francisco deseja "uma Igreja pobre para os pobres" (EG, n. 198).

A missão exige mais do que abrir mão de bens materiais; exige, sobretudo, abrir mão de tradições, até de tradições salvíficas, mas disfuncionais e, portanto, fardos dispensáveis, diante de um novo contexto histórico e cultural. A "conversão pastoral", almejada por Francisco, exige "uma opção missionária capaz de transformar tudo, para que os costumes, os estilos, os horários, a linguagem e toda a estrutura eclesial se tornem um canal proporcionado mais à evangelização do mundo atual do que à autopreservação" (EG, n. 27).

A ação salvífica de Deus – antigamente denominada "salvação das almas" – ultrapassa todo exclusivismo e esoterismo dos sinais salvíficos de judeus e de cristãos. Isso não desvaloriza esses sinais, mas os redimensiona diante da possibilidade cultural das pessoas concretas e os relativiza diante do poder de Deus. Nessa flexibilidade – não nos conteúdos, mas diante das práticas corporativistas e da padronização de uma roupagem cultural única –, o Espírito Santo permanece Espírito da Verdade e se revela na missão como protagonista do Evangelho da Graça (cf. RMi, n. 21b). Ele dinamiza esse Evangelho e se faz presente em todas as formas de doação da vida: no diálogo paciente, na presença silenciosa, no testemunho, na contemplação, na ação, na caridade, na misericórdia e na justiça. Tudo que sustenta a esperança em um mundo em desespero é desdobramento da Boa-nova sustentada pelo Espírito.

c) Gratuidade

O Espírito Santo, pai dos pobres e protagonista da missão, é dom divino e doador dos dons (*dator munerum*)[8]. O dom realmente importante é o amor (1Cor 13), que gera unidade e gratuidade. As três formas do agir de Deus são, segundo Santo Agostinho, *criar* (a humanidade e o cosmo), *gerar* (o Filho de Deus) e *doar* (Espírito Santo). O Espírito Santo é Deus no gesto do dom (Agostinho, *A Trindade*, 1995, liv. XV, n. 29, p. 524).

Na gratuidade e na unidade do Espírito Santo, que se concretizam na missão, se manifesta a resistência contra a lógica de custo-benefício, que divide a humanidade, e contra formas burocráticas do agir eclesial. A Igreja, com suas instâncias institucionais, não precisa ter medo do Espírito Santo. O movimento pentecostal e a renovação carismática são, antes de representarem uma ameaça, uma advertência para equilibrar a dinâmica trinitária. O perigo da Igreja não está na sua redução numérica, mas em uma mesquinhez crescente. Gratuidade e unidade no Espírito Santo significam continuidade, ruptura e mobilização, alegria e espontaneidade. "É gratuitamente que fostes salvos, por meio da fé. Isso não provém de nossos méritos, mas é puro dom de Deus" (Ef 2,8s.).

A gratuidade garante a continuidade da história da salvação. Ela está presente nas diferentes etapas de início da vida como dom e graça. Por isso, de modo particular, está ligada aos sacramentos de iniciação, que são sacramentos da caminhada: ao Batismo, à Confirmação e à Eucaristia (cf. Congar, 2005, p. 140-147). Ao

---

8. A mesma sequência fala dos sete dons (*sacrum septenarium*), sete fontes da graça e dons da vida, como os sacramentos, lembrando a tradição messiânica de Isaías: sabedoria, inteligência, conselho, fortaleza, ciência, piedade, temor de Deus (Is 11,2).

religar e refazer esses inícios, ao completar a criação pela recapitulação, o Espírito Santo mostra a face de Deus por meio de gestos significativos de continuidade e ruptura, de despojamento e inovação, como princípio dinâmico na história da salvação. A gratuidade, que, simbolicamente, celebramos na "ação de graça", na Eucaristia, é a condição da não violência e da paz no mundo. A gratuidade aponta para a possibilidade de um mundo para todos. O Espírito, que é dom, graça e gratuidade, o Espírito, que dá vida, vive no Verbo Encarnado, na Palavra cumprida. Ele, que é a vida do Verbo, vive também conosco na Palavra de Deus cumprida na fidelidade à missão.

2.3 Desdobramentos eclesiológicos

A reflexão sobre a articulação da "missão de Deus" com o mistério da Santíssima Trindade permite compreender melhor a profundidade da origem, do significado e do horizonte da missão dos cristãos e da natureza missionária da Igreja. Jesus de Nazaré, "Enviado do Pai", "assumiu toda a natureza humana" (AG, n. 3). A natureza missionária da Igreja encontra seu ser e seu horizonte nessa origem e assunção. A missão da comunidade cristã está entrelaçada com a "missão de Deus" em Jesus Cristo. O significado do nome de Jesus é seu programa: "Deus salva". E essa missão, que é expressão do amor de Deus, é gratuita, mas não sem finalidade.

Há certa dificuldade de articular gratuidade com finalidade ou interesses, porque se suspeita existir por trás dos interesses "segundas intenções" que ferem a gratuidade. Os fins, os objetivos, o olhar para a chegada, muitas vezes, turvam a transparência da gratuidade no *kairós* do aqui e agora. Pode-se descrever essa dificuldade sem poder solucioná-la. Os místicos como Nicolau de Cusa e Eckhart falam da "coincidência dos opostos" em Deus. O Reino está no meio de nós e, ao mesmo tempo, tem uma dimensão escatológica. História e escatologia, gratuidade e finalidade podem, na perspectiva dos místicos, ser compreendidas como algo que – em última instância – coincide. A gratuidade da missão do Verbo tem, portanto, uma finalidade e um objetivo. Também a gratuidade do amor maior, que é a doação da vida, tem um ponto de chegada. Doar a vida é ético, não estético. A atividade social da Igreja é expressão do amor que transborda, não do proselitismo que visa à conversão do outro. A finalidade da missão tampouco é conseguir um lugar no céu para os missionários, tampouco a conversão de toda a humanidade à Igreja Católica. A contagem dos que ainda não são católicos, como estímulo para a missão, tem, por vezes, aspectos comerciais. Essas finalidades – ganhar o céu para si, forçar a conversão pelo *marketing* bondoso e melhorar a porcentagem católica no mundo – são incompatíveis com a gratuidade e a relevância da missão.

Mas, ao mesmo tempo, pode-se afirmar que a finalidade da missão, mantida rigorosamente a sua gratuidade, é a recapitulação da humanidade em Cristo, que é, segundo Irineu, a recuperação da imagem e da semelhança divinas perdidas em Adão, agora recuperáveis em Jesus Cristo (cf. Irineu, 1997, III, 18,1). A missão vem de Deus e volta para Deus. Nessa recapitulação prevalece a gratuidade e a liberdade sobre a necessidade.

Como os "sinais de Deus no tempo" não estão limitados ao espaço interno da Igreja Católica, assim também o projeto de Deus é mais amplo do que qualquer uma das Igrejas. Nenhuma das Igrejas tem toda a responsabilidade pelo projeto de Deus no mundo. Somente assim a missão – o envio até o fim dos tempos e os confins do mundo – pode ser assumida sem tendências depressivas (por causa das falhas) ou autoritárias (por causa da totalidade). A comunidade eclesial sabe que é santa pela vocação e pecadora em sua atuação histórica. A presença da Igreja no mundo é caracterizada pela "representação", não pela "totalidade". O representante do Rei não é Rei. A Igreja é apenas "sacramento", "sinal" e "instrumento" dessa recapitulação e da "unidade de todo o gênero humano" (LG, n. 1). Ao lado de um sinal há espaço para outros sinais. O sinal ainda não é a realização daquilo que significa. A Igreja colabora com a unidade e aponta para ela. Libera a graça, ao invés de prendê-la em vasos de barro.

2.4 Seguimento, identidade, transformação

Jesus enviou os seus discípulos para anunciar a boa notícia da assunção, da recapitulação e da reintegração da humanidade e do mundo no projeto de Deus: "Como Tu, Pai, estás em mim e eu em ti, que eles estejam em nós, para que o mundo creia que Tu me enviaste" (Jo 17,21). E na mesma oração ouvimos Jesus colocar os discípulos na linhagem da missão divina: "Como Tu me enviaste ao mundo, também eu os enviei ao mundo" (Jo 17,18).

Quem é o Enviado do Pai? Ao perguntar quem é Jesus, perguntamos ao mesmo tempo a origem de sua autoridade, a finalidade e a qualidade de sua missão. No Evangelho segundo João, Jesus se apresenta como pão da vida (cf. Jo 6,35), como luz do mundo (cf. Jo 8,12), como ressurreição (cf. Jo 11,25), como bom pastor (cf. Jo 10,11), como porta (cf. Jo 10,7), como videira (cf. Jo 15,1) e como caminho (cf. Jo 14,6). As primeiras três autodenominações de Jesus são sublinhadas por sinais: a multiplicação dos pães, a cura do cego e a ressurreição de Lázaro. Ao identificar-se como "pão", "visão" e "ressurreição", Jesus caracteriza a sua missão e, por conseguinte, também a dos cristãos como intervenção nas grandes questões do mundo, que são a redistribuição do pão, a cura da cegueira e o combate à morte com todas as suas ramificações. Todas essas intervenções têm uma dimensão que se refere a pessoas concretas: um faminto, um cego e um morto. Mas, por serem sinais, apontam também para as enfermidades estruturais da sociedade: para a apropriação do pão por poucos, para o reconhecimento do outro e o olhar ideológico das elites, e para a vida mutilada e tirada antes do tempo por causa da idolatria do poder. "O último inimigo a ser destruído será a morte" (1Cor 15,28).

As outras quatro autodenominações de Jesus têm algo a ver com novas relações. Lembram as dimensões relacionais da Santíssima Trindade que são desdobramentos do amor: o conhecimento profundo do *bom pastor*, a passagem livre pela *porta*, a união íntima com a *videira* e o despojamento no *caminho* para encontrar aquele que caiu nas mãos dos ladrões, o pobre, o outro e todos que sofrem. O enviado do Pai, de "condição divina", concretiza a *missio Dei*, historicamente, esvaziando a si mesmo e "assumindo a condição de servo" (Fl 2,6s.). A missão de Jesus abre mão do poder, da pompa e de privilégios (cf. Lc 4,1-13).

A autocompreensão de Jesus configura a identidade da missão dos cristãos. Quem são eles? São comunidades missionárias que têm um compromisso com a redistribuição do pão, com o reconhecimento do outro e com o combate à morte. São comunidades missionárias a caminho. São "os do caminho". São movimento, movimento em transformação pessoal, coletiva, histórica e movimento à espera da transformação definitiva. Essa transformação definitiva ou escatológica é lembrada nas transformações diárias. Porém, ela será mais do que a soma dessas transformações diárias. O compromisso com a redistribuição do pão e com a transfiguração do mundo é assumido pela comunidade missionária, simbolicamente, na celebração da Eucaristia, que recorda e sustenta a presença dinâmica do amor maior e universal no meio de nós. "Fazei isso em memória de mim!" Celebração e missão são feitas em memória daquele que deu aos seus discípulos "poder e autoridade sobre todos os demônios, bem como para curar doenças, e enviou-os a proclamar o Reino de Deus e a curar", sem nada levar para o caminho (cf. Lc 9,1-3).

Existe algo mais complicado do que "identidade em transformação"? Identidade como referencial estruturante do "ser estável" e transformação como eixo do "vir a ser"? Qual é a possibilidade de convivência entre "identidade" e "transformação" e qual é a finalidade dessas transformações e conversões permanentes?

Guiada pela estrela de Belém, que leva ao contexto da encarnação (inculturação), e pelo Espírito Santo, que permite pensar a diversidade dos povos na universalidade do mundo e na unidade de um projeto, a transformação última permitirá ver Deus face a face (cf. Mt 2,2; Ap 22,4). O último objetivo do caminho é o reencontro de cada um e de toda a humanidade com Deus, seu Criador.

É a utopia da bem-aventurança definitiva que promete aos puros de coração, aos que venceram suas ambições e ambivalências, ver a Deus (Mt 5,8). Aos que se tornaram luz, diz o salmista, será possível ver a luz: "Com tua luz nós vemos a luz" (Sl 36,10). A utopia e o horizonte não afastam dos cristãos o olhar para as tarefas concretas e as transformações diárias por realizar. O Vaticano II aponta para a necessidade de articular o horizonte utópico com o caminho concreto quando afirma que

> a esperança de uma nova terra, longe de atenuar, antes deve impulsionar a solicitude pelo aperfeiçoamento desta terra. Nela cresce o corpo da nova família humana que já pode apresentar algum esboço do novo século. Por isso, ainda que o progresso terreno deva ser cuidadosamente distinguido do aumento do Reino de Cristo, contudo aquele é de grande interesse para o Reino de Deus (GS, n. 39).

Nas transformações diárias é que se vive a última transformação como tarefa e dom. É o transbordamento da graça no cotidiano, no simples e na pequenez da vida. Nessas transformações, os cristãos saboreiam, antecipadamente, a presença do Reino que, simbolicamente, celebram na Eucaristia. É a transformação do mundo que encontram à sua frente, no caminho, por meio de novas relações. É o mundo habitado por anjos e demônios, o mundo dos outros, dos pobres, dos que sofrem. Estes desafiam a "formalidade" da fé cristã e forjam a passagem do "livro" (Bíblia) e das "fórmulas" para a vida, da vida para a solidariedade militante, da luta para a contemplação.

A identidade da comunidade missionária é, permanentemente, questionada e transformada pela intervenção dos outros, dos pobres e dos sofredores que apelam para a sua sensibilidade. Os pobres intervêm na gerência de sua propriedade. O encontro que transforma a *identidade, a propriedade e a sensibilidade* da comunidade missionária por meio da partilha inaugura uma nova órbita, que se pode chamar a órbita ou a lógica do Reino. Ela rompe com a lógica da acumulação, que é a lógica do ter. Na lógica do ser, o pão partilhado não acaba. Rompe com a lógica da convenção do "culturalmente correto", da alienação pelas modas e pelos mercados.

A partilha é multidimensional. Ela se dá na partilha da palavra e do pão, do espaço e do tempo, dos dons que se têm e dos bens que a vida proporciona. Em gestos infinitos de partilha, a comunidade regenera as suas energias. A partilha de dons e bens na vida cotidiana é rito de iniciação permanente para o envio e para a partilha maior, que é a doação da vida. Os discípulos de Emaús encontram a sua missão – testemunhar o Ressuscitado – na partilha do pão. Ao repartir o pão reconheceram, no outro, Jesus, o missionário ressuscitado. Na força do pão partilhado está a possibilidade do caminhar "apaixonado por Deus", como o Profeta Elias, "quarenta dias e quarenta noites" (1Rs 19) ou anos, uma vida inteira, até a montanha de Deus, o Horeb, ou como Moisés, até o Sinai. A celebração eucarística termina sempre com um envio. Ela é memória e imperativo de missão.

2.5 Resumo, palavras-chave, questões

> A missão e a *natureza missionária da Igreja* têm a sua origem no amor de *Deus Uno e Trino*. Esse amor-fonte, que é relação, refletimos como *economia de salvação*, configurada por meio da missão de Deus (*missio Dei*). Deus, que é amor, estende por meio do seu Filho e do Espírito Santo as suas duas mãos à humanidade (Irineu). Essa *missio Dei* tem seu desdobramento no *seguimento* gratuito da comunidade missionária para a *transformação* do mundo rumo ao *Reino*. Essa comunidade encontra a sua identidade na *identidade* daquele que o Pai enviou, e que é *servo* e se apresenta como pão, luz, ressurreição, bom pastor, porta, videira e caminho. Ao identificar-se como "pão", "visão" e "ressurreição", Jesus caracteriza a sua missão e, por conseguinte, a *missão da comunidade missionária como intervenção nas grandes questões do mundo*, que são a partilha do pão, a cura da cegueira, o questionamento das ideologias e o combate à morte e suas ramificações. Tudo que sustenta a esperança em um mundo em desespero é desdobramento da Boa-nova sustentada pelo Espírito Santo.

3
Da mística:
caminhar despojado na luta

> Caminho por uma rua que passa por muitos países. Eu preparo uma canção que faça acordar os homens e adormecer as crianças.
> "Coração amigo"
>
> Carlos Drummond de Andrade

A palavra "mística" tem múltiplas conotações. Pode significar espiritualidade, reza, culto, romaria, experiência de Deus, esoterismo. Os povos indígenas, por exemplo, quando preparam uma luta importante, pintam seus corpos, fazem danças e invocam seus espíritos para favorecer o empreendimento. A mística dos oprimidos, geralmente, é uma vivência comunitária para estimular a coragem e antecipar o êxito desejado do evento. Lembram vitórias do passado e antecipam uma transformação que permite ao Infinito se fazer presente no finito da vida concreta, nos trabalhos corriqueiros e nas lutas por uma causa.

Mística missionária é mística cristã. A missão não é uma tarefa entre outras, mas a essência da vida cristã. A mística é a energia vital dessa missão. Com essa energia, a missão assume a tarefa de transformar o mundo e revelar o Reino. Transformação e revelação acontecem na vida cotidiana. Também nos confins do mundo todos vivem uma vida cotidiana. O objetivo da missão não é a luta. A luta é a sua cruz. O objetivo é a paz (*shalom*), que garante a vida dos pobres e dos outros, dos que sofrem e perderam o sentido da vida. A luta na ação missionária é decorrência do não lugar dos migrantes, dos povos indígenas, dos catadores de papel, dos sem-teto, dos sem-terra, dos que sofrem e de tantos outros em todos os continentes.

Diante da mercantilização total da vida cotidiana, também a palavra "mística" corre o risco de se tornar mercadoria, chavão e moda. Muitas vezes se confunde mística com misticismo, que se tornou medicina paliativa de uma sociedade que, por dinheiro, tudo oferece. A palavra "mística" tem a mesma raiz da palavra "mistério". O mistério não se explica, vive-se, na contemplação e na ação cotidianas. A mística é como a utopia. Ambas são reais, mas não se deixam aprisionar em agendas denominacionais. A mística é macroecumênica.

Para os cristãos, a mística tem sua raiz naquela fé profunda que faz andar sobre as águas, que faz cair muros e abre portas sem marretas ou explosivos. Dessa mística missionária, que se inspira na Palavra de Deus e na vida cotidiana, vamos aprofundar três eixos interligados: a itinerância, o despojamento e a militância. A luta faz parte da contemplação e, sem despojamento, o caminho se torna parada.

A mística missionária é mística profética. O profeta enxerga longe. Ele abre mão das mediações que fazem confundir conceitos, palavras, discursos, paradigmas e instrumentos com a realidade. O profeta-místico faz a análise crítica da realidade, adverte para alternativas e testemunha saídas a partir de outra realidade que, nas categorias do tempo e do espaço, não consegue corretamente expressar. Sua experiência de Deus, que está na base de seu balbuciar, não cabe em suas palavras. Na mística vive-se o acesso mais profundo ao real. E o real é o Deus Uno e Trino, a unidade dialética entre sabedoria e ignorância, entre o tudo e o nada, entre a vida e a morte, entre o ser humano e Deus. É a mística maior vivida no desapego radical do caminho, no desprendimento nas relações, no esvaziamento pessoal e na antecipação, por pequenos instantes, do Reino. São poucos os instantes da nossa vida em que conseguimos ser místicos com essa intensidade. Lévi-Strauss descreve com maestria, no fim dos seus *Tristes trópicos*, alguns desses instantes:

> A contemplação proporciona ao homem o único favor que ele sabe merecer: suspender a marcha, reter o impulso que o obriga a tapar, uma após outra, as fendas abertas no muro da necessidade e a concluir a sua obra, ao mesmo tempo em que abandona a sua prisão; esse favor que toda a sociedade ambiciona, quaisquer que sejam as suas crenças, o seu regime político e o seu nível de civilização; onde ela situa o seu ócio, o seu prazer, repouso e liberdade; oportunidade fundamental para a vida, de se desligar, e que consiste [...] durante os breves intervalos em que a nossa espécie suporta interromper a sua faina de colmeia em captar a essência do que ela foi e continua a ser, aquém do pensamento e além da sociedade: na contemplação de um mineral mais belo que todas as nossas obras; no perfume mais sábio que os nossos livros, respirado no âmago de um lírio; ou no piscar de olhos, cheio de paciência, serenidade e perdão recíproco que um entendimento involuntário permite, por vezes, trocar com um gato (Lévi-Strauss, 1993, p. 394).

3.1 O caminho

Para poder falar do caminho precisa-se ter a experiência da caminhada. O caminho é sempre autobiográfico, original, único. Mas o caminho nos une também a outras pessoas e nos permite confraternizar com a diversidade. Quantos caminhos no decorrer de uma vida! O caminho estreito que nos colocou na vida; o labirinto; o beco sem saída; o atalho; a contramão; as subidas às montanhas e descidas ao mar; a autoestrada; a picada no mato; a pista de dança e a marcha nupcial; a *via crucis* e a alameda larga ao cemitério; o caminho da ressurreição e a viagem cósmica. Na caminhada, muitos caminhos se cruzam. Não existe a hegemonia do caminho único ou da leitura definitiva da realidade. Ninguém tem a última palavra. Novas misturas, pontos de vista diferentes e enfoques inusitados lembram a possibilidade de outros caminhos. A verdade do caminho é uma opção histórica, não uma necessidade. Todos os caminhos nos falam, são cheios de sabedoria, de alegrias, de dores. Na escola da vida, todos os caminhos podem fazer sentido.

No cristianismo, o caminho representa um paradigma fundamental. É caminho de libertação, salvação, redenção. Jesus de Nazaré apontou para esse caminho e se fez caminho. Para seus seguidores, esse caminho, que é caminho de libertação, é um processo intrinsecamente ligado à história. Por isso, os caminhos nunca são totalmente perfeitos ou imperfeitos. O caminho mais bonito é aquele que nos conduz a uma nova visão da realidade; é o caminho da conversão que transforma Saulo, após ter caído por terra, em Paulo (cf. At 9,1ss.), que chama Zaqueu, o cobrador de impostos, para descer da árvore (cf. Lc 9,1ss.), e Pedro, Tiago e João para descer do Tabor e novamente assumir o chão concreto do seguimento.

A vida pública de Jesus de Nazaré foi uma vida "a caminho". Ele "percorreu todas as cidades e aldeias" (Mt 9,35), "saiu da cidade" (Mt 21,17; Mc 11), "saiu do templo" (Jo 8,59), "subiu a Jerusalém" (Lc 18,31). "No caminho" e "pelo caminho" (Mc 8,27), o Jesus histórico ensinava o caminho do Reino. Ainda no imaginário dos discípulos e na memória das primeiras comunidades cristãs, Jesus estava presente como um caminhante e peregrino. Fazendo-se caminho, ensinou e revelou o Caminho. Depois da morte de Jesus, os discípulos fizeram a experiência de sua ressurreição "pelo caminho". Jesus ressuscitado "caminhava" com os discípulos e lhes explicava as Escrituras "pelo caminho" (Lc 24,15.32).

Assim é compreensível que a palavra "caminho" se tornasse uma palavra-chave nos escritos do Novo Testamento[9]. A partir da vida pública de Jesus "a caminho" e do seu *ensinamento* e *ser* Caminho, a palavra "caminho" se tornou síntese vivencial para as primeiras comunidades cristãs. Autodenominaram-se "os do Caminho" (At 9,2). O caminho, que é experiência de liberdade, se tornou programa de vida. A caminhada, nesse duplo sentido de movimento e proposta, é sempre uma renúncia. A vida em plenitude é um exercício permanente de deixar "família", "terras" e "casas" (cf. Mt 19,29). "As raposas têm tocas e as aves do céu, ninhos; mas o Filho do Homem não tem onde reclinar a cabeça" (Lc 9,57ss.). "O Verbo se fez carne" em viagem, na "subida" de Nazaré a Belém, "e habitou entre nós" (Jo 1,14), não em casa, mas "em presépio". E o lugar para ser enterrado foi cedido por José de Arimateia (cf. Mt 27,57ss.). Missão é caminho, e caminho é "andamento" e "seguimento" de um sem-teto, mas também é "proposta" e "projeto". O caminho é mais importante do que a casa. O caminho é o lugar do aprendizado do discípulo e da revelação do mestre. O caminho, não o templo, é a escola vocacional. "Enquanto caminhavam", Jesus explicou que "seguimento" é seguimento de um sem-teto e sem-terra; é priorização da estrada, opção pelo chão.

Na encarnação, o Verbo procurou a história, e o Caminho encontrou o peregrino. O Caminho escolheu os caminhantes para que estes não fiquem encurralados em um beco sem saída histórico ou sem sentido. O caminho de Jesus não é o caminho dos sábios; é o caminho dos loucos, dos pobres, dos excluídos. É "caminho da justiça" (cf. Mt 21,32) em conformidade com a vontade salvífica do Pai. Jesus de Nazaré, o Messias prometido como o JUSTO, sofre a injustiça daqueles que se enclausuraram nos palácios, no Templo, na Lei. Esses assistiram ao caminho de

---

9. No Novo Testamento encontra-se 101 vezes a palavra "caminho" (*hodós*).

Jesus de camarote. Sua perspectiva de vida era determinada pelos balcões de suas casas e pelas cadeiras de suas "faculdades". Esses "pacientes", "espectadores", "comentaristas" e "vigias da ortodoxia" decidiram fechar esse caminho do peregrino de Nazaré e dos seus seguidores mantendo "a verdade prisioneira da injustiça" (Rm 1,18). Atrás das máscaras e couraças personalizadas e das fachadas públicas, os assentados no Templo se tornam seus próprios carcereiros. Na ordem estabelecida encontram sempre uma lei para com ela perseguir, excluir, matar.

A *via crucis* é a consagração do caminhar de Jesus, que "morreu pelos injustos" (1Pd 3,18). Com a sua morte, o caminho não se fechou. Deus rasgou essa sentença da morte em uma "última instância" e fez o "autor da vida" ressurgir dentre os mortos. A ressurreição do JUSTO injustiçado e do CAMINHO barrado inicia a justiça definitiva: a justiça da ressurreição. Ela é uma nova dimensão da realidade iniciada por Deus, e seu anúncio é uma missão da comunidade cristã a se cumprir até os confins do mundo.

O Ressuscitado se revela aos discípulos de Emaús como peregrino "pelo caminho" e "na fração do pão" (Lc 24,32ss.). O caminho é dom, exercício e missão. Também a Eucaristia faz parte do caminho. Ela é viático, ação de graça e provisão de viagem, prefigurada na caminhada de Elias até a montanha de Deus, o Horeb (cf. 1Rs 19,8). O Ressuscitado cria um "clima" que faz o coração arder e os pés caminharem. A palavra do Ressuscitado é palavra de paz e de envio. A caminhada garante a leveza do ser. Ao enviar os Doze, dois a dois, Jesus recomendou-lhes que nada levassem para o caminho; nem pão, nem alforje, nem dinheiro. E no caminho pregavam que todos se convertessem, expulsavam demônios e curavam enfermos (cf. Mc 6,7ss.). Tudo na vida de Jesus aponta para estruturas leves e relacionais, para a cura das feridas e o perdão dos pecados (cf. RMi, n. 14c).

A caminhada muda a perspectiva dos caminhantes e a percepção da realidade. O problema e sua solução estão, muitas vezes, na perspectiva, no enfoque e no ângulo do problema. O caminho muda a perspectiva. O caminho é curativo. Muitos doentes que Jesus curava eram impedidos de andar. Por isso, estão sendo carregados e colocados aos seus pés (cf. Mt 15,30). Jesus os cura e os convida a caminhar. O "levanta-te, toma o teu leito e anda" (Mc 2,9), que é precedido pela nova proposta de vida e pela conversão, significa desprogramação e perdão. Um caminho verdadeiramente novo sempre é êxodo que faz os "pacientes" se levantarem para se tornarem "agentes" de seu destino. Os dois cegos, que estavam "sentados à beira do caminho", pela intervenção de Jesus recuperaram a visão e o caminho: "Viram e o seguiram" (Mt 20,30.34). A restauração da visão é a possibilidade de iniciar um novo caminho.

A topografia dos evangelhos também é sempre teologia. João Batista, o profeta-precursor de Jesus, lhe prepara o caminho pela pregação de conversão e proximidade do Reino. Preparar o caminho quer dizer preparar os corações das pessoas para que possam perceber o dualismo de suas atitudes e entrar no caminho e na lógica da coerência do Reino. Nessa dimensão pedagógica, devem-se situar certas dicotomias do "Sermão da Montanha". Existem duas maneiras de dar esmolas, dois jeitos diferentes de rezar; existem tesouros falsos e verdadeiros. Como existem falsos profetas e verdadeiros, verdadeiros e falsos discípulos, assim também existem dois caminhos: o caminho estreito que conduz à vida e o caminho espaçoso, que na realidade é um descaminho que conduz à perdição (cf. Mt 7,13ss.). Logo na abertura do catecismo dos primeiros cristãos, na chamada *Doutrina dos Apóstolos* ou *Didaqué* ("Instrução"), encontra-se uma advertência sobre a ambivalência da existência humana: "Há dois caminhos: um da vida e outro da morte. A diferença entre ambos é grande" (cf. *Didaqué*, cap. 1 e 5).

O "caminho", enquanto proposta de vida e movimento, significa a libertação da fixação aos resultados. "Chegar" seria algo absoluto e humanamente impossível, "caminhar" é relativo. Jesus se declarou caminho, não chegada (cf. Jo 14,6.9). Verdade e vida estão entrelaçadas na relatividade e relacionalidade do caminho. Ele relativiza as afirmações e os resultados absolutos e ensina – na Parábola dos Talentos (cf. Mt 25,14ss.), por exemplo, ou na observação de uma "pobre viúva" diante do "Tesouro do Templo" (Mc 12,41ss.) – que há em todas as ações humanas uma proporcionalidade e um diferencial subjetivo. A finalidade da vida não é a chegada na "casa do Pai", mas o "caminho", o encontro e a comunicação na estrada. O restante é consequência. Fomos regenerados pela graça, e a Nova Jerusalém já está no meio de nós como Reino (Lc 17,21). A partir de nosso *centro* e do nosso *meio* nos transfiguramos e nos mantemos abertos aos outros, ao universo e a Deus. Caminhamos de mãos vazias para podermos caminhar de mãos dadas, estendidas e erguidas.

3.2 O despojamento

A caminhada missionária exige despojamento como exercício cotidiano que envolve todas as dimensões da vida. Despojamento pode significar desapegar-se de privilégios e soltar ao vento desejos, saberes e objetos que criam dependências. O desapego é central para a construção de uma vida inteira, livre, integral. Em momentos decisivos de sua vida, encontramos Jesus nu e despojado de qualquer poder: no nascimento, no batismo, na cruz e na ressurreição.

O mundo de hoje destaca o empreendedor, que mostra que é possível escapar do desemprego, do ócio improdutivo e do fatalismo daqueles que vivem na miséria. A estes faltaria o espírito empreendedor. Nesse mundo, parece estranho situar o desprendimento no centro da vida ativa, vivida como vida inteira. O desprendimento é um pressuposto da justiça distributiva e de uma pedagogia, economia e mística que, com a filosofia do grande pedagogo Jan Amos Comênio (1592-1670), podemos resumir em poucas palavras tudo para todos integralmente: os saberes, os bens materiais e os dons espirituais. A vida inteira de cada dia exige a capacidade de tecer relações e de produzir gestos de esvaziamento de si e disponibilidade para interagir com os outros.

Leveza e relação poderiam ser compreendidas como algo meramente funcional, já que com malas pesadas ninguém vai longe, e as relações estabelecidas durante a caminhada poderiam ser entendidas como estratégia de sobrevivência, digamos, como convivência social básica e fuga do isolamento. Mas o desprendimento aponta para uma direção além da utilidade recíproca e aquém do funcionalismo pragmático. O desprendimento como prática de solidariedade, de inclusão e de participação é o núcleo central da nossa identidade. É um desdobramento da caridade e da justiça.

Desprender-se de algo não significa, simplesmente, abrir mão de algo; significa deixar algo ser, deixar algo livremente existir – algo que estava ameaçado pelos apegos a desejos e objetos. O desprendimento não é privação, mas libertação e purificação. Dessa purificação, caracterizada pela recusa a práticas possessivas de acumulação, emergem energias novas. Como livramos animais e árvores de parasitas, que lhes roubam a energia vital, assim nós também temos necessidade de livrar-nos de apegos parasitários que nos roubam a energia. Sem liberdade e energia a vida começa a murchar. O apego cerceia a liberdade e o fluxo energético da vida.

O desprendimento em sua forma individual pode ser compreendido como conversão e ascese, em sua forma comunitária ou sociopolítica, como ruptura e solidariedade. Em um continente de pobres e famintos, falar de ascese poderia parecer um discurso alienante proferido por abastados. Mas ascese, que significa "exercício", é um exercício que nos pretende exatamente alertar para as teias alienantes da sociedade e libertar da dependência de desejos artificiais, criados por uma indústria que lucra com a ansiedade consumista que cria. A estrutura dessa sociedade de lucro e consumo visa à maximização dos desejos alienantes, visa à maximização dos gastos, à incessante renovação das mercadorias, à acumulação dos bens e ao crescimento dos lucros. O desapego como ascese, como exercício de se livrar do desnecessário para que todos possam usufruir o necessário, ultrapassa a esfera do privado e do individual. O desapego como exercício ascético tem uma função social que desestabelece o sistema.

Os meios de comunicação nos pregam, por meio de mensagens pseudomissionárias bem elaboradas, a necessidade do mais, do maior e do novo[10]. O consumo obsessivo é, psicologicamente, um sinal do medo e, socialmente, é um roubo. Esse consumo se tornou uma atitude prestigiosa. Eu posso me dar ao luxo de comprar um ou outro produto. Consumo, logo existo. Na realidade, nesse consumo se trata de uma falta de amor a si próprio e ao próximo. Quem viu o olhar triste e ouviu as histórias deprimentes dos que se destruíram pelos vícios de drogas, bebidas e jogos sabe que o "desejo" sem limites produz caos e morte. A ascese é o exercício diário que disciplina o desejo pelo desapego, pelo despojamento e pelo desprendimento. A teia da aranha venenosa do consumo desnecessário exige de cada um vigilância, amor a si próprio, amigos, força de resistência e estratégias de recuperação.

---

10. Uma rede de supermercados, por exemplo, tem um *slogan* de propaganda que poderia ser da *Cáritas*: "Dedicação total a você". Quem observa criticamente a propaganda que nos procura estimular para a compra ou o consumo de um determinado produto percebe facilmente nos textos e imagens o núcleo de uma mensagem missionária veiculada ao belo, ao inocente (criança), ao viril, ao supostamente justo ou ao hilariante.

O grande místico Mestre Eckhart, que viveu aproximadamente entre os anos de 1260 e 1328, faz em seu sermão sobre a expulsão dos vendedores do Templo (cf. Mt 21,12ss.; Jo 2,13ss.) uma leitura alegórica profunda do significado do desprendimento para aqueles que procuram a cada dia preparar a sua vida para o nascimento de Deus. A seguir, resumimos trechos do sermão (n. 1) de Eckhart:

> O templo onde Deus quer morar é a alma humana, que Ele fez semelhante a si mesmo (cf. Gn 1,26). Para que Deus possa morar nesse templo, este deve ser esvaziado. Deus não quer nenhum dos vendedores ou comerciantes nesse templo. Esses podem, até certo ponto, ser considerados homens bons. Evitam pecados graves, fazem jejuns, boas obras e rezam para receber recompensas divinas. Por quererem recompensas, são comerciantes. Eles querem fazer negócios com Deus: dar uma coisa a Deus para receber outra. Eles estão enganados. Mesmo se dessem tudo que têm a Deus, nem por isso Deus teria alguma dívida para com eles. Por isso, Nosso Senhor os expulsou do Templo.
>
> Se você quiser, de uma só vez, se livrar do comércio para que Deus habite nesse templo, precisa transformar as suas obras em louvor a Deus e, por fim, precisa se livrar delas. Se você age assim, então suas obras são espirituais e divinas, porque Deus está sozinho no teu templo. Veja quem é o ser humano verdadeiramente livre: é aquele que não tem nem a si mesmo nem algo diferente em mente, a não ser Deus.
>
> Para que Jesus possa falar à alma das pessoas, ela deve estar sozinha e silenciosa como o templo. Ele é a palavra do Pai. Ele se revela na alma com uma imensa sabedoria, que é ele mesmo, e com uma imensa felicidade que vem da força do Espírito Santo. Essa felicidade inunda gratuitamente os corações suscetíveis com uma força imensa e sem meios. Quando isso acontece, o homem exterior é obediente ao homem interior até a morte e permanece sempre a serviço a Deus, na paz permanente (cf. Mestre Eckhart, 2006, p. 39-45).

Em Eckhart, o despojamento é simplicidade radical, transparência, pressuposto do nascimento de Deus na alma. Quem quiser experimentar o nascimento de Deus dentro de si precisa abrir mão de suas confirmações e silenciar suas forças: "Tudo que chega a Deus é transformado" (Mestre Eckhart, 2006, p. 55, sermão 3).

Na vida contemplativa, a purificação precede a iluminação, o romper das teias precede ao tecer redes e ao ver a Deus. Nos caminhos da iniciação cotidiana à vida maior, vivemos sempre essa polaridade triangular entre purificação, iluminação e unificação, entre o rompimento das teias, a costura das relações e alianças, e a transformação simbólica ou real do mundo pela passagem de Deus. Ao comentar, no sermão n. 52 (ed. alemã n. 32), a primeira bem-aventurança segundo Mateus, "felizes os pobres em espírito porque deles é o Reino dos Céus" (Mt 5,3), Eckhart descreve a pessoa espiritualmente pobre como o templo libertado dos vendedores: "Este é um homem pobre que nada quer, nada sabe e nada tem". Isso não significa apagar a consciência e a vida, mas esvaziá-las. A inspiração, a inabitação do Espírito ou o nascimento de Deus podem acontecer exatamente no momento da libertação das imagens, dos conceitos (dogmas), das vontades (desejos), dos saberes e dos objetos que ocupam o lugar de Deus. Em vez de dizer "este é um homem pobre", Eckhart poderia também dizer "este é um homem puro de coração porque ele está pronto para ver a Deus" (Mt 5,8) ou esta pessoa "é um templo de Deus" preparado para a unificação com seu criador, o último degrau da mística: purificação, iluminação, unificação. A Palavra de Deus, que se fez carne em Jesus de Nazaré, purifica, ilumina e une.

O desprendimento recoloca em cada momento Deus, o pobre Deus do pão e da cruz, no centro da humanidade. Essa centralidade de Deus orienta a igualdade e a liberdade dos seres humanos como criaturas. Nesta perspectiva de uma igualdade radical não há lugar para apropriações privadas dos bens da terra. Em consequência disso, os místicos se encontram sempre na contramão dos sistemas e na mira dos administradores das instituições e das palavras. Os místicos fornecem um pretexto para sua perseguição, porque estão diante da impossibilidade de falar adequadamente de sua experiência de Deus. Sua linguagem vai, muitas vezes, além de analogias e paradigmas. Assim acontece que os místicos se tornam profetas e mártires; às vezes por causa de mal-entendidos, às vezes por causa de seu radicalismo bem-entendido. Sua existência denuncia as acomodações administrativas das instituições religiosas e a marginalização dos pobres por meio de práticas políticas e sociais rotineiras de exclusão.

O desprendimento é ascese, exercício de libertação de objetos, coisas e desejos. Mas desprendimento é também ruptura. Isso vale para a vida individual e comunitária. Nessa perspectiva, desprendimento significa retomar a vida das mãos daqueles que nos educaram para morrer. Nós precisamos a cada dia nos reeducar para viver e romper com a lógica alienante do senso comum que, muitas vezes, é a perversão do bom-senso. Ruptura significa intervenção em situações que impedem parte significativa da humanidade de viver a sua vida com dignidade; a sua morte antes do tempo não é somente tolerada, mas esperada como alívio social. O desprendimento como descontentamento profético emerge da consciência de que reformas ou "remendos novos em odres velhos" não mudarão o curso da história.

O Reino de Deus só pode ser pensado em um horizonte radicalmente assistêmico; além do pesadelo da sociedade consumista, da sociedade produtora de objetos à custa das pessoas e da sociedade dividida por classes sociais e preconceitos étnicos e morais. Essa ruptura não acontece no inatingível das macroestruturas. Ascese e ruptura, na vida cotidiana, podem contribuir para ampliar as rachaduras da sociedade alienada da mesma maneira como podem contribuir para construir uma humanidade igualitária e livre.

Como produzir rupturas? Como plantar os sonhos dos pobres e dos excluídos nas rachaduras dos sistemas? Como abrir mão das nossas representações prestigiosas e viver a solidariedade como expressão radical de gratuidade? Gratuidade significa não só ruptura com a sociedade domesticada por lucro, competição e controle. A gratuidade rompe com o desejo mimético de incorporação, identificação e reciprocidade. Gratuidade e desapego são irmãos gêmeos. Com eles abrimos mão da recompensa, do olhar para trás que procura controlar resultados.

Como romper as teias que se instalaram no templo da nossa vida desde o nosso nascimento? É preciso ter a consciência clara de que o acaso do nascimento nesta ou naquela casa e cultura, sociedade e civilização não tem poder absoluto sobre nós. Não somos naturalmente reféns de projeções, sistemas e instituições, desde que não substituamos teias por teias, gaiolas por gaiolas, tradições obsoletas por tradições obsoletas. Quanto mais caminhamos, mais somos capazes de relativizar nossa origem e o ambiente que nos moldou. Nós somos capazes de substituir as teias herdadas ou historicamente impostas por redes que nós mesmos tecemos. Temos raízes com asas. Não dependemos fatalmente das nossas raízes de parentesco, cultura e sociedade. Podemos tecer redes sociais de luta e contemplação segundo nossas opções. O desapego em tudo resgata nossa liberdade e serenidade diante do medo de que algo não possa dar certo, e da ambição de que algo deva dar certo.

3.3 A luta

A mística dos cristãos é mística missionária militante; mística do Reino, vigília pascal, essência da vida na existência histórica, atravessada por desejos humanos e lutas pela apropriação dos bens da terra; presença do espírito na ação e no caminho. A mística missionária é militante porque a causa do Reino nos coloca no centro de uma cadeia de grandes conflitos: a redistribuição dos bens acumulados e o reconhecimento dos outros e das outras em sua alteridade. Na mística, nessa certeza de que o único absoluto e definitivo é Deus, acumulamos forças de resistência contra os "poderes da morte" (DSD, n. 13). Para o místico vale a palavra do Profeta Zacarias: "Nós iremos contigo, pois ouvimos dizer que Deus está contigo!" (Zc 8,23).

A tarefa dessa mística militante é anunciar a ruptura com as tradições obsoletas e a destruição dos diques que impedem o fluxo da vida. Os místicos trazem o sonho de um mundo para todos ao chão das lutas sociais concretas. Apontam para a dimensão profética da vida daqueles que lutam inteiramente por uma vida inteira. Lutam pelo *shalom* (paz), que é um dom cotidiano e escatológico como o Reino de Deus. Eles nos ensinam a viver no hoje, concomitantemente, o passado e o futuro. São visionários *cativos-cativados* da esperança (cf. Zc 9,12). Quando a vida chega a um ponto morto nos avisam que a luta continua, porque nesse exato momento está acontecendo um renascimento. A dimensão profética da nossa vida nos faz conviver com as pedras no caminho. Essas pedras têm muitos nomes. Podemos chamá-las de iniquidade social, crise, estresse, desencantamento, aburguesamento ou acomodação. As pedras no caminho são pontos de partida.

A missão faz sentido quando dedicamos nossa vida ao projeto de Jesus de Nazaré, à causa dos desfavorecidos e à luta por transformações ao lado dos pobres. A partir da nossa opção de fé, "luta", "causa" e "projeto" fazem parte do projeto maior do Reino de Deus, com suas dimensões históricas e escatológicas. Todas as realizações de projetos históricos ficam sempre aquém do Reino, embora neles se possa revelar o Reino que, em sua plenitude, só se manifestará no fim dos tempos, quando Deus será tudo em todos. O projeto do Reino está presente na vida cotidiana por meio da nossa metodologia, das pequenas vitórias e da esperança que dá sentido aos acontecimentos de cada dia. Podemos dar passos em falso, mas não concordamos, em nenhum momento, com o absurdo de um mundo para poucos; podemos ser tristes com nossas derrotas, mas nunca desesperados. Sim, a vida faz sentido, apesar das contingências, das mortes e do desespero que as estruturas possam causar.

A mística missionária militante é o pano de fundo de uma mística integral da vida em missão. Ela aponta para a contemplação na ação e para a ação transformadora na contemplação e nos permite perceber na vida cotidiana os sinais do Reino:

• viver a cada dia e em cada lugar o horizonte "além-fronteiras" institucional, cultural e geográfico da missão;

• viver os conflitos das causas do Reino em uma militância profética na qual os meios correspondem aos fins: "Meios materiais e institucionais requerem uma atenção permanente para que não sejam um contratestemunho em face da simplicidade da vida dos povos indígenas" (Plano pastoral, 2006, p. 49);

• assumir os conflitos como oportunidades de transformações;

• viver o pano de fundo da nossa mística pascal em relações de presença, partilha e gratuidade.

• rejeitar "propostas místicas desprovidas de um vigoroso compromisso social e missionário" como também "uma espiritualidade intimista e individualista que dificilmente se coaduna com as exigências da caridade, com a lógica da encarnação" (EG, n. 262).

No mundo globalizado os conflitos têm uma dimensão que ultrapassa a região e o país. Os conflitos em torno da terra/território dos povos indígenas ou dos sem-terra, por exemplo, nos colocam em conflitos locais com o latifúndio como sinônimo de privilégio e desigualdade. Mas os beneficiados pelas desigualdades – os latifúndios da terra, do capital, dos meios de comunicação – estão mundialmente articulados no interior de estruturas injustas. Os incêndios sociais se alastram sobre o Planeta Terra. Por isso somos enviados até os confins do mundo como sinais de justiça e testemunhas de esperança que revelam o incógnito de Deus. Somos, pela nossa missão, como os hóspedes na tenda de Abraão (Gn 18), que anunciam o nascimento de uma vida nova; somos, pelo testemunho da ressurreição, como o forasteiro de Emaús (Lc 24,13ss.), partilhando pão, caminho e Boa-nova.

A globalização, com sua visibilidade e rapidez, colocou a missão em desvantagem. O mercado financeiro não pode ser vencido pelo mercado religioso. A mística tem pouca visibilidade, porque não cabe na mídia. As tentativas miméticas de algumas igrejas, recorrendo ao *showbusiness* da fé, são espiritualmente superficiais, teologicamente fundamentalistas e eticamente vazias. Legitimam a violência em curso, porque escondem a cruz de Cristo e os rostos dos crucificados. Procuram servir ao mistério com diversão e por meio de certa infantilização dos fiéis. A mística integra o campo ético ao estético. Na luta pelo justo, luta-se também pelo belo, pela harmonia, pelo ser inteiro.

Em um mundo em que para muitos tudo já passou (pós-histórico, pós-metafísico, pós-moderno, pós-utópico), não paramos de sonhar, de lutar, de agir, de interferir e de derrubar tudo que divide, exclui e privilegia. A redução do horizonte utópico cria não só uma miopia estrutural para os desafios históricos reais, reduz também a memória do passado. Faz perder a esperança, compromete a fé e enfraquece a caridade. Quem vê longe também enxerga claro nas decisões de cada dia[11].

---

11. Essa herança profético-utópica de Israel ainda está presente no pensamento secularizado de Marx (a transformação social), de Freud (o sonho como caminho real à profundidade da alma) e de Bloch (o "Princípio Esperança").

A mística missionária militante está enraizada na realidade de um mundo em construção, sem vítimas. O Crucificado rompeu com os sacrifícios humanos e desautoriza qualquer pessoa ou sistema que cria vítimas. Nessa contemplação, enquanto resistência contra a morte, aparece o horizonte do sentido. O sentido é gerado nas estações da luta, do sofrimento e do grito. Mas o sentido é também construído na festa e no silêncio. A mística como energia de um sentido estruturante tem dois braços. É mística da terra, da realidade material, da luta e das marchas e é mística do Transcendente que se fez e se faz carne a cada dia; é luta simbólica presente no silêncio da noite estrelada, na poesia, nas canções, nas bandeiras e nas palavras de ordem.

Toda terra conquistada é símbolo do Planeta Terra a ser conquistado para uma nova humanidade. Essa humanidade precisa emancipar-se do mundo-mercado, da alienação e do fetichismo que faz dos objetos (máquinas, mercadorias) sujeitos e dos sujeitos (operários, povos indígenas) objetos; emancipar também daquela formação/educação que tem duas tarefas: fornecer os conhecimentos que permitem adestrar as pessoas para a máquina produtiva, e produzir valores e normas que legitimam os interesses hegemônicos. Não podemos simplesmente assumir o que a cultura dominante nos oferece. As formas sedimentadas do comportamento coletivo, que o sistema pedagógico nos faz aprender e repetir, servem simplesmente para continuar um jogo com cartas marcadas. Na ação militante, materializa-se uma nova consciência, a partir da experiência da negatividade, do não lugar dos pobres e dos outros.

A mística faz parte da responsabilidade missionária, quer dizer, da habilidade para responder aos grandes desafios que atravessam o mundo de hoje. Somos herdeiros que nasceram no grito, e somos livres, portanto, responsáveis. Fazendo algo ou fazendo nada, no silêncio e no grito, sempre somos responsáveis. Somos também responsáveis pelo grito dos outros, pelos muros, pelo muro que separa a verdadeira humanidade das condições mínimas da dignidade humana; somos responsáveis pela indevida apropriação dos latifúndios e pela corrupção dos administradores. Sempre somos responsáveis, ou como profetas ou como cães mudos (cf. Is 56,10). Somos condenados a escolhas, opções, decisões.

A mística é uma viagem que relativiza projetos, gramáticas e lógicas. Em cada etapa dessa viagem que se torna caminhada voltam antigas e novas perguntas. São sinais da nossa subjetividade em construção e da busca de sentido. Afirmamos que a vida tem sentido e, ao mesmo tempo, tantas vezes perguntamos: Onde está o sentido nessa morte e naquela violência? Só o sujeito faz perguntas, questiona a si e ao mundo. A caminhada é um aprendizado para conviver em paz com cada vez mais perguntas e com uma indignação profunda. No caminho se perde a ânsia de soluções imediatas e a ânsia de encontrar respostas para tudo.

Deus não responde a todas essas perguntas que temos. Ele nos diz apenas um "verás" e nos faz um convite: Sai da tua terra e vai! Abandone teus trilhos! Procure desterritorializar teu projeto de vida! Perguntando caminhamos. Ao sair do "nosso" lugar mudamos o olhar para o mundo, reforçamos a vontade de lutar e de andar de cabeça erguida, e ganhamos novas perspectivas e novos companheiros e companheiras, sempre tecendo naquela rede lançada ao mar que é semelhante ao Reino (Mt 13,47). Nas lutas estamos enredados com as testemunhas, com os mártires, que deram a vida pela causa do irmão menor para que a chama da vida não se apague. Caminhemos perguntando.

3.4 Resumo, palavras-chave, questões

> Enfocamos a *mística missionária militante* sob os três aspectos entrelaçados do caminho, do *despojamento* e da *luta*. A mística é *experiência de Deus* no caminho. Esse caminho se torna

caminhada e programa de vida. Jesus de Nazaré se fez Caminho e os primeiros cristãos se chamaram "os do Caminho". O caminho de Jesus é o caminho dos "perdidos"; é caminho de justiça. A Via-sacra é a consagração do caminho de Jesus, que "morreu pelos injustos" (1Pd 3,18). Deus anulou, em última instância, a sentença de morte e fez o "autor da vida" ressurgir dentre os mortos, iniciando a justiça definitiva da ressurreição.

Caminho e caminhada são como um filtro que nos protege contra as sutis infiltrações do aburguesamento e da burocratização. A mística missionária nos faz compreender e gostar do *desprendimento* como um caminho para a plenitude. Na *polaridade* entre o nada e o tudo, por meio da experiência do contraditório na terra estranha, reconstruímos, permanentemente, nossa *identidade*.

O desprendimento nos permite pensar na construção de uma sociedade em que seja "*tudo para todos integralmente*": os saberes, os bens espirituais e os materiais. A mística missionária não é a mística de olhos fechados; é a mística de um olhar aberto e *responsável*, capaz de responder aos desafios da realidade e de conviver com perguntas últimas que guardamos para o encontro definitivo com Deus.

4
Da história: aprendizados de ontem para hoje e amanhã

O cristianismo iniciou sua missão nos grandes centros urbanos do Império Romano. O povo do campo – os *pagani* –, que muitas vezes nem falou a língua franca do império, o grego e mais tarde o latim, tornou-se sinônimo de não batizado, pagãos, de sincretismo religioso e atraso cultural. Sobretudo os pagãos dos territórios conquistados não assimilaram facilmente a religião e a cultura do império. Já o paganismo dos centros urbanos tinha estatuto de religião oficial. Desde o início, os escritos do Novo Testamento e dos Santos Padres são contraditórios. Por um lado, os pagãos foram considerados radicalmente perdidos nas trevas de sua ignorância religiosa; por outro lado, sua maneira de viver representava uma "preparação evangélica" e "uma pedagogia para Cristo". Entre esses dois polos da rejeição e da assunção moveu-se a história da missão, por vezes destruindo, por vezes assumindo antigas tradições culturais e religiosas dos povos. De um modo geral pode-se dizer que a missão atrelada ao poder, como na Cristandade latino-americana, fez poucos esforços de assunção ou inculturação. Diga-se de passagem que, na história da Igreja, grandes áreas geográficas nunca se "converteram" sem vinculação da ação missionária ao poder político da respectiva região. A "conversão" religiosa em grande escala era normalmente acompanhada por uma "rendição" ou "assunção" política.

4.1 Desde os primórdios: rejeição e assunção

Das três alternativas possíveis entre continuidade, ruptura e uma relação dialética ruptura/continuidade, as Igrejas, geralmente, optaram pelas duas últimas: ou "ruptura" acompanhada por hostilidade para com a religião a ser substituída pelo cristianismo, ou "ruptura em continuidade", aproveitando certos ganchos culturais disponíveis. Os dois modelos podem ser observados nos primórdios do cristianismo frente a judeus e pagãos.

Depois de uma primeira convivência entre *ecclesia* e *sinagoga*, na era apostólica, progressivamente a simbiose cedeu lugar à ruptura, documentada no primeiro diálogo inter-religioso, no "Diálogo com Trifão", de Justino (†165) e, mais tarde, nos textos antijudaicos de autores cristãos desde o século II. O sermão antijudaico dos Santos Padres representa a voz eclesialmente autorizada dessa ruptura acompanhada de hostilidades.

Já em relação ao paganismo, o ponto de partida era desde o início de separação rígida e, passados os primeiros séculos, de um reconhecimento de elementos das culturas pagãs que poderiam ser considerados como propedêutica divina. Nos Atos dos Apóstolos a Igreja primitiva costura no discurso de São Paulo no Areópago de Atenas, em face ao paganismo, aparentemente a continuidade entre a crença em um *deus desconhecido* dos atenienses e a fé em Jesus ressuscitado dos mortos. Na realidade, trata-se, na construção redacional de Lucas, de certo "jogo de cintura" para não desqualificar o tempo antes da conversão dos gentios só como "tempos da ignorância" (At 17,16ss.). No discurso do Areópago, São Paulo assume elementos universalistas e críticos dos próprios filósofos pagãos em relação aos templos, aos sacrifícios e ao politeísmo da religiosidade popular pagã. O cristianismo expressou progressivamente sua teologia, seu credo e suas estruturas ministeriais nos parâmetros culturais do universo helenístico, sem deixar dúvidas sobre a ruptura radical no campo religioso.

Com os apologistas gregos, no século II, o cristianismo saiu do gueto cultural e iniciou um processo de aproximação. Justino de Roma, apologista, filósofo e mártir (†165), é o primeiro a admitir que também o passado pagão está sob a influência do *Logos*/Cristo. Ele mostra isso no tópico da "semente do Verbo". Na escola filosófica da Estoa (300 a.C.), as "sementes do Verbo" (*logoi spermatikoi*) são razões imanentes ao mundo que contêm os pensamentos eternos para tudo o que há de vir. Na filosofia e ética de um Sócrates e Heráclito encontra-se, segundo Justino, a semente do *Logos* que Deus inseminou em toda a humanidade. Mas essa semente deve ser purificada e completada na plena luz do *Logos* encarnado.

O Vaticano II (cf. AG, n. 11; LG, n. 17), Medellín (DM: Pastoral Popular, n. 5) e *Evangelii Nuntiandi* (n. 53) retomam o tópico *logos spermatikos* ("semente do Verbo") de Justino dentro do contexto de *aggiornamento* e inculturação. O Decreto *Ad Gentes* (n. 3), sobre a atividade missionária da Igreja, invoca, genericamente, "os Santos Padres" para reafirmar o princípio da encarnação: "Não foi sanado o que não foi assumido por Cristo". Na ordem pastoral continua válido, diz Puebla, "o princípio da encarnação formulado por Santo Irineu: 'O que não é assumido não é redimido'" (n. 400).

Tertuliano (†220), que mais tarde rompeu com a Igreja para migrar para o grupo dos montanistas (207), adverte contra a "sabedoria mundana" da filosofia pagã: "O que tem Atenas a ver com

Jerusalém, o que a Academia com a Igreja? O que os hereges com os cristãos? A nossa doutrina vem do pórtico de Salomão" (*De praescriptione haereticorum*, 7,9s.). Depois de Jesus Cristo, a cultura pagã é idolatria. Já em seu tratado *De testimonio animae*, Tertuliano desenvolve uma frase de seu *Apologeticum* (c. 17), afirmando que a vida dos pagãos mostra uma raiz cristã comum e natural a toda a humanidade (cf. Suess, 1986, p. 162ss.). Na Encíclica *Evangelii Praecones*, de 1951, Pio XII retoma o paradigma de Tertuliano, sem mencioná-lo: "A natureza humana [...] conserva, todavia, em si alguma coisa naturalmente cristã". O Vaticano II não cita explicitamente o tópico da "alma naturalmente cristã" de Tertuliano, porém, o espírito do Concílio, da *Gaudium et Spes*, por exemplo, está profundamente impregnado por essa visão otimista do mundo. Também a tese de que em cada pessoa humana se hospedaria um "cristão anônimo", de Karl Rahner, inspirava-se em Tertuliano.

Na *Didascalia Apostolorum*, uma doutrina redigida por um bispo nos meados ou fins do século III, encontra-se uma visão negativa sobre a cultura da época: "Evite todos os livros dos pagãos. O que você tem a ver com falas ou leis estranhas ou com profecias mentirosas, que desviam os jovens da fé?" A cultura pagã não conseguiu melhorar a humanidade. Por isso, o seu *ethos* e a sua verdade estariam desmentidos. O que vale a pena saber, a Igreja é quem sabe.

Depois da literatura anti-herética dos apologistas do século II, a Escola Catequética de Alexandria avançou e aprofundou a inserção do cristianismo no universo cultural do helenismo. Essa inserção do cristianismo no helenismo, a chamada "helenização", mais tarde seria substituída pela "romanização". Até o início do século IV, o grego, língua oficial do império, foi substituído pelo latim, que "se afirmou como língua cristã inicialmente em Cartago e na África, e não em Roma, onde a liturgia era celebrada em grego até meados do século IV" (Hamman, 1989, p. 43).

"Helenização", "romanização", "germanização" apontam para o perigo que aguarda o cristianismo em cada cultura, o perigo de assumir esta ou aquela cultura como cultura-padrão para o anúncio do Evangelho. É o perigo da identificação para a qual a *Evangelii Nuntiandi* advertiu (cf. EN, n. 20b). A mesma dificuldade existiu para a inserção da revelação de Jesus na cultura da Palestina. Jesus recorreu a parábolas e metáforas quando falava de Deus e do Reino. Posteriormente, a Igreja procurou contornar esse problema da insuficiência do culturalmente disponível para os mistérios de Deus, recorrendo a conceitos e definições dogmáticas que tampouco conseguiram solucionar a questão da incapacidade das linguagens humanas para acolher adequadamente os mistérios de Deus. Também os dogmas só podem ser compreendidos a partir de sua roupagem cultural e de seu contexto histórico.

A Escola Catequética de Alexandria, com *Clemente* (†215) e, sobretudo, com Orígenes (†253/254) e seus alunos, considerava a filosofia grega educadora para Cristo. Ensinaram essa filosofia como propedêutica de uma primeira evangelização. Clemente mostra Cristo como o verdadeiro educador, mas a filosofia pagã fez parte do programa escolar de Alexandria.

Eusébio de Cesareia (†339), historiador da Igreja e bispo influente na corte constantiniana, escreveu quinze livros sobre a "preparação evangélica para a Cristandade". *Lumen Gentium* (n. 16) e *Evangelii Nuntiandi* (n. 53) retomam o paradigma da "preparação evangélica" com referência a Eusébio. *Ad Gentes* (n. 3) cita o mesmo tópico da "pedagogia para o Deus" e da "preparação evangélica" com referência a Irineu, o teólogo mais importante do século II e bispo de Lião (*Contra as heresias*, III, 18,1 e IV, 6,7). Para Eusébio, a cultura grega faz parte da economia da salvação. Assim, ele resgatou não só o passado pagão do imperador como relevante para a vida em Cristo, mas também as culturas dos outros povos.

Basílio Magno, bispo de Cesareia (†379), depois da reviravolta de Constantino, que transformou os cristãos perseguidos em favorecidos, teve de se adaptar à cultura helenista que lançara raízes em todos os setores da vida cotidiana. Em sua *Exortação aos jovens*, argumenta positivamente sobre a herança cultural. Como é necessário preparar o pano, antes de tingi-lo, para que a cor não saia, assim os cristãos se preparam com os ensinamentos dos pagãos para depois, firmemente, assumir a doutrina cristã. Os jovens devem agir como as abelhas: procurar o mel e evitar o veneno. É importante estudar as obras dos poetas e historiadores que ajudam no reconhecimento do caminho da salvação.

O século IV é o século do Edito de Tolerância (313) de Constantino e da transformação do cristianismo e da fé de Niceia (325) em religião do Estado (*Teodósio*, 391). Com a oficialização do cristianismo termina um tempo glorioso e sofrido de martírio estrutural. Agora se proíbem os cultos pagãos e os seus templos são destruídos. Logo surgem dificuldades internas no cristianismo. Ao lado dos judeus e dos pagãos, considerados adversários externos, surgem adversários internos, os hereges, com suas doutrinas do donatismo, do arianismo e do priscilianismo.

Mas o século IV foi também o século dos três grandes Padres Latinos da Igreja: Ambrósio, Jerônimo e Agostinho. Foi também o século de *Martinho de Tours* (316-397), não o mais erudito, mas o mais santo de seu tempo. Contra sua vontade, foi aclamado bispo pelo povo. Foi despojado e moderno, com seu monastério temporal e peregrino, com sua diocese missionária, com sua opção pelos pobres e defesa do direito à vida aos priscilianos. Em Martinho de Tours viveram muitos santos, um Helder Camara, como voz dos sem voz, uma Madre Teresa, arquétipo da misericórdia. Ele era pacifista e pobre, como Gandhi, e profético como aquele outro Martinho, como Martin Luther King, negro e pastor batista. Martinho é um santo ecumênico, viveu antes da grande ruptura eclesial. Em muitas igrejas da Espanha, onde a estátua de São Tiago (Santiago) domina o cenário, em um nicho lateral há também uma estátua de São Martinho que nos diz: nessa Igreja sempre andam juntos o Mata-Mouros e o defensor dos pobres-outros. O século IV era também e sobretudo o século do desmoronamento do Império Romano.

Com a liberdade da Igreja, desde a era constantiniana, começou a repressão contra os não cristãos. A Igreja se beneficiou da legislação anti-herética contra arianos e donatistas de Graciano (375-383), imperador do Ocidente, e Teodósio (379-395), imperador do Oriente, e forneceu as armas ideológicas para a sua perseguição. No ano 385, na decapitação de Prisciliano, em Trier, apesar dos protestos solitários de Martinho de Tours, pela primeira vez a espada do imperador parece ter servido aos interesses da Igreja. Meio século mais tarde, o Papa Leão Magno se declara satisfeito com a intervenção do Estado no caso dos priscilianistas. A severidade secular foi, segundo Leão I, de grande utilidade à clemência eclesiástica (cf. Leo I, Ep. 15,7 e 9). Desde o início do século V, a heresia foi qualificada como crime contra a majestade do imperador, e a pena de morte foi aplicada contra maniqueus e donatistas.

No ano 388, *Ambrósio* (†397), bispo de Milão, defende os incendiários da sinagoga de Kallinikón, no Rio Eufrates, e qualifica a sinagoga de "lugar da incredulidade, a pátria da ausência de Deus, o esconderijo da loucura condenado pelo próprio Deus" (Ambrósio, *Epist*. 40 PL 16, 1104ss.).

Jerônimo (†419/420), o mais erudito dos Padres da Igreja latina, vacila entre a aceitação e a crítica severa à filosofia e à cultura pagãs. Deve-se tratar a filosofia grega, escreve, como a prisioneira no Livro do Deuteronômio: raspar os seus cabelos, cortar as suas unhas, trocar o seu vestido (*Epistolário,* 21,13,6). Só depois é possível casar-se com ela ou, "se ela cessar de te agradar, deixá-la-ás partir como lhe aprouver" (Dt 21,12-14). Para chegar à prática da tolerância, a Igreja ainda tem um longo caminho a percorrer.

Desde *Agostinho* (†430), bispo de Hipona (396), e sua obra apologética *A verdadeira religião*, redigida contra os maniqueus, a Igreja missionária sabia que as religiões não cristãs não têm nenhum valor salvífico. O paganismo, segundo Agostinho, nem chegou a formar uma religião na qual o Deus único e verdadeiro é adorado e que deveria ser o conjunto de um culto, de uma moral e de uma doutrina. Pelo pecado original, a humanidade não resgatada por Cristo pertence à "massa condenada". Inspirados por suas *Retratações* (Agostinho, 2019, II/31), teólogos e missionários justificam "medidas de força" com Lc 14,23: "Força as pessoas a entrarem, para que se encha a minha casa".

Seguindo a argumentação de Santo Agostinho a partir das suas lutas contra o pelagianismo, o pecado original adquiriu um peso quase que esmagador sobre a natureza humana. Essa visão pessimista está presente posteriormente na "teologia das sentenças" (Hugo de São Vítor, Pedro Lombardo), que fazia certa confusão entre a ordem natural e a sobrenatural, e na doutrina das duas espadas de *São Bernardo* (†1153). Em seu tratado sobre *As glórias da Nova Milícia*, manda os soldados de Cristo combaterem "sem temor algum de pecar por colocar-se em perigo de morte e por matar o inimigo. Para eles, morrer ou matar por Cristo não implica criminalidade alguma e traz uma grande glória" (San Bernardo, 1983, p. 503).

A minimização da ordem natural inspirou as interpretações teocráticas do poder pontifício, não só nos tempos de Gregório VII (1073-1085) até Bonifácio VIII (1294-1303), mas também na interpretação da suposta "doação alexandrina" e nas "guerras justas" contra os índios. Para compensar a natureza humana dos índios (*los naturales*), marcada pelo pecado original, é apresentada uma Igreja autoritária do padroado que administra a graça divina (Suess, 1988, p. 32ss.).

O outro lado desse rigorismo salvífico é a grande sensibilidade social que os Padres da Igreja mostraram como defensores dos pobres cristianizados (cf. Meulenberg, 1985; 1998). O desprezo dos outros e a defesa dos pobres marcaram o trabalho missionário da Igreja Católica até o Vaticano II.

4.2 A conquista espiritual

A conquista espiritual, do jesuíta Antonio Ruiz de Montoya (1585-1652), sobre as reduções guaraníticas no Paraguai, deu o nome ao primeiro século do labor missionário nas Américas. Missão significava cruzadas em terras longínquas, conquista de territórios ocupados por inimigos da fé, libertação de almas enganadas pelo demônio. Tudo isso forneceu motivações fortes para atravessar oceanos e sacrificar vidas. Historicamente não é correto computar a violência da conquista ao caráter nacional de espanhóis ou portugueses. O que está em jogo é a ambivalência do próprio cristianismo no encontro com o outro. A conquista espiritual das Américas não representa ruptura, mas continuidade da prática missionária dos séculos anteriores. A *Capitulatio de partibus Saxoniae*, de 782, de Carlos Magno (†814), deixou aos saxões a mesma alternativa como o Requerimento (Suess, 1992, Doc. 106), de 1513, aos índios: conversão ao cristianismo ou morte. Em 782, em um só dia, o fundador da Europa cristã mandou decapitar, em Verden, 4.500 adversários. Mas a vitória definitiva sobre os saxões pagãos veio só com o batismo de seu líder, Widukind. Carlos Magno foi seu padrinho de batismo. Para a primeira geração de cristãos, conversão era apenas mudança religiosa por força maior. Também os métodos missionários da Europa cristã e da Cristandade latino-americana eram semelhantes. Willibrord profanou os santuários dos saxões, Bonifácio cortou a árvore sagrada deles, Sturmius exigiu a destruição dos templos deles (Suess, 1992, p. 11).

A primeira relação etnográfica de *A conquista espiritual da América*, escrita pelo hieronimita Ramón Pane, demonstra a violência desencadeada pela dominação do imaginário. Quando os índios "jogaram as imagens dos cristãos ao chão", Bartolomé Colombo, irmão de Cristóvão, "formou processo contra os malfeitores e, conhecendo a verdade, os mandou queimar publicamente" (Suess, 1992, Doc. 17, p. 113). Os conquistadores, quando viram o grande número de oratórios dos índios, ficaram perplexos. Bernal Díaz descreve como os soldados de Cortés, a caminho de Tenochtitlan, destruíram os deuses dos totonacos. Os caciques, quando viram suas imagens sagradas feitas pedaços, choravam e pediram perdão aos seus deuses. Em seguida, Cortés mandou que os sacerdotes retirassem e queimassem as figuras despedaçadas, e falou que daquele momento em diante considerava os totonacos irmãos. Logo mandou instalar no oratório uma imagem de Nossa Senhora, construir um altar e celebrar uma missa (Díaz Del Castillo, 1980, v. I, p. 162s.).

Depois da submissão dos astecas, Cortés chamou os franciscanos para a reorientação ideológica dos conquistados. Vieram doze frades para a fundação da Província do *Santo Evangelho* para Nova Espanha (México). A conquista, afirmam os "Doze", é castigo de Deus pela vida fora da graça redentora de Jesus: "Nós conhecemos a quantidade de seus erros, que seus pais deixaram para vocês. Nisso não há nada de reto, nada de verdadeiro, nada digno de fé. Tudo isso não passa de palavras vazias. Mas tudo que nós dizemos está no livro divino, lá está pintado" (Suess, 1992, Doc. 64, p. 429).

O ambiente fechado do padroado permitiu a continuidade da prática missionária entre Europa e América. São Tiago (Santiago), apóstolo da reconquista espanhola, continuou no imaginário da conquista americana como cavaleiro apocalíptico, socorrendo, com a cruz e a espada, os soldados de Cristo. Agora não mais *São Tiago Mata-Mouros*, mas *São Tiago Mata-Índios*. E Cortés, em sua segunda Carta-Relação, de 1520, podia abertamente comunicar a

Carlos V que mandara "por prevenção" trancar um grande número de índios de Churultecal em uma sala. Em seguida deu ordem a seus soldados para matá-los e para tocar fogo na cidade: "Em poucas horas, morreram mais de três mil homens" (Cortés, 1963, p. 50). A parceria entre a cruz e a espada teve papel decisivo na fundação da Europa cristã e da América católica.

Mais tarde, em 1536, os franciscanos, desde 1527 subordinados ao primeiro bispo do México, o franciscano Zumárraga, começam um colégio somente para indígenas, o Imperial Colégio de Santa Cruz de Tlatelolco. O colégio começou com sessenta alunos, filhos de caciques em sua maioria, e com um qualificado quadro de professores. Em 1546, dez anos depois de sua fundação, o Colégio de Santa Cruz já era totalmente indígena em seus alunos, professores e quadros administrativos. Na primeira fase do colégio, os alunos foram os assessores dos professores. Bernardino de Sahagún teve ao lado dos alunos também os anciãos como informantes para sua monumental *Historia general de las cosas de Nueva España*. Mais tarde, a produção histórica e antropológica do colégio foi proibida e confiscada por Madri.

Havia, na conquista espiritual, também vozes proféticas, como Bartolomé de Las Casas, bispo de Chiapas (México), Diego de Medellín, terceiro bispo de Santiago do Chile, e a comunidade dominicana de Santo Domingo, logo condenadas pelo poder político e religioso a um "silêncio obsequioso". Para essa comunidade, a prática missionária de um só ano foi suficiente para perceber que o maior obstáculo para a conversão e a catequese dos índios não era sua idolatria, mas a injustiça praticada contra eles. Naquele memorável Quarto Domingo do Advento de 1511, os dominicanos convidaram o Governador Diego Colombo, os oficiais do rei e os juristas letrados para a sua igrejinha de palha. Frei Antônio Montesinos era seu porta-voz, quando bradava: "Todos estais em pecado mortal e nele viveis e morreis por causa da crueldade e tirania que usais com estas gentes inocentes. Dizei: com que direito e com que justiça tendes em tão cruel e horrível servidão estes índios?" (Suess, 1992, Doc. 57, p. 407).

4.3 Cenário um: José de Anchieta (1534-1597)

Encontramos José de Anchieta[12] no Brasil em um momento em que o poder político e a autoridade eclesiástica viviam em paz e reconheciam sua interdependência complementar (cf. Suess, 1997). Quando "Sua Alteza" determinou "mandar doze homens pelo sertão a descobrir ouro", o Governador Tomé de Sousa "pediu um padre que fosse com eles em lugar de Cristo para que não ficassem desamparados". Anchieta pondera: "Eles vão buscar ouro, e ele [Padre Navarro] vai buscar tesouro de almas, que naquelas partes há mui copioso" (Viotti, 1984, p. 57). Os missionários estavam convictos de que uma missão sem o braço armado seria uma empresa suicida. E a administração colonial sabia que sem os missionários seria impossível "segurar" os índios. "Nenhum fruto, ou ao menos pequeníssimo, se pode colher deles, se não se juntar a força do braço secular, que os dome e sujeite ao jugo da obediência" (Viotti, 1984, p. 76), relata o irmão Anchieta.

Os missionários da Companhia chegaram às Américas motivados pelo Evangelho, porém despreparados para o reconhecimento da alteridade.

Para conhecer os índios de Anchieta podemos nos restringir à realidade da sociedade tupinambá, que é antes de tudo uma socie-

---

12. Anchieta nasceu em 19 de março de 1534 em La Laguna de Tenerife. Entre 1548 e 1553, estudou em Coimbra, onde entrou na Companhia de Jesus. Em 1553 chegou à Bahia. Em 1554 foi enviado para o Planalto de Piratininga, berço da cidade de São Paulo, onde estudou tupi, ensinou as primeiras letras e administrou a catequese aos índios. Em 1563, Anchieta estava com Manuel da Nóbrega em "missão pacificadora" junto aos tamoios em Iperoig. Em 1566, na Bahia, foi ordenado sacerdote. Em 1578 foi eleito provincial dos jesuítas do Brasil. Morreu em Reritiba, atual Anchieta, no Espírito Santo, no dia 9 de junho de 1597.

dade de guerreiros (Cunha; Castro, 1985, p. 57-78). O guerreiro é um vingador, e o vingador é o homem culturalmente completo. O guerreiro é o "santo" tupinambá, já que a vingança do inimigo permite o acesso do vingador ao paraíso. Para a sociedade tupinambá, a vingança é interminável e constitutiva para a história e a imortalidade. Essa vingança não é expressão de ódio pessoal. No pátio da aldeia, o prisioneiro é abatido com uma única pancada. Seu executor não participa da festa antropofágica. Retira-se para um prolongado resguardo, durante o qual toma um novo nome. A morte é honrosa também para os cativos que não aceitam ser resgatados. As guerras dos tupinambás não eram carnificinas. Sua vida cotidiana era cheia de ternura. "Amam os filhos extraordinariamente [...] e não lhes dão nenhum gênero de castigo" (Cardim, 1980, p. 91s.). Não acumulam tesouros nem são ciumentos. Tratam bem as mulheres e recebem seus hóspedes com lágrimas de boas-vindas.

a) Reconhecimento possível

Onde o eixo da cultura do Outro é vingar-se dos inimigos, como entre os tupis da costa brasileira, existem poucas possibilidades para a socialização da mensagem cristã. A partir de sua convivência com os tupinambás, Anchieta tinha boas condições de conhecê-los em sua originalidade, mas poucas possibilidades de reconhecê-los em sua alteridade. Não podemos cobrar-lhe leituras antropológicas do século XX, mas podemos cobrar de Anchieta a consciência possível da época que se encontra, por exemplo, na consciência leiga de Montaigne e Gil Vicente.

Michel de Montaigne (1533-1592), um contemporâneo de Anchieta, não precisava romper com a Igreja Católica para relativizar o etnocentrismo de sua época. Em seus *Ensaios*, de 1580, comenta os mais diferentes costumes e procura entendê-los a partir de sua lógica interna: "Não são os bárbaros motivo de maior estranheza para nós do que nós para eles" (Montaigne, 1972, p. 62s., 65 [1,23]). Montaigne opinava sobre os tópicos mais comentados na época, como a antropofagia, a poligamia, a nudez, o ser guerreiro, e chega à conclusão surpreendente para a época: "Não vejo nada de bárbaro ou selvagem no que dizem daqueles povos; e, na verdade, cada qual considera bárbaro o que não se pratica em sua terra" (Montaigne, 1972, p. 105ss., 109 [1,31]). A sensibilidade antropológica do "leigo" Montaigne foi mais evangélica do que a prática dos missionários quinhentistas.

Anchieta participou da conquista espiritual com as armas que lhe eram peculiares: o conhecimento da cultura tupi, sobretudo da língua, e da poesia. De Gil Vicente aprendeu a arte dos "autos". Gil era um observador crítico da sociedade feudal. Nas alegorias vicentinas que seguem formalmente a tradição do teatro medieval, a corrupção do aparelho ideológico e das castas políticas é abertamente denunciada. Quem ganha a condução na *Barca do inferno* (1517) são o fidalgo, como representante de sua classe, o juiz, o advogado, o usurário e o frade. O parvo ("o bobo") e os quatro cavaleiros da cruzada são convidados ao batel do anjo e à travessia para a glória.

Anchieta não aponta em seus autos nenhuma flecha contra a sociedade colonial. Em seus autos, os diabos vestem a cultura tupi e os anjos e os santos a cultura do colonizador. Em seu famoso *Auto na Festa de São Lourenço*, o rei dos demônios, Guaixará, é o ex-chefe tamoio. A libertação dos tupinambás, segundo os jesuítas quinhentistas, exige dos índios renunciar ao seu passado histórico e odiar sua tradição cultural. O reconhecimento como "bom cristão" está vinculado ao abandono do antigo modo de ser.

José de Anchieta chegou longe na decodificação linguística dos mistérios do outro. Adquiriu uma habilidade lendária de se expressar na língua tupi. Depois de três anos no Brasil, com 22 anos de idade, já tinha composto uma gramática e introduziu a escrita entre os jovens tupinambás. Mas também a passagem da língua oral para a escrita não é inocente. Lévi-Strauss adverte nos *Tristes trópicos* que, do Egito até a China, "é necessário admitir que a função primária da publicação escrita foi a de facilitar a servidão" (Lévi-Strauss, 1993, p. 284). A dialética do esclarecimento despojou todos os nossos atos civilizadores de sua veste de inocência.

b) Beato e apóstolo

Anchieta não foi um articulador político, como Nóbrega, nem um profeta, como Las Casas. Foi antes um "beato". Não um beato de contestação, como Antônio Conselheiro, mas um beato da unanimidade. Percorreu, como eles, vastas regiões. Cedo é considerado milagreiro. Todos ouviram-no falar em sua língua. Como poeta escreveu em espanhol, em português para os colonos, em tupi para os índios e em latim para os eclesiásticos.

Anchieta soube conviver com o sistema colonial, com os sacrifícios que exigiram, praticando a caridade que não impediram. A "salvação da alma" é sua defesa dos direitos humanos. No combate espiritual, Anchieta é implacável; no trato humano, afável. Onde a catequese é ameaçada pela morte dos índios antes de seu batismo, ele tornou-se também um defensor do "corpo indígena", servindo de médico e taumaturgo. Impressionou seus interlocutores por sua brandura e simplicidade.

Quando Anchieta morreu, na aldeia de Reritiba, foi levado à Vila de Vitória (ES), onde a sociedade colonial o recebeu com festa. Essa vila lembra historicamente a vitória dos colonos lusitanos sobre os goitacás, senhores da costa brasileira. As vitórias, na América espanhola dedicadas a São Tiago, a América portuguesa dedica à Virgem Maria, vestida com uma túnica branca e um manto dourado de rainha. Com o Menino Jesus no braço esquerdo e uma coroa sobre a cabeça, ela segura com a mão direita a palma da vitória. A força histórica do imaginário religioso cristão substituiu e lembra o mito da deusa *Victória* do *Forum Romanum*. As vitórias de Anchieta são facilmente cooptáveis pelo imaginário da pátria vitoriosa, pela estetização literária e pela simulação da harmonia ideológica que silencia os gritos dos colonizados. As vitórias do beato inaciano eram, em primeira instância, vitórias sobre a cultura do outro. Eram vitórias de um Cristo mutilado e reduzido. Hoje, depois de ser, em 1980, oficialmente declarado beato pelo Papa João Paulo II, e canonizado santo, em 3 de abril de 2014 pelo Papa Francisco, o paradigma Anchieta aponta para a rearticulação entre *solidariedade*, *conhecimento* e *reconhecimento* da alteridade. A vida e a obra do Santo José de Anchieta podem ser lidas como advertência.

4.4 Cenário dois: Francisco Xavier (1506-1552)

Francisco Xavier nasceu no ano do falecimento de Cristóvão Colombo, em 1506, no Castelo de Xavier, reino de Navarra. Já com 19 anos o encontramos em Paris, onde morava e estudava no Colégio Santa Bárbara. Por muito tempo, Pedro Fabro foi um dos seus colegas de quarto e amigo. Em 1529, essa convivência harmoniosa foi abalada com um novo companheiro de quarto, Inácio de Loyola (1491-1556), ex-comandante do Forte de Pamplona. Inácio combateu, do lado de Castela, os irmãos de Francisco que lutavam pela independência de Navarra. Com muita paciência e com o saber de um comandante de guerra, Inácio soube entrar na "fortaleza" de Francisco e tornou-se seu pai espiritual. Inácio teria dito que o jovem Francisco foi a "massa" mais dura que ele amassou.

Desde cedo, Francisco pensava em terminar seus estudos com o doutorado e depois ser membro do Capítulo Catedral de Pamplona, onde tinha um tio influente. Na época, a continuidade católica e as reformas protestantes começavam a travar suas lutas ideológicas abertamente. Nos anos de 1531 e 1532, João Calvino esteve várias vezes no Colégio Santa Bárbara. Seu pensamento encontrou ressonância crescente até a sua expulsão da Universidade de Paris, em 1534. Nesses anos, entre 1532 e 1533, Francisco se converteu e participou do pequeno núcleo da futura Companhia de Jesus. Na primeira missa de Pedro Fabro, os sete primeiros integrantes da Companhia se reuniram: Inácio de Loyola (43), Fabro e Xavier (28), Bobadilla (25), Rodrigues (24), Laynez (22), Salmeron (19).

Quando, em 1536, os prelados da Catedral de Pamplona elegeram Francisco membro do capítulo dessa catedral, chegaram tarde. Terminados os estudos de Teologia em Paris, Francisco e os companheiros foram a Veneza, onde receberam em 24 de junho de 1537 a ordenação sacerdotal. Em 1538, o emissário de Dom João III, rei de Portugal, pediu missionários para as Índias Orientais. Foram destinados Simão Rodrigues e Nicolás Bobadilla para essa missão. Mas Bobadilla ficou doente. Em março de 1540, Inácio nomeou Francisco Xavier seu substituto.

No dia 7 de abril de 1541, Xavier partiu em companhia de dois sacerdotes, junto com o novo governador, Martim Afonso de Souza, e com mais seiscentos soldados e marinheiros, para as Índias. Alguns anos antes, no hospital de Veneza, como relatou Laynez, Francisco acordou no meio da noite e contou que tinha sonhado que carregava um indiano nas costas. Este era tão pesado, que seu peso quase o esmagou. Lá viajou o peregrino pobre e frágil, com os documentos pontifícios de um núncio apostólico bem escondidos, para conferir sonho e pesadelo, mito e realidade.

a) Itinerário

Entre a chegada de Francisco Xavier em Goa, no dia 6 de maio de 1542, e a sua morte, em Sanción, na porta da China, no dia 3 de dezembro de 1552, passaram-se apenas dez anos. Quando chegou em Goa, já encontrou franciscanos, dominicanos e um clero secular, cada um com seu jeito empenhado em sua missão *ad gentes*. O método missionário de Francisco Xavier era simples. Onde chegava, começava a aprender a língua local, reunir crianças e visitar os doentes:

> Traduzimos as orações, começando pelo modo de se benzer confessando as três pessoas serem um só Deus, depois o Credo, os Mandamentos, o Pai-nosso, a Ave--Maria, a Salve-Rainha e a Confissão geral, do latim em *malabar*. Depois de [...] sabê-las de cor, ia por todo o lugar, com uma campainha na mão, juntando todos os moços e homens que podia e, depois de os ter juntado, ensinava-os cada dia duas vezes (Francisco Xavier, 2006, Doc. 20,2).

Quando a viagem foi interrompida por alguns meses, no início de seu itinerário, em Moçambique, escreve aos companheiros em Roma:

> Logo que chegamos aqui, tomamos conta dos pobres doentes que vinham na armada [...]. Todos morávamos com os pobres, e, segundo as nossas pequenas e fracas forças, ocupávamo-nos tanto do temporal como do espiritual. O fruto que se faz, Deus o sabe, pois é Ele que tudo faz (Francisco Xavier, 2006, Doc. 13,2).

Em 1545, Francisco partiu para Malaca, na costa ocidental da Península da Malásia. Em janeiro de 1546, viajou para as Ilhas Molucas. Em 15 de agosto de 1549, chegou ao Japão, no porto da cidade de Kagoshima. O primeiro ano inteiro foi dedicado ao aprendizado da língua e à tradução dos principais artigos de fé e de um catecismo.

Depois das primeiras tentativas de pregar, os bonzos expulsaram os missionários do centro da cidade. Em agosto de 1550, Francisco pregou o Evangelho em algumas cidades no sul do Japão. No fim do ano o encontramos em Meaco (Miyaco, hoje Kyoto), então a principal cidade do Japão. Não conseguiu realizar a sua missão que visava à conversão do imperador. Percebeu, depois de poucas semanas na capital, que o poder político não estava com o imperador, mas com os *Daimyô*, os governadores regionais. Francisco também se deu conta de que seu ideal da pobreza apostólica não era compreendido no esplendor da capital. Logo trocou suas roupas pobres pelas roupas da corte, apresentando-se como representante oficial do rei de Portugal.

Em 1551 continuou sua peregrinação por algumas cidades importantes, onde deixou comunidades cristãs que rapidamente cresceram. Muitas dessas comunidades leigas mantinham-se fiéis em períodos de intensa perseguição, sobretudo depois do decreto de expulsão dos missionários, em 1614. O escritor japonês Shusaku Endo, em seu romance *O silêncio*, nos dá um impressionante panorama desse tempo de martírio e do drama pessoal daqueles que, sob tortura, renegaram a sua fé. Depois de dois anos e três meses no Japão, Francisco voltou a Goa, onde chegou no início de 1552.

Durante sua presença no Japão, Francisco percebeu que a chave para a conversão do Japão era a conversão da China. Os bonzos achavam que o cristianismo não podia ser a verdadeira religião se os chineses a desconheciam. Em abril de 1552 deixou Goa. Em fins de agosto, chegou em uma embarcação portuguesa à pequena Ilha de Sancião (Shang Chuan), perto da terra firme da China. Não havia possibilidade de entrar legalmente na China. No dia 21 Francisco adoeceu gravemente. No dia 3 de dezembro de 1552 fez a sua travessia definitiva. Seu companheiro de viagem, o chinês Antônio de Santa Fé, ex-aluno do colégio São Paulo de Goa, o enterrou. No ano de sua morte, nasceu Matteo Ricci (1552-1610), que conseguiu dar continuidade ao sonho de Francisco Xavier.

b) Encontro com as religiões

A situação missionária de Francisco Xavier era muito diferente da situação de José de Anchieta (1491-1556), no Brasil, ou de José de Acosta (1540-1600), no Peru, cuja missão era integrada ao sistema colonial. Francisco veio do contexto da expansão ibérica, porém sem possibilidade de impor seu Evangelho. O único caminho aberto era o convencimento do outro. Mas o exclusivismo salvífico da Igreja Católica era inaceitável para os japoneses. Os neófitos do Japão perguntavam muitas vezes ao missionário: "Onde estão nossos pais e parentes falecidos?" E Francisco não tinha nenhum consolo. De Cochin escreve, em 29 de janeiro de 1552, a seus companheiros da Europa:

> Uma desconsolação têm os cristãos do Japão; é que sentem em grande maneira dizermos que os que vão para o inferno não têm nenhum remédio. Sentem isso por amor dos seus pais e mães, mulheres, filhos e os outros mortos passados, tendo deles piedade. Muitos choram os mortos e me perguntam se podem ter algum remédio por via de esmolas e orações. Eu digo-lhes que não têm nenhum remédio (Francisco Xavier, 2006, Doc. 96,48).

Uma Boa-nova que não incluía os antepassados, para a grande maioria dos japoneses, era uma má notícia. Por outro lado, o monoteísmo de Francisco, para os brâmanes, era de fácil aceitação. Mas diziam que o povo precisa do politeísmo, precisa das diferentes representações de Deus em sua vida cotidiana. A encarnação de Deus em Jesus Cristo, por exemplo, não causou nenhuma dificuldade. Também no hinduísmo existem *avatares*, encarnações divinas. Mas aceitar Jesus Cristo como a única encarnação de Deus era muito difícil para os budistas.

Uma questão central dos bonzos budistas era: quando tudo foi criado por Deus, de onde veio o mal e os demônios? O cristianismo da época não soube explicar satisfatoriamente a prevalência da liberdade da criatura sobre a intervenção misericordiosa do Criador. A Deusa da Misericórdia do budismo tem múltiplas faces e mil braços que estende para salvar a todos. A misericórdia de Francisco só tinha o braço que batizava os não cristãos. Empenhou-se para multiplicar esse braço, suplicando por mais missionários. Em 15 de janeiro de 1544, escreveu de Cochin:

> Muitas vezes penso ir aos centros de estudos dessas partes – dando gritos, como alguém que tenha perdido o juízo – e principalmente à Universidade de Paris, dizendo na Sorbonne aos que têm mais letras que vontade para dispor-se frutificar com elas. Quantas almas deixam de ir para a glória e vão para o inferno, pela negligência deles! [...] Receio que muitos dos que estudam nas universidades estudem mais para, com as letras, alcançarem dignidades, benefícios, bispados [...]. É tão grande a multidão dos que se convertem à fé de Cristo, nesta terra onde ando, que, muitas vezes, me acontece sentir cansados os braços de batizar; e não poder falar, de tantas vezes dizer o Credo e os mandamentos (Francisco Xavier, 2006, Doc. 20,8).

Também o encontro de Francisco Xavier com o islã foi polêmico. A conversão do islã, escreve das Ilhas Molucas (10 mai. 1546), está acontecendo em um contexto de violência e escravização:

> Os gentios de Maluco (sic!) são mais numerosos que os mouros [...]. Os mouros querem que os gentios se façam mouros ou sejam seus escravos, os gentios não querem nem ser mouros e muito menos escravos. Se houvesse quem lhes pregasse a verdade, todos se fariam cristãos, porque preferem ser cristãos a ser mouros (Francisco Xavier, 2006, Doc. 55,8).

c) Colheita

Francisco Xavier rompeu com o conforto prometido pela família. Zelou pela salvação do outro com as melhores intenções e os maiores esforços. Era coerente com suas promessas e convicções. Sua colheita mais importante, porém, não é um resultado estatístico, mas uma atitude de despojamento que não deixa de ser uma ruptura sistêmica. "Quem toma, tomado está", anota em uma Instrução, de abril de 1549, a um colega (Francisco Xavier, 2006, Doc. 80,36). O cristianismo não é um favor para aqueles que privilegiam seus ministros com bens materiais ou banquetes.

O despojamento de Francisco era radical e prudente. Nunca procurou "curtir" a sua obra, descansar sobre glórias alcançadas. Nunca era complacente consigo mesmo. Seu coração estava onde seus pés andavam. Advertia os que vinham para a Índia para cuidar de suas raízes: "Ao entrar nas grandes adversidades, andando entre infiéis, se não têm muitas raízes, apagam-se-lhes os fervores: estando na Índia vivem com desejos de Portugal" (Francisco Xavier, 2006, Doc. 90,36).

Em 1927, Francisco Xavier, junto com Teresinha de Jesus, foi declarado padroeiro das missões católicas. Teresinha nunca passou por territórios missionários e Francisco não lançou as raízes de uma nova Cristandade. Na Índia e no Japão, onde ele desenvolveu sua missão *ad gentes*, o catolicismo tem até hoje um papel, numericamente, marginal. A importância do labor missionário não está na quantidade dos batizados, mas na qualidade do testemunho. E este testemunho está ainda presente nos *kirishitan* ("cristãos") que, para a surpresa dos missionários do século XIX, por mais de duzentos anos viveram a sua fé no Japão, no martírio, na clandestinidade e na fidelidade.

4.5 Resumo, palavras-chave, questões

> Desde a patrística até hoje existem no interior das Igrejas duas doutrinas e práticas missionárias. Uma declara que *as religiões não cristãs se encontram fora da história da salvação* e nada po-

dem acrescentar ao cristianismo qualitativamente já feito, verdadeiro e único. A outra corrente admite encontrar nas culturas não cristãs uma "preparação evangélica", "sementes do Verbo" e "lampejos da verdade" (NA, n. 2).

O *exclusivismo salvífico* da Igreja era um motivo forte para o trabalho missionário de Anchieta e Francisco Xavier. Esse trabalho, hoje, não pode ser avaliado pelo sacrifício pessoal e as boas intenções dos missionários e das missionárias, mas pela sua *relevância* para o projeto de vida de cada povo e grupo social. Essa relevância fornece novas motivações para que a essência missionária da Igreja possa desdobrar-se em sua dimensão profética e diaconal.

5
Do Vaticano II: da territorialidade da missão à essência missionária da Igreja

Na origem do Concílio Vaticano II (1962-1965) estão dúvidas sobre a missão da Igreja no mundo de hoje e perguntas sobre a maneira de anunciar a mensagem cristã e de vivê-la com relevância para a humanidade. Como traduzir os artigos de fé, os sinais de justiça, as imagens de esperança e as práticas de solidariedade para os interlocutores "mundo" e "humanidade" que os consideram, em seu significado simbólico, incompreensíveis; em seu conteúdo, irrelevantes; e, em sua aparência, folclóricos?

A seguir vamos reconstruir o debate a partir do "Decreto *Ad Gentes*, sobre a atividade missionária da Igreja", que nos conduz a um canteiro de obras até hoje inacabado. Pelo Vaticano II, a Igreja não conseguiu livrar-se totalmente do peso que acumulou nos séculos de Cristandade e colonização. O Concílio, porém, iniciou processos que livraram a missão de fixações a territórios geográficos e fizeram a Igreja descobrir a sua natureza missionária. A partir dessa natureza, procurou reconstruir a sua identidade como Povo de Deus, povo messiânico e peregrino. Nos processos que levaram à redefinição da missão, observa-se um deslocamento de uma Igreja que tem missões territoriais, pelas quais faz coletas e pede orações, para uma Igreja na qual a missionariedade representa a orientação fundamental de todas as suas atividades (cf. Beozzo, 2005; Suess, 2006, p. 115-136).

5.1 A Igreja entre isolamento e *aggiornamento*

Os tratados de teologia do século XIX e da primeira metade do século XX mostram pouca preocupação com a missão como tema eclesiológico ou pastoral. "A afirmação pura e simples da competência da Igreja em todos os domínios tinha reduzido a ideia de missão à reivindicação, por parte da sociedade eclesiástica, dos seus direitos e dos seus poderes" (Le Guillou, 1965, p. 68). Os documentos oficiais da Igreja Católica latino-americana do fim do século XIX e da primeira metade do século XX apontam para uma Igreja que defende seus privilégios como meio e a civilização ocidental como meta missionária, sobretudo para as "tribos que ainda permanecem na infidelidade" (n. 770; cf. tb. Concílio Plenário, *Actas*, 1906, itens 547s., 619, 627, 770-774). Muitas das deliberações pastorais do Concílio Plenário da América Latina, celebrado em Roma entre 28 de maio e 9 de julho de 1899, repetem os tópicos elencados trezentos anos antes, na primeira fase de colonização, nos concílios de México e Lima.

A "Pastoral Collectiva" e as "Resoluções e estatutos" da Província Eclesiástica Meridional do Brasil, de 1901, mostram uma Igreja romanizada, defensiva e voltada a si mesma, sem nenhuma preocupação com os povos indígenas (cf. Pastoral Collectiva, 1902). A mesma despreocupação refletem as Cartas Pastorais, como aquela que o episcopado brasileiro escreveu por ocasião do Centenário da Independência (cf. Carta Pastoral, 1922); a mesma lacuna encontra-se nos 489 cânones do Primeiro Concílio Plenário Brasileiro, celebrado em 1939 no Rio de Janeiro (cf. Concilium Plenarium Brasiliense, 1939). Mas, em cada ano dessa época, um povo indígena foi definitivamente exterminado.

Com a devastação das duas guerras mundiais, a ideologia colonial foi derrotada, e a civilização ocidental começou a perder seu prestígio. O mundo pós-colonial passou a forjar também a descolonização da Igreja. Bento XV aponta na encíclica *Maximum Illud* (1919) para aquilo que deveria ser "uma das preocupações principais" do trabalho missionário: "A formação e a organização de um clero indígena" (n. 14). Pio XI ordena, em 1925, os primeiros seis bispos chineses.

Um dos precursores da descolonização é Charles de Foucauld (1858-1916), que, com seus seguidores nos mais diversos movimentos espirituais e fundações religiosas, antecipava questões posteriormente articuladas em torno do paradigma da inculturação. Nesse contexto pós-colonial da opção pelos outros, emerge a opção pelos operários de um Joseph Cardijn, que em 1924 fundou na Bélgica a Juventude Operária Cristã (JOC), inspirando a Ação Católica com seu método da "revisão de vida" (*ver, julgar, agir*).

A criatividade e a tenacidade dos movimentos litúrgico, bíblico e ecumênico abriram, muito antes do Vaticano II, perspectivas para a celebração da vida e para a leitura da Palavra de Deus a partir do respectivo contexto cultural e histórico. Por fim, não se deve esquecer a sobriedade missionária do movimento dos padres operários e da *Mission de France*, que já haviam apontado para a opção pelos pobres. João XXIII, na encíclica *Pacem in Terris* (1963), invoca a descolonização como um sinal de Deus no tempo (n. 42).

O anúncio do Vaticano II, na festa da conversão do Apóstolo Paulo, dia 25 de janeiro de 1959, na Basílica de São Paulo Extramuros, tem um profundo significado simbólico. A data, o lugar e a pessoa escolhidos pelo Papa João XXIII apontam para o propósito de reconstruir uma Igreja com *atitude* de conversão; apontam para uma Igreja apostólica, cuja *atividade* missionária se torna responsabilidade redentora para com toda a humanidade, e para uma Igreja cuja identidade não está demarcada por muros. A Igreja se encontra a si mesma, exatamente, "extramuros". Como colocar a Igreja em dia com o mundo e com uma nova consciência histórica, e inseri-la na realidade de hoje? Inserção na realidade, consciência histórica, contemporaneidade, sem concessões aos modismos, e visão utópica delineiam o campo semântico do *aggiornamento*.

Com a eleição de João XXIII, em 1958, é a vez de um papa para quem a Igreja não precisava de uma operação dogmática ou de mais severidade para com o mundo, mas de uma oxigenação pela vida cotidiana, pela realidade histórica e pelos sinais de Deus no mundo. A "substância da antiga doutrina do *depositum fidei*" está revestida de formulações sem chance de mediação pastoral para o mundo de hoje, dizia o papa em seu discurso de abertura do Concílio, no dia 11 de outubro de 1962 (cf. Kloppenburg, 1963, p. 310). A Igreja precisa estar pronta para dar a razão de sua esperança, mas sempre com "mansidão e respeito" (1Pd 3,14).

Poucos dias depois da abertura do Vaticano II, o debate sobre o *aggiornamento* se tornou bastante prático na adaptação da liturgia e na controvérsia sobre o latim como língua litúrgica e como língua franca no Concílio (cf. Kloppenburg, 1963, p. 94ss., 107ss.). Helder Camara já advertiu no segundo dia do Concílio que "provavelmente o latim será derrubado como língua oficial [...]. Virão depois as batalhas essenciais pela alteração dos esquemas" (Camara, 2004, p. 4).

5.2 O caminho tortuoso do decreto *Ad Gentes*

Ao texto definitivo do "Decreto *Ad Gentes*, sobre a atividade missionária da Igreja" precederam sete documentos, que permitem acompanhar as lutas pelo significado do paradigma "missão" e o processo lento da construção de um consenso em torno de uma

Igreja que não põe mais no centro seus territórios missionários, mas sim o *ser* missionário.

a) Vinte e três propostas

Quatro meses depois do anúncio do Concílio, o Papa João XXIII instituiu, na Festa de Pentecostes, no dia 17 de maio de 1959, a Comissão Antepreparatória, presidida pelo Cardeal Domenico Tardini, secretário de Estado, para "conhecer opiniões", pedir sugestões e "recolher conselhos" do episcopado, das universidades católicas, das faculdades pontifícias, das congregações religiosas e das congregações romanas, que depois deveriam ser sistematizados e encaminhados ao Concílio (cf. Fouilloux, 1996, p. 103ss.).

Antes e durante essa consulta da Comissão Antepreparatória, as congregações romanas já haviam formado comissões internas de estudo, com consultores próprios. Também a *Propaganda Fide*, *ex-officio* responsável pelo debate missionário, constituiu uma comissão desse tipo. Em fevereiro de 1960, Tardini pediu aos secretários das congregações romanas que preparassem até meados de março, na base do retorno da consulta e do próprio trabalho, propostas que a Comissão Antepreparatória deveria avaliar. A comissão da *Propaganda Fide* elaborou vinte e três propostas, que entregou em 28 de março de 1960 ao Cardeal Tardini.

b) Prefácio e sete propostas em forma de decretos

No dia 5 de junho de 1960 iniciou-se a fase propriamente preparatória do Concílio. João XXIII instituiu nesse dia a Comissão Central com dez comissões preparatórias e três secretariados, que deveriam trabalhar sobre as propostas até então selecionadas (5 mil páginas!). Os presidentes das dez comissões preparatórias eram sempre os prefeitos das respectivas congregações romanas (cf. Kloppenburg, 1962, v. I, p. 56s.). Essas presidências asseguravam o papel preponderante da Cúria Romana sobre o processo preparatório do Concílio. Também o prefeito da Congregação pela Propagação da Fé (*Propaganda Fide*), Cardeal Agagianian, patriarca armênio da Cilícia, foi nomeado presidente da Comissão Preparatória das Missões.

A Comissão *De Missionibus* era integrada por vinte e dois membros e trinta e dois consultores. Na representação por nacionalidades sobressaem a Europa e o Norte (cf. Brechter, 1986, p. 10). Secretários-adjuntos da comissão foram S. Paventi e N. Kowalsky, ambos funcionários da *Propaganda Fide*. A sessão inaugural da Comissão Preparatória das Missões aconteceu no dia 24 de outubro de 1960, na Igreja da *Propaganda Fide*. Foram instaladas cinco subcomissões em torno dos seguintes assuntos: sacramentos e liturgia, governo nas missões e direito canônico, vida do clero e do povo, reforma na formação do clero e dos religiosos, ajuda dos fiéis às missões. Os resultados das subcomissões foram discutidos em duas sessões plenárias da Comissão Preparatória das Missões. Segundo as exigências dos representantes da *Propaganda Fide*, os textos tiveram de ser redigidos na forma canônica de "decretos", com uma *demonstratio* e uma *dispositio* e, obviamente, em latim. As divergências internas sobre o conceito "missão" eram grandes. Finalmente, no dia 6 de fevereiro de 1962, um *prefácio* e sete esquemas de *decretos* estavam na mesa da Comissão Preparatória Central.

c) Prefácio e dois esquemas de decretos

Depois das discussões da Comissão Preparatória Central, seu novo presidente, Cardeal Confalonieri, alegou que a maioria dos *decretos* do esquema *De Missionibus* coincidia com documentos de outras comissões e impôs cortes drásticos. Dos textos apresentados pela Comissão Preparatória das Missões sobraram, mesmo esses com modificações, apenas o *Prefácio* e o primeiro e o último dos sete esquemas (*De Regimine Missionum* e *De Cooperatione Missionali*). A esses dois capítulos foi integrado um texto sobre o apostolado dos leigos nas missões, vindo da Comissão Preparatória "Do apostolado dos leigos" (cf. Paventi, 1967, p. 55s.). Esse novo minidocumento (*Schema Decreti de Missionibus*) deveria ser enviado à apreciação dos padres conciliares, mas o secretário-geral do trabalho preparatório, Pericles Felici, não o enviou à apreciação dos futuros padres conciliares. A questão da missão não era prioritária.

d) Prefácio e dois esquemas sobre missão e cooperação

Com a abertura do Concílio, no dia 11 outubro de 1962, terminou o mandato das comissões preparatórias. Além de alguns secretariados, o Regulamento do Concílio previu dez comissões conciliares, cada uma com dezesseis membros eleitos pelos padres conciliares e nove membros (incluído o respectivo presidente) nomeados pelo papa. Nessa primeira etapa do Concílio, entre 11 de outubro e 8 de dezembro, os padres conciliares rejeitaram todos os esquemas apresentados, menos o documento sobre a liturgia.

Ao iniciar o Concílio, o Cardeal Agagianian, da *Propaganda Fide*, foi nomeado presidente da Comissão das Missões. Durante a primeira sessão do Concílio, Agagianian não convocou a Comissão das Missões para nenhuma sessão de trabalho. Na aula conciliar e nos corredores a *Propaganda Fide* recebeu críticas, sobretudo de bispos da África e da Ásia, que propuseram a transformação estrutural da *Propaganda Fide* em um organismo de apoio econômico, sem poder jurídico.

Depois do primeiro período do Concílio e do retorno dos padres conciliares às suas dioceses, o vice-presidente da Comissão das Missões, Sartre, e o secretário, Paventi, com alguns peritos que moravam em Roma, reuniram-se no dia 18 de dezembro de 1962 para dar início a uma série de sessões de trabalho e discussões em torno de um quarto documento. Para as reuniões plenárias da Comissão das Missões, entre os dias 20 e 29 de março de 1963, membros e peritos receberam o *Schema Decreti de Missionibus* (Prefácio e dois esquemas de decretos) como base para seu trabalho. Nas reuniões plenárias da Comissão das Missões houve pouco consenso. Pressionada pelo tempo, a Comissão aprovou uma estrutura semelhante à do terceiro documento. No dia 3 de julho de 1963, esse quarto documento foi apreciado pela Comissão de Coordenação, que o devolveu com muitas críticas. Em seguida, com poucas modificações, esse quarto documento foi enviado aos padres conciliares para ser discutido na próxima sessão do Concílio (cf. Brechter, 1986, p. 12s.).

e) Das missões

Durante o segundo período do Concílio (29 set. a 4 dez. 1963), novamente surgiram na Comissão das Missões divergências insuperáveis. Nessa segunda etapa do Concílio, a Comissão Teológica decidiu integrar à "Constituição sobre a Igreja" um capítulo sobre natureza e índole missionária da Igreja (cf. LG, n. 17). Nesse momento, a Comissão das Missões produziu um quinto documento (*De Missionibus*), aprovado pela Comissão de Coordenação e em seguida enviado aos padres conciliares, que deveriam dar um retorno até 31 de março de 1964. As propostas para emendas, que vieram das Igrejas locais, configuraram um volume de 283 páginas. Até o início do terceiro período do Concílio (14 set. 1964), nenhum documento específico sobre a atividade missionária foi discutido na aula conciliar.

f) Esquema de catorze proposições

No dia 23 de abril de 1964, o secretário-geral do Concílio, Pericle Felici, publicou a decisão da Comissão Central de Coordenação de que, no interesse de uma concentração do trabalho, todos os textos ainda não discutidos na aula conciliar deveriam ser resumidos em "Proposições" e "Princípios". Como *Schemata Propositionum* deveriam, sem grandes discussões, ser apresentados aos padres conciliares para a votação. A Comissão das Missões, que nem havia conseguido ainda apreciar as propostas de emendas dos padres conciliares, estava diante da tarefa impossível de atender às expectativas do episcopado, de equacionar as divergências internas e de obedecer à Comissão Central.

Sob a pressão de redigir um texto curto, a Comissão das Missões produziu um sexto documento, de poucas páginas, que recebeu o título *De Activitate Missionali Ecclesiae*. Era composto de um prefácio e treze apontamentos sobre a atividade missionária. No dia 26 de maio de 1964, esse novo documento foi enviado ao Cardeal Cicognani e, no dia 3 de julho, aos padres conciliares.

Depois do início do terceiro período do Concílio (14 set. a 21 nov. 1964), a Comissão das Missões realizou ainda três sessões, ampliou os treze apontamentos para catorze, incluindo um item sobre a responsabilidade da Igreja universal com as missões, e preparou o texto para a votação dos padres conciliares. Apesar da intervenção, na aula conciliar, de Paulo VI, no dia 6 de novembro de 1964, em favor dessas catorze proposições, a rejeição do texto-esqueleto pelos padres conciliares foi quase unânime (cf. Kloppenburg, 1965, v. IV, p. 298-316). Antes de ser derrotado na urna, o texto foi retirado. As mudanças precisavam de uma nova fundamentação teológica.

g) Esquema de decreto em cinco capítulos

No dia 16 de novembro de 1964, já no fim do terceiro período conciliar, a Comissão das Missões se reuniu em uma sessão plenária e constituiu uma subcomissão para sistematizar as contribuições da aula conciliar. A *Propaganda Fide* resistiu contra uma nova eclesiologia. A subcomissão se reuniu de 12 a 27 de janeiro de 1965, com os peritos Congar, Seumois, Grasso, Neuner e Glazik. Nessa reunião, os membros da comissão estiveram todos presentes. Dos peritos, só faltou Ratzinger, que mandou sua contribuição por escrito. Schütte, como presidente da subcomissão, apresentou os quatro projetos existentes. O grupo tomou, basicamente, o texto de Congar, que distinguia entre a salvação dos indivíduos, sem intervenção formal da Igreja, e a Igreja como meio necessário à salvação. Agagianian pronunciou-se novamente em favor do senso estrito da missão. O novo texto que o grupo elaborou estava dividido em cinco capítulos: (1) Princípios doutrinários; (2) Obra missionária; (3) Os missionários; (4) Organização da atividade missionária; (5) Cooperação com os missionários (cf. Kloppenburg, 1966, v. V, p. 242). Em junho, esse texto foi enviado aos padres conciliares para ser discutido na quarta e última sessão do Concílio.

h) Nascimento do Decreto Ad Gentes

A quarta e última sessão do Concílio começou em 14 de setembro de 1965[13]. Entre os dias 7 e 13 de outubro foi discutido o

---

13. Cada documento aceito para o debate da aula e pela aula conciliar passou basicamente por quatro votações: (1) Votação de sondagem, depois dos debates. (2) Corrigido ou refeito o texto, o esquema era submetido a uma votação de cada pequena unidade, permitindo votar com *placet* ["aprovo"], *non placet* ["não aprovo"] ou *placet juxta modum* ["aprovo com modificações"]. (3) O esquema com as modificações aceitas pela Comissão era reapresentado com votação sobre as emendas e justificativas da Comissão sobre os modos não aceitos. O plenário votava com *placet* ou *non placet* sobre o texto em sua nova fase. (4) Última votação, na presença do papa. Depois seguia-se a promulgação.

novo texto sobre a atividade missionária. Cinquenta padres conciliares tomaram a palavra. Um grupo significativo pediu a afirmação da necessidade da missão, apesar do reconhecimento da "possibilidade de salvação sem conhecimento do Evangelho e sem pertença visível à Igreja" (Kloppenburg, 1966, v. V, p. 243). Pediu-se também uma sensibilidade especial para a questão ecumênica e as áreas de convivência com os não cristãos. Giocondo Grotti, prelado do Acre, chamou a atenção para o papel dos leigos na missão, e Pedro Arrupe, o superior-geral da Companhia de Jesus, para a cooperação missionária, para a colaboração com a construção da paz e para o encontro em direção aos povos afro-asiáticos com suas culturas e religiões ancestrais. No final desse debate, o texto passou pela votação de sondagem com uma grande aprovação.

Para a próxima etapa, cinco subcomissões trabalharam as sugestões de emendas de cento e noventa e três padres conciliares. Já um mês mais tarde, nos dias 10 e 11 de novembro, a Comissão pediu vinte sufrágios sobre partes do texto que receberam muitas emendas (cf. Kloppenburg, 1966, v. V, p. 394ss.). O texto voltou depois à Comissão para a sua redação final. No dia 30 de novembro de 1965, a Comissão entregou aos padres conciliares o novo texto, pedindo dez quesitos sobre as emendas feitas. Na votação final, antes da promulgação, no dia 7 de dezembro de 1965, o "Decreto *Ad Gentes* sobre a atividade missionária" recebeu 2.314 votos "sim" e apenas cinco votos "não".

No mesmo dia 7 de dezembro de 1965 foi promulgada a "Constituição Pastoral sobre a Igreja no mundo contemporâneo" (*Gaudium et Spes*), a "Declaração sobre a liberdade religiosa" (*Dignitatis Humanae*), poucos dias depois da promulgação da "Declaração sobre as religiões não cristãs" (*Nostra Aetate*, 28 out. 1965). O lugar do "mundo", da "missão", da "liberdade religiosa" na Igreja foi disputado e discutido até o último momento do Concílio. E essa discussão continua até hoje pelas diferentes leituras desses textos.

i) Esquema dos textos que precederam o Decreto Ad Gentes

	Nome configuração	Elaborado por quem	Base do documento	Quando (elaborado e entregue)	Destino
1	**Vinte e três propostas**	• Comissão interna da *Propaganda Fide*	Retorno da consulta da Comissão Antepreparatória Propostas da *Propaganda Fide*	• Antes do Concílio (28 mar. 1960)	• Subsídio para a Comissão (Preparatória) das Missões
2	**Prefácio e sete esquemas em forma de decretos**	• Secretários das cinco subcomissões • Membros da Comissão das Missões	• Vinte e três propostas • Visão institucional e jurídica da *Propaganda Fide*	• Antes do Concílio (6 fev. 1962)	• Devolução do Documento (12 mai. 1962) pela Comissão Central, que pede o corte de cinco esquemas
3	**Prefácio e dois esquemas de decretos sobre as missões**	• Comissão Preparatória das Missões	• A subcomissão central impõe o corte de cinco esquemas do texto anterior	• Antes do Concílio (jun. 1962)	• O documento não é enviado aos padres conciliares • O texto é retomado depois da 1ª sessão do Concílio (dez. 1962)

4	**Prefácio e dois esquemas (missão em si e cooperação missionária)**	• Grupo de Roma • Comissão das Missões	• Terceiro texto (Prefácio e Esquema de decretos sobre as missões)	• Entre a 1ª sessão e a 2ª do Concílio (jun. 1963)	• A Comissão Central de Coordenação devolve o documento com críticas e com algumas revisões, antes do início da 2ª sessão • Enviado aos padres conciliares
5	**Das missões**	• Comissão das Missões	• Quarto texto • Crítica da Comissão de Coordenação • Retorno dos padres conciliares	• Durante a 2ª sessão do Concílio (3 dez. 1963)	• Aprovado pela Comissão de Coordenação (jan. 1964) • Enviado aos padres conciliares
6	**Esquema de catorze proposições sobre a atividade missionária da Igreja**	• Comissão das Missões	• Ordem de 23 de abril de 1964: os esquemas ainda não discutidos devem ser reduzidos a proposições	• Entre a 2ª sessão e a 3ª do Concílio (26 mai. 1964)	• Aprovado pela Comissão Central • Enviado aos padres conciliares (3 jul. 1964) • Recomendado por Paulo VI (6 nov. 1964) • Criticado pelos padres conciliares • Retirado antes da votação

7	**Esquema de decreto sobre a atividade missionária em cinco capítulos**	• Subcomissão • Comissão das Missões	• Elementos das discussões anteriores • Propostas e críticas da 3ª sessão conciliar • Colaboração de nova assessoria	• Entre a 3ª sessão e a 4ª do Concílio (jun. 1965)	• Discussão no 4º período conciliar (7-13 out. 1965) • Votação de sondagem favorável com novas propostas • Volta, à Comissão das Missões, para as emendas
8	**Decreto *Ad Gentes*, sobre a atividade missionária da Igreja**	• Cinco subcomissões • Comissão das Missões	• Sétimo texto • Cento e noventa e três propostas de emendas • Vinte sufrágios • Dez votações sobre as modificações	• Durante a 4ª sessão do Concílio (7 dez. 1965)	• Influência sobre Medellín, Puebla, Santo Domingo, Aparecida, EG (rodapé 32 e 197) • Luta pela interpretação

5.3 A Teologia da Missão no coração do Concílio

A Teologia da Missão do Vaticano II não nasceu no canteiro de obras do Decreto *Ad Gentes*. A Teologia da Missão, no Vaticano II, emergiu de campos teológicos respaldados por novas práticas pastorais. Essas práticas, por muito tempo contestadas no interior da Igreja Católica, na hora do Concílio se impuseram como autênticas leituras dos sinais de Deus no tempo. Emergiram, concretamente, nos campos eclesiológico-pastorais, litúrgicos e ecumênicos. Novas práticas em curso foram consideradas práticas fora do âmbito da Congregação pela Propagação da Fé, sem conexão com a visão clássica da missão. Desde o início do Concílio, o Cardeal Agagianian não se cansou de afirmar que no campo missiológico todas as questões estavam resolvidas por meio das encíclicas missionárias dos últimos papas. Também foi pela primeira vez, na história da Igreja, que um concílio sentiu a necessidade de elaborar um documento sobre as missões.

Os impulsos marcantes para a Teologia da Missão vieram, portanto, das Constituições sobre a Igreja (*Lumen Gentium*; *Gaudium et Spes*) e a Liturgia (*Sacrosanctum Concilium*), dos Decretos sobre o ecumenismo (*Unitatis Redintegratio*) e a Vocação dos leigos (*Apostolicam Actuositatem*), e das Declarações sobre a liberdade religiosa (*Dignitatis Humanae*) e as Religiões não cristãs (*Nostra Aetate*). Também esses documentos passaram por momentos difíceis durante o Vaticano II. Mas algumas das questões neles levantadas despertaram um grande interesse da opinião pública, que não deixou de funcionar como um grupo de pressão.

Como a discussão sobre a missão se beneficiou dos outros canteiros de obras do Concílio, os pressupostos missiológicos construídos durante o Vaticano II, inseparáveis de uma nova visão de Igreja que afirma a sua natureza missionária, permeiam a maior parte dos documentos. Destaca-se uma sequência de passos que constituem o início de uma nova caminhada missionária e missiológica. A missiologia, que era um anexo optativo ao campo da pastoral, migrou para o campo da teologia fundamental. A missiologia como teologia fundamental tornou-se núcleo central do Vaticano II, que se evidencia por meio de sua interação teológica com os demais documentos do Vaticano II (*ver* o gráfico).

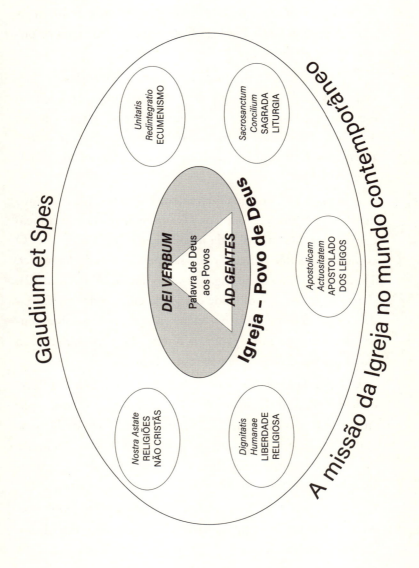

1. Deus Uno e Trino, por ser amor, é centro, origem e fim da missão da Igreja (ver cap. 2).

2. Deus se revela aos povos (*Dei Verbum*; *Ad Gentes*) dos quais é constituída a Igreja Povo de Deus para ser "luz para os povos" (*Lumen Gentium*).

3. O Povo de Deus tem uma missão pública, histórica e profética a serviço dos pobres, que é, ao mesmo tempo, uma missão escatológica. Esse serviço se desdobra no serviço à unidade dos cristãos (*Unitatis Redintegratio*), à liberdade religiosa (*Dignitatis Humanae*), ao cultivo das relações com religiões não cristãs (*Nostra Aetate*).

4. A Igreja é, antes de qualquer estruturação hierárquica, Povo de Deus. Como tal, todos os fiéis participam do sacerdócio comum (cf. LG, n. 10) e da infalibilidade "no ato de fé". "O conjunto dos fiéis, ungidos que são pela unção do Santo (cf. 1Jo 2,20.27), não pode enganar-se no ato de fé" (LG, n. 12). Existe uma responsabilidade colegiada entre todos os batizados, que têm um papel ativo na articulação, no desdobramento concreto e na propagação da fé (cf. LG, n. 17). A missão visa a povos adultos na fé e livres no Espírito.

5. O Povo de Deus tem por "condição a dignidade e a liberdade dos filhos de Deus", por "lei" o mandamento novo e por "meta" o Reino de Deus (cf. LG, n. 9b). O Povo de Deus se constitui a partir dos pequenos, pobres e excluídos. Na lógica do Reino, os outros, os pobres e os que vivem na esfera sombria do mundo são caminhos da verdade e porta para a vida.

6. A Igreja Povo de Deus celebra a sua fé (*Sacrosanctum Concilium*). Sua liturgia é missionária porque mostra o fim último da missão: que Deus seja louvado em tudo e em todos. "A Constituição sobre a Sagrada Liturgia" abriu, por meio das discussões sobre a língua vernácula (cf. SC, n. 54) e a integra-

ção de elementos culturais da tradição dos povos na liturgia (cf. SC, n. 65), caminhos para as discussões posteriores sobre o paradigma da inculturação.

7. Deus está no mundo e envia ao mundo. O Concílio traduziu essa presença de Deus por meio da palavra *aggiornamento* como uma tarefa: fazer-se presente. O fazer-se presente no mundo contemporâneo, conforme declarou o Vaticano II, é tarefa eminentemente pastoral e eclesial, portanto, missionária (*Gaudium et Spes*).

8. Essa presença de Deus encontrou a sua expressão nos textos que falam da inserção, da inculturação, da assunção da humanidade e do seu mundo cultural diversificado (cf. AG, n. 3b; DP, n. 400), e da opção pelos pobres (cf. GS, n. 88; AA, n. 8c.d; CD, n. 13a; DM XIV 3,9; DAp, n. 391). Também a metodologia do "ver, julgar, agir" tem a conotação trinitária do *aggiornamento*: ver com o olhar de Deus, julgar segundo o discernimento do Espírito e agir segundo o exemplo de Jesus.

9. A "Igreja Povo de Deus" vive o envio trinitário no seguimento de Jesus, anunciando o Reino como meta historicamente relevante e escatologicamente significativa. O novo Povo de Deus convoca toda a humanidade para o encontro definitivo com Deus.

10. A partir da universalidade, a ação evangelizadora se reveste de formas múltiplas, mas nunca isoladas ou individualistas (cf. GS, n. 32; PO, n. 7). No interior da "Igreja Povo de Deus" haverá, na unidade plural do Espírito Santo, certa comunhão e diversidade de bens, dons e metas.

11. Por sua íntima ligação com a cruz e a Eucaristia, o Povo de Deus é despojado no seu caminhar e convidativo no seu anúncio. "A Igreja cresce, não por proselitismo mas 'por atração: como Cristo atrai tudo para si com a força do seu amor'" (DAp, n. 159).

12. O Vaticano II respalda a possibilidade da salvação aos seguidores de outras religiões (cf. LG, n. 16; AG, n. 7a). Nessa abertura, o diálogo faz sentido. É um pressuposto da missão e uma categoria transcendental de liberdade e libertação (DAp, n. 239).

5.4 Hermenêutica da continuidade com descontinuidade

O árduo caminho que o "Decreto *Ad Gentes* sobre a atividade missionária da Igreja" levou até a sua votação final torna compreensível que também no tempo pós-conciliar haveria opiniões divergentes na sua interpretação. A questão da "reta interpretação" dos textos conciliares fomenta ainda hoje, sessenta anos depois do Vaticano II, calorosos debates cujos eixos centrais são a "hermenêutica da descontinuidade" ou "ruptura" e a "hermenêutica da continuidade" ou "reforma".

Logo no início de seu pontificado, o Papa Bento XVI, em seu "Discurso aos cardeais, arcebispos e prelados da Cúria Romana na apresentação dos votos de Natal", no dia 22 de dezembro de 2005, interveio nesse debate. Pronunciou-se a favor da continuidade dos princípios e de uma possível descontinuidade de certas práticas históricas desses princípios (cf. Bento XVI, 2005, p. 4-8). Nesse pronunciamento, o papa tece o fio da continuidade desde o discurso de abertura do Concílio, apresentado por João XXIII, em 11 de outubro de 1962, até o discurso de encerramento, de Paulo VI, feito em 7 de dezembro de 1965, e afirma categoricamente: "À hermenêutica da descontinuidade opõe-se a hermenêutica da reforma, como antes as apresentou o Papa João XXIII e, posteriormente, o Papa Paulo VI no discurso de encerramento a 7 de dezembro de 1965" (Bento XVI, 2005, p. 5). Depois, Bento XVI cita o referido discurso de encerramento de Paulo VI: "É necessário que esta doutrina certa e imutável, que deve ser fielmente respeitada, seja aprofundada e apresentada de modo que corresponda às exigências do nosso tempo. De fato, uma coisa é o depósito da fé, isto é, as verdades contidas na nossa veneranda doutrina, e outra coisa é o modo com o qual elas são enunciadas, conservando nelas, porém, o mesmo sentido e o mesmo resultado". A tese da continuidade hoje não é contestada. Contestações surgiram em torno de decisões práticas com valor simbólico, como a reintrodução da "Missa Tridentina" como rito extraordinário e readmissão na comunidade eclesial da *Fraternitas Sacerdotalis St. Pii X* sem revogação de suas posturas doutrinárias e práticas, muitas delas incompatíveis com os documentos conciliares.

A postura teológica de Bento XVI e do próprio Concílio (cf. GS, n. 62) pode ser resumida da seguinte maneira: não é possível aceitar uma ruptura com o "depósito da fé", mas na parte formal de apresentação desse "depósito da fé" pode e precisa haver adaptações que o façam compreensível para o mundo de hoje e relevante para a humanidade. O passo dado pelo Concílio em direção à era moderna corresponde ao dever dos cristãos de estarem sempre prontos a responder a quem quer que perguntasse a razão da sua esperança (cf. 1Pd 3,15). Ao dar esse passo, a Igreja descobre, segundo o próprio teólogo e comentarista do Vaticano II Joseph Ratzinger, que "nem tudo que existe na Igreja precisa ser por causa disso já legítima tradição, ou seja, nem toda tradição que surge na Igreja é realização e atualização do mistério de Cristo, mas ao lado da tradição legítima existe também uma desfigurada" (Ratzinger, 1986, comentário a DV, n. 8, p. 519).

As grandes adaptações, segundo o papa, aconteceram na definição de "novos modos" na "relação entre fé e ciências modernas", na "relação entre a Igreja e o Estado moderno" e, de modo geral, na questão "da tolerância religiosa, que exigia uma nova definição sobre a relação entre fé cristã e as religiões do mundo" (Bento XVI, 2005, p. 6). Na complexidade dessas questões "poderia emergir alguma forma de descontinuidade" e "de fato" emergiu.

E, continua o papa, é "exatamente neste conjunto de continuidade e descontinuidade em diversos níveis que consiste a natureza da verdadeira reforma" (Bento XVI, 2005, p. 6). Essa reforma inclui revisão, mudança e correção. A "correção" vai além de uma revisão histórica. Ela admite práticas erradas, que precisaram ser corrigidas e que não estavam de acordo com a verdadeira identidade da Igreja. "O Concílio Vaticano II, com a nova definição da relação entre a fé da Igreja e determinados elementos essenciais do pensamento moderno, reviu, ou melhor, corrigiu, algumas decisões históricas, mas nesta aparente descontinuidade manteve e aprofundou a sua íntima natureza e a sua verdadeira identidade" (Bento XVI, 2005, p. 7). Contudo, a Igreja permanece um "sinal de contradição" (Lc 2,34) em relação ao espírito de cada época e à sua própria coerência.

Sem pretender dar conta da amplitude dessa discussão – por exemplo, o que significaria continuidade, reforma ou ruptura com princípios substanciais ou formais na eclesiologia, na cristologia, na liturgia –, nos limitamos a algumas considerações ligadas ao campo da prática missionária e da Teologia da Missão, resumidas em cinco passos que apontam para mudanças significativas (cf. Suess, 2007). Essas mudanças de níveis diferentes não representam rupturas com o depósito da fé. Assumem, com exceção do quinto passo, a visão anterior em um horizonte mais amplo, mais relevante para os pequenos e os que sofrem, e, portanto, mais evangélico.

Eis os cinco passos:

• Do eclesiocentrismo à centralidade do Reino: a meta da Igreja e da missão é o Reino de Deus (cf. LG, n. 9; DAp, n. 33, 190, 223) como Reino da vida; seu anúncio é historicamente relevante para além da história.

• Do território missionário à natureza missionária da Igreja Povo de Deus, que vive em "estado de missão" (DAp, n. 213, cf. AG, n. 2).

- Da missão *ad gentes* à missão *inter gentes* (cf. cap. 8.1.b).
- Da supervisão à inculturação (cf. cap. 6.3): significa lutar na proximidade aos pobres e outros pela redistribuição dos bens e pelo reconhecimento do outro; significa assumir de perto a opção pelos e com os pobres e outros (cf. cap. 6.1), com os quais trabalhamos e convivemos com o cultural e o materialmente disponível para construir um mundo para todos (DAp, n. 8, 257, 393, 395, 398).
- Do monopólio salvífico à partilha da graça da salvação: se Francisco Xavier e praticamente todos os missionários e missionárias até a primeira metade do século XX eram obrigados, em nome da Igreja, a negar a possibilidade de salvação para os não cristãos, o Vaticano II trouxe mudanças substanciais (cf. cap. 7.2; 8.1.e/f).

Vale lembrar neste contexto a Bula *Cantate Domino*, do *Concilium Florentinum*, de 1442, e sua afirmação: *"Firmiter credit, profitetur et praedicat, nullos extra catholicam Ecclesiam existentes, non solum paganos, sed nec Iudaeos aut haereticos atque schismaticos, aeternae vitae fieri posse participes, sed in ignem aeternum ituros, 'qui paratus est diabolo et Angelis eius' (Mt 25,41)"* ["Firmemente crê, professa e prega que nenhum dos que estão fora da Igreja Católica, não apenas os pagãos, mas também os judeus, hereges e cismáticos, pode tornar-se participante da vida eterna, mas irá para o fogo eterno, 'que foi preparado para o diabo e seus anjos"] (Denzinger-Schönmetzler, 1976, n. 1351). Ao comparar essa Bula com textos do Vaticano II, percebe-se facilmente a descontinuidade. Os cristãos, diz a *Gaudium et Spes*, não são exclusivamente associados ao mistério pascal e à esperança da ressurreição: "Isto vale não somente para os cristãos, mas também para todos os homens de boa vontade em cujos corações a graça opera de modo invisível [...]. Devemos admitir que o Espírito Santo oferece a todos a possibilidade de se associarem, de modo conhecido por Deus, a este mistério pascal" (GS, n. 22). A Constituição Dogmática *Lumen Gentium* é ainda mais explícita: "Aqueles, portanto, que sem culpa ignoram o Evangelho de Cristo e sua Igreja, mas buscam a Deus com coração sincero e tentam, sob o influxo da graça, cumprir por obras a sua vontade conhecida por meio do ditame da consciência, podem conseguir a salvação eterna" (LG, n. 16).

Ao afirmar o monopólio salvífico como barreira excludente da salvação, como historicamente aconteceu, a Igreja errou no campo próprio, não no campo científico, como no caso de Galileu. Confundiu o princípio da salvação universal em Jesus Cristo com a mediação universal dessa salvação pela ação missionária da Igreja Católica.

5.5 Resumo, palavras-chave, questões

A primeira pergunta dos padres conciliares partiu da seguinte preocupação:

Como colocar a Igreja em dia com o mundo (*aggiornamento*) e com uma nova consciência histórica, e como *dialogar* com a nova realidade? Desses questionamentos surgiu a passagem *da missão territorial para a essência missionária da Igreja Povo de Deus*. Essa essência tem a sua origem no Deus Uno e Trino. A *centralidade de Deus*, sua *proximidade com os pobres* e sua verdade que liberta exigem da Igreja uma *natureza profética* diante do antiprojeto do reino do pão não partilhado, do poder que não se configura como serviço, do privilégio que favorece a acumulação e do prestígio que organiza eventos de ostentação em vez de *articular processos de transformação*.

A partir dos conflitos que envolvem os pobres e os outros, os excluídos e os que sofrem, compreende-se a *missão como mili-*

tância por um mundo melhor, por transformações históricas e pessoais.

A *relevância histórica da missão* está na sua vinculação com o *projeto do Reino*, que é uma proposta de *ruptura* com sistemas, lógicas, práticas e mentalidades, sem promessa de perfeição histórica. Essa ruptura é vivida na proposta dialética de *assunção e transformação* do mundo (cf. GS, n. 22b; LG, n. 13b; AG, n. 3b, 22a.b; DP, n. 400) e na articulação do *diálogo ecumênico e inter-religioso* com toda a humanidade. A *essência missionária da Igreja está a serviço do Reino.*

6
Do magistério latino-americano: sinais dos tempos: libertação, participação, inculturação, confirmação

O propósito deste capítulo é reconstruir alguns traços fundamentais do magistério latino-americano vinculados à essência missionária da Igreja e documentado basicamente nos documentos de Medellín, Puebla, Santo Domingo e Aparecida. De fato, já são cinco Conferências Gerais do Episcopado Latino-Americano e do Caribe que até hoje se realizaram: Rio de Janeiro (25 jul.-4 ago. 1955), Medellín (26 ago.-4 set. 1968), Puebla (27 jan.-13 fev. 1979), Santo Domingo (12-28 out. 1992) e Aparecida (13-31 mai. 2007). Em seu conjunto, mostram um avanço histórico significativo da consciência eclesial, apontam para a passagem de uma Igreja lunar para uma Igreja solar, com luz própria. A Igreja do Vaticano II, que se definiu simbolicamente *versus populum*, ao tirar os altares das paredes para permitir celebrações eucarísticas face a face com o povo; na América Latina, procurou definir-se em seus documentos e em sua prática missionária como Igreja voltada aos pobres, aos mais frágeis e aos outros.

O magistério latino-americano é muito mais amplo do que mostram os documentos das Conferências Episcopais Latino-Americanas. Uma riqueza muito grande desse magistério está presente nas diferentes Igrejas locais e congregações religiosas. Na produção teológica que vem das bases, muitas vezes de densa espiritualidade bíblica, percebe-se um magistério popular e oral, ao mesmo tempo sério, festivo e alegre em suas celebrações, seja nas Comunidades Eclesiais de Base (CEBs) seja nos Congressos Missionários Latino--Americanos (Comlas). Aqui cabe apenas um pequeno corte desse magistério que toma como ponto de partida "os sinais dos tempos" que João XXIII introduziu ao discernimento teológico-pastoral.

Em uma exposição introdutória à *Conferência de Medellín*, no dia 28 de agosto de 1968, Marcos McGrath, bispo de Santiago de Veraguas, Panamá, e segundo vice-presidente do Celam, e Eduardo Pironio, bispo auxiliar de La Plata, Argentina, e secretário-geral do Celam e da II Conferência Geral do Episcopado Latino-Americano, falaram aos delegados sobre "os sinais dos tempos hoje na América Latina". McGrath colocou os "sinais dos tempos" em continuidade com o Vaticano II (cf. GS, n. 4, 11; DH, n. 15; AG, n. 15; AA, n. 14; PO, n. 9), sobretudo como princípio de interpretação da realidade. Pironio, em seu texto, afirmou: "A partir da Encarnação de Cristo, todo momento histórico é momento de salvação" (Celam, 1971, p. 103). O paradigma "sinais dos tempos" aponta para a realidade do mundo e a continuidade da revelação que acompanha a evolução histórica.

O "princípio encarnatório" de *Medellín*, que tem sua matriz no Vaticano II (cf. GS, n. 22; LG, n. 13; AG, n. 3, 22), acompanha praticamente todos os pronunciamentos do magistério latino--americano. Em *Puebla* (1979) será parafraseado como "assunção da realidade" (DP, n. 201, 400, 469), em *Santo Domingo* (1992) como "imperativo da inculturação" (DSD, n. 13, 243) e em *Aparecida* como "evangelização integral" (DAp, n. 176), sinônimo de "libertação integral" (DAp, n. 359, 385). Desde a Carta Encíclica *Pacem in Terris* (1963), de João XXIII, o termo "sinais dos tempos" aponta para uma escuta atenta da voz de Deus na realidade histórica (cf. PT, n. 39ss., 126ss.). João XXIII identificava com os "sinais dos tempos" da *Pacem in Terris* grandes causas emancipatórias da humanidade: a emancipação da classe trabalhadora, da mulher e dos povos colonizados.

A "escuta da voz de Deus na história" é uma metáfora para uma nova consciência histórica no interior da Igreja. Essa "voz de Deus na história" está vinculada à representação central de Deus no mundo pelos necessitados e pelos pobres. Da centralidade dos pobres emerge, a partir de Medellín, a opção pelos pobres, que se tornou central para a reflexão teológica e prática missionária.

6.1 Medellín: ler os sinais dos tempos

A II Conferência Geral do Episcopado Latino-Americano de Medellín (Colômbia) fez da leitura contextualizada dos "sinais dos tempos" um olhar crítico a partir das causas em jogo em 1968, nas quais se entrelaçam os extremos do século, as conquistas da Modernidade e seus refugos de miséria e desequilíbrio social (cf. Suess, 1998, p. 855-860). Sete dos dezesseis documentos de Medellín fazem alusão aos "sinais dos tempos". Recentemente, em sua Exortação Apostólica *Evangelii Gaudium* sobre o anúncio do Evangelho no "mundo atual", o Papa Francisco lembrou com esse tópico a herança de Medellín (cf. EG, n. 14, 51, 108). O "compromisso com a realidade humana" (*Liturgia* I.4) significou o compromisso com a transformação dessa realidade.

a) Lições políticas

Os "sinais dos tempos" nos remetem à leitura de um contexto que ultrapassa as fronteiras eclesiais. Os protestos de 1968 aconteceram simultaneamente em Paris e em São Paulo, na Tchecoslováquia ("Primavera de Praga") e no Peru; o despertar de 1968 atinge

Vietnã e Estados Unidos, China ("Revolução Cultural") e Nigéria (Biafra). Os protestos dos jovens apontavam para as estruturas de violência e a necessidade de transformações. São assassinados estudantes, operários, líderes antirracistas e políticos. São massacrados povos indígenas e missionários. São torturados presos políticos e sequestrados atores de teatro. A força destrutiva estava embutida no projeto civilizatório, nas instituições, no Estado, na própria racionalidade instrumental, no fundamentalismo religioso, classista e étnico, nos grupos paramilitares e nos serviços secretos. As interferências dos Estados Unidos sustentavam e preparavam, nos respectivos países latino-americanos, as ditaduras militares. À violência dos aparelhos repressivos do Estado se somava a violência da fome e da marginalização.

Mas a experiência de 1968 mostrou que as estruturas de violência são abaláveis. O pequeno Vietnã mobilizou movimentos de protesto no mundo inteiro e derrotou o império dos Estados Unidos. Nos Estados Unidos, a luta antirracista perdeu Martin Luther King, mas ganhou força nos subúrbios. Palavras de ordem como "é proibido proibir", "a imaginação ao poder", "seja realista, peça o impossível" e "faça amor, não faça a guerra" assustaram a ordem estabelecida. Os que protestavam nas ruas não tinham clareza sobre a impossibilidade de uma reconciliação entre bem-estar, capitalismo e democracia. No final de 1968, a reação conservadora reinstalou-se, dando pão e garantindo propriedade em troca de liberdade. Os privilegiados perderam apenas uma batalha, não a guerra.

b) *Recepção eclesiástica da realidade*

Os documentos de Medellín assumem as lutas históricas e procuram "trilhar o caminho da encarnação"[14], mas não se debruçam

---

14. Cf. Discurso de abertura do Cardeal Juan Landázuri Ricketts, n. 21.

sobre a história do continente. Há em Medellín um consenso sobre a "necessidade de uma mudança global nas estruturas" (*Justiça*, III.16) da América Latina. Já na *Populorum Progressio*, de 1967, Paulo VI tinha apontado para a necessidade de que "o desenvolvimento exige transformações audaciosas, profundamente inovadoras" (PP, n. 32). Essa transformação está emperrada por meio de uma "situação de injustiça que pode chamar-se de violência institucionalizada" (*Paz*, II.16) e "situação de pecado" (*Paz*, II.1). A violência primária e primeira do subdesenvolvimento, da marginalização, da desigualdade e da opressão dos grupos dominantes constitui um dos problemas mais graves da América Latina (cf. *Paz*, II.1-6.15).

Paulo VI pediu aos duzentos mil camponeses, que um dia antes da abertura da *Conferência de Medellín* foram ao seu encontro, que não pusessem sua "confiança na violência nem na revolução". É claro que por caminhos violentos não se constrói o mundo novo da não violência. Excluída a "revolução armada" e a violência, que tipo de resistência, segundo Medellín, cabe aos cristãos contra as estruturas de violência encravadas no corpo da América? O *Documento sobre a paz* aponta corretamente para "uma ação dinâmica de conscientização e organização dos setores populares" (*Paz*, II.18).

Medellín se comprometeu com a defesa "dos direitos dos pobres e oprimidos" (*Paz*, III.22). Advertiu quanto ao intervencionismo das "nações poderosas contra a autodeterminação dos povos" (*Paz*, III.32) fragilizados e quanto à "política armamentista". "A luta contra a miséria é a verdadeira guerra que devem enfrentar nossas nações" (*Paz*, III.29). Ao incentivar a organização do povo (*Paz*, III.27) e sua conscientização, por meio de catequese e liturgia e em colégios e universidades (n. 24s.), Medellín representa um novo querigma magisterial que exige mudanças da própria Igreja.

Em seu Discurso de abertura, Paulo VI aponta para essas mudanças, que são um pressuposto para uma aproximação entre Igreja e povo: "A Igreja se encontra hoje diante da vocação da pobreza de Cristo [...]. A indigência da Igreja [...] é testemunho de fidelidade evangélica; é condição, algumas vezes imprescindível, para dar crédito à própria missão" (*Discurso*, III). E os bispos respondem: "Desejamos que nossa morada e modo de vida sejam modestos, nosso vestir simples e nossas obras e instituições funcionais, sem aparato nem ostentação" (*Pobreza da Igreja*, III.12). Comprometeram-se a "renunciar a títulos honoríficos, próprios de outra época" (*Pobreza da Igreja*, III.12). Estimulam também as congregações religiosas "para formar pequenas comunidades encarnadas realmente nos ambientes pobres" (*Pobreza da Igreja*, III.16).

As *Conclusões de Medellín* permeiam um incentivo aos pobres para assumirem seu protagonismo no mundo. Os bispos prometem ensinar aos pobres "a ajudar-se a si mesmo" (*Pobreza da Igreja*, III.11), reconhecendo a "autonomia legítima que têm as tarefas temporais" (*Pobreza da Igreja*, III,18). A promessa da aproximação aos pobres e o reconhecimento e o incentivo de seu protagonismo no mundo foram contribuições importantes.

Medellín tem também lacunas e pontos cegos. Os pobres descritos nos documentos não têm rostos latino-americanos. Os índios são inadequadamente chamados de "grupos étnicos semipaganizados" (*Pastoral Popular*, I.1), "marginalizados da cultura", "analfabetos", escravizados pela "ignorância", "'privados' do benefício" de comunicar-se no idioma da sociedade dominante. Para se tornarem "autores de seu próprio progresso", os índios, segundo Medellín, precisam de "capacitação" e promoção humana e cultural (*Educação*, I.3; também *Justiça*, III.14). Também a subjetividade das populações afro-americanas não está presente nos textos de Medellín.

c) A luta continua

Uma Igreja livre das amarras pré-modernas pode apontar, a partir de uma modernidade criticamente assumida, para a ambivalência do projeto da Modernidade. Nesse projeto, as forças produtivas facilmente transformam-se em forças destrutivas, a planificação acaba em burocracia, da autonomia emergem novas dependências, da emancipação, nova repressão. A "Igreja na atual transformação" de Medellín não produziu uma atual "transformação estrutural da Igreja". Mas, em determinadas épocas da história da Igreja, mudanças estruturais produziram rupturas internas. Medellín não era o tempo nem o lugar para essa ruptura. Era apenas fermento.

Os sinais acolhidos e emitidos por Medellín – a proximidade ao contexto dos pobres, a necessidade de transformações e a discussão adulta sobre o projeto da humanidade – permanecem tarefas até hoje. O movimento estudantil e as greves dos operários não abalaram a estrutura desequilibrada entre capital e trabalho. O tempo de Medellín é o tempo das vozes proféticas; pós-Medellín é o tempo dos mártires: Hector Gallego (sacerdote, Panamá, 1971), Rodolfo Lunkenbein (sacerdote) e Simão Cristino (Bororo, ambos Brasil, 1976), Angel Angelelli (bispo, Argentina, 1976), Luis Espinal (sacerdote, Bolívia, 1980), Oscar Romero (bispo, El Salvador, 1980). A profecia e o martírio forjaram o sonho de uma Igreja nova, "autenticamente pobre, missionária e pascal, desligada de todo o poder temporal e corajosamente comprometida na libertação do homem todo e de todos os homens" (*Juventude*, III.15).

Nunca estivemos geograficamente tão próximos dos pobres e historicamente tão contemporâneos deles, como na segunda metade do século XX. A proximidade espacial e temporal e a "normalização democrática" dos anos de 1990 não produziram uma nova confraternização da humanidade. O jargão neoliberal, que nos fala de flexibilização, modernização e racionalização, não amenizou a dor dos pobres; pelo contrário, acentuou essa dor. Produziu novas rupturas e abriu crateras sociais à vista de todos. A profética "opção pelos pobres", de Medellín, necessita de uma segunda opção: da "opção pela participação dos pobres" na reconstrução da sociedade e na reformação constante da Igreja. O anúncio explícito de que a causa dos pequenos e excluídos pode ser vitoriosa faz parte do querigma e imaginário missionário.

6.2 Puebla: assunção, comunhão, participação

A III Conferência Geral do Episcopado Latino-Americano realizou-se em Puebla (México), de 28 de janeiro a 13 de fevereiro de 1979, sob o tema: "O presente e o futuro da evangelização na América Latina". Enquanto as *Conclusões de Medellín* são compostas de dezesseis documentos relativamente independentes, Puebla conseguiu, depois da votação inicial de um esquema geral para o documento, sob a discreta e audaz liderança de Dom Luciano Mendes de Almeida, então bispo auxiliar de São Paulo, apoiado por Helder Camara e Paulo Evaristo Arns, arcebispos de Olinda-Recife e São Paulo respectivamente, apresentar um texto único; tarefa difícil levando em conta as divergências internas dos setores presentes na Conferência. Nas palavras do então presidente do Celam e um dos presidentes de Puebla, Aloísio Lorscheider: "Base de toda a reflexão foi a Exortação Apostólica *Evangelii Nuntiandi*, de Paulo VI, de 8 de dezembro de 1975. Como Medellín foi uma releitura do Vaticano II para a América Latina e o Caribe, assim Puebla foi uma releitura da *Evangelii Nuntiandi*" (Lorscheider, 2004, p. 9). A Conferência de Puebla, novamente, contextualizou o Vaticano II; assumiu e aprofundou Medellín (DP, n. 1134ss.), encontrou nas palavras "assunção", "comunhão" e "participação" eixos programáticos.

a) Assunção

O significado da palavra "assunção" fornece uma das chaves para a ação missionária da Igreja: "A Igreja, Povo de Deus, quando anuncia o Evangelho e os povos acolhem a fé, neles se encarna e assume suas culturas" (DP, n. 400). A *assunção* de Puebla fica muito próxima à *inculturação* de Santo Domingo. O que significa "assumir as culturas"? Ao definir o conceito "cultura", Puebla segue os textos da *Gaudium et Spes* (cf. GS, n. 53). Puebla optou por um conceito integral de cultura. A cultura codifica "a maneira particular como em determinado povo cultivam os homens sua relação com a natureza, suas relações entre si próprios e com Deus" (DP, n. 386s.). O anúncio nas culturas é precedido pela "assunção" delas. Fora dessa assunção cultural prévia não existe evangelização, porque não existe comunicação. Trata-se do "princípio da encarnação formulado por Santo Irineu: 'O que não é assumido não é redimido'" (DP, n. 400). Assumir uma cultura significa comunicar-se nessa cultura, assumir seus códigos de comunicação e expressão, significa expressar os mistérios de salvação em uma nova linguagem simbólica. Assumir culturas significa assumir múltiplas línguas e linguagens além de uma mera tradução literal. "Assunção" não significa "identificação", mas uma "estreita vinculação" (DP, n. 400; cf. EN, n. 20b).

Esse princípio da encarnação tem seu fundamento teológico no "Espírito que encheu o mundo, (e) assumiu também o que havia de bom nas culturas pré-colombianas" (DP, n. 201) e no "Verbo que se fez carne e habitou entre nós" (cf. DP, n. 188). Essa vontade de ir ao encontro dos povos onde historicamente se encontram vale para a liturgia, para os ministérios e para a assunção da religiosidade popular (cf. DP, n. 457, 469). A assunção da realidade de um povo, a assunção de sua cultura, que significa "projeto de vida", em vista da "redenção integral", é um argumento forte para o posterior paradigma da inculturação.

b) Comunhão

No debate pós-conciliar, surgiram divergências sobre um conceito-chave da eclesiologia: Igreja Povo de Deus (cf. LG, n. 9-17).

A ala mais espiritualista e institucional achou esse conceito, e sua interpretação, "muito sociológico" e procurou substituí-lo pelo conceito "Igreja comunhão" (*communio*), representando uma eclesiologia mais introvertida e eclesiocêntrica. Puebla não abandonou o conceito "Igreja – Povo de Deus" (cf. DP, n. 234ss., 254ss., 264s., 267-271), mas cedeu, aparentemente, nesse debate e assume programaticamente o conceito "comunhão"; faz, porém, a leitura da comunhão a partir do dinamismo da comunhão e comunicação trinitárias que se expressa na solidariedade de Jesus Cristo e "na unidade do Espírito Santo": "Vivendo em Cristo, chegamos a ser [...] seu povo, povo de irmãos, unidos pelo amor que derrama em nossos corações o Espírito. Esta é a comunhão à qual chama o Pai por Cristo e por seu Espírito" (DP, n. 214). Essa solidariedade tem seus desdobramentos na comunidade eclesial, "onde se ensaiem formas de organização e estruturas de participação, capazes de abrir caminho para um tipo mais humano de sociedade" (DP, n. 273). O conceito "Igreja-comunhão", portanto, não se tornou um conceito espiritualizante, mas um conceito que abarca a "dimensão econômica, social e política" (DP, n. 215). Abarca também a dimensão religiosa além-fronteiras, a dimensão do diálogo macroecumênico com "os cristãos não católicos; os não cristãos; os não crentes" (DP, n. 1097). No horizonte da comunhão está a unidade dos cristãos, portanto, uma perspectiva ecumênica da humanidade disposta a empenhar-se na construção de um mundo para todos. O diálogo como instrumento na construção da comunhão nasceu "no âmbito da missão" (DP, n. 1114), portanto, não quer substituí-la; por outro lado, sabe-se também que a plena união entre os cristãos e as outras religiões deve ser pensada a partir de um horizonte escatológico. A unidade dos credos como expressão da comunhão da humanidade será um dom de Deus.

Para os cristãos, a comunhão é um exercício de construir a unidade do Povo de Deus. Participar dessa comunhão que é um dado transcendental e um exercício histórico, "participar dos gemidos do Espírito, que quer libertar a criação inteira" (DP, n. 219), e, "animada pela graça" (DP, n. 218), significa anunciar a boa notícia do Reino no meio de nós. Puebla purificou o conceito "Igreja-comunhão" do seu eclesiocentrismo original afirmando o Reino de Deus como sua mensagem central. Esse Reino está articulado com a Igreja e nela presente, mas "transcende seus limites visíveis" (DP, n. 226; cf. LG, n. 5). A Igreja é instrumento perfectível, não meta da salvação (cf. DP, n. 227s.).

c) Participação

Na definição dos sujeitos, Puebla concretiza "os pobres", que em Medellín ainda ficaram um pouco abstratos. Assim, reconhece na "extrema pobreza generalizada [...] as feições sofredoras de Cristo" (DP, n. 31), concretamente, nas feições de crianças, de jovens, de indígenas, de camponeses, de operários, de subempregados e desempregados, de marginalizados, de anciãos (cf. DP, n. 32-39). Puebla segue também, nessa enumeração, as pistas dadas pelo Concílio (cf. LG, n. 8c; GS, n. 88a).

Puebla não só faz uma opção *pelos* pobres, mas, de certa maneira, já faz uma opção *com* os pobres ao afirmar que "o eixo da evangelização libertadora [...] transforma o homem em sujeito de seu próprio desenvolvimento individual e comunitário" (DP, n. 485). Os pobres não são somente "os primeiros destinatários da missão e sua evangelização é o sinal e prova por excelência da missão de Jesus" (DP, n. 1142). Eles são também os evangelizadores da Igreja. Ao interpelar a Igreja constantemente e ao chamá-la à conversão, tornam-se verdadeiros evangelizadores, sobretudo pelos seus valores evangélicos de "solidariedade, serviço, simplicidade e disponibilidade para acolher o dom de Deus" (DP, n. 1147). O compromisso com os pobres, com os oprimidos e com as Comunidades de Base "ajudou a Igreja a descobrir o potencial evangelizador dos pobres" (DP, n. 1147). O mesmo vale para os jovens: "A Igreja vê na juventude da América Latina um verdadeiro potencial para o presente e o futuro de sua evangelização" (DP, n. 1186). Eles têm uma "missão evangelizadora no continente" (DP, n. 1186).

O Povo de Deus, sujeito da Igreja – sonho e realidade! –, vive uma religiosidade que "é um acervo de valores que responde com sabedoria" (DP, n. 448) diante dos grandes desafios da existência humana. Muitas vezes, essa religiosidade ainda não vai além de um "clamor por uma verdadeira libertação". As sociedades latino-americanas, com suas "estruturas de pecado", mostram que essa "religiosidade popular, embora marque a cultura da América Latina, não se expressou suficientemente na organização de nossas sociedades e estados" (DP, n. 452). Não conseguiu intervir significativamente nas estruturas de injustiça desse continente. Puebla convoca os pobres e os jovens, que constituem "a riqueza e a esperança da Igreja na América Latina" (DP, n. 1132), para "serem fermento no mundo e participarem como construtores de uma nova sociedade" (DP, n. 1133). Todos "devem ser germe, luz e força transformadora" (DP, n. 1133). O Povo de Deus, que se torna sujeito não só da sociedade, mas também da Igreja, e os rostos concretos dos pobres obrigam a Igreja a "rever suas estruturas" (DP, n. 1157), ainda pouco participativas. Contudo, já se percebe, desde Medellín, "uma grande mudança na maneira de exercer a autoridade dentro da Igreja. Acentuou-se o seu caráter de serviço e sacramento, como também a sua dimensão de afeto colegial" (DP, n. 260). Só uma Igreja participativa pode, coerentemente, propor uma sociedade e uma democracia cada vez mais participativas.

6.3 Santo Domingo: inculturação

A IV Conferência Geral do Episcopado Latino-Americano (1992) conseguiu manter os avanços substanciais de Medellín e

Puebla e acrescentou a "inculturação" como um eixo importante para a Igreja local. No debate eclesial de Santo Domingo cruzaram-se difusamente interesses pastorais e administrativos, causas latino-americanas e romanas. Cruzaram-se o "pessimismo" de Santo Agostinho, que considerava grande parte da humanidade como "massa condenada" (*massa damnata*), e o "otimismo jusnaturalista" de Santo Tomás de Aquino. Enfrentaram-se os defensores da "cultura cristã" com os defensores do reconhecimento da "legítima autonomia" das culturas (cf. GS, n. 56f) por meio do paradigma da inculturação.

O setor hegemônico de Santo Domingo queria encaixar o paradigma da inculturação ao subtema da "cultura cristã". Mas a "cultura cristã" não é uma cultura concreta. Ela só pode ser imaginada como um conjunto de valores e referenciais evangélicos que inspiram os cristãos no diálogo com povos e/ou grupos sociais e suas respectivas culturas. Também os valores e referenciais evangélicos que não chegam propriamente a constituir uma cultura são culturalmente situados. O conceito "cultura cristã" aponta para uma meta ou macrocultura, a inculturação assume a diversidade concreta das culturas locais.

A cultura como jeito particular e projeto de vida de um povo remete sempre à especificidade de um conjunto de comportamentos constitutivos para a construção da identidade. Se a cultura codifica a vida particular e integral dos grupos sociais, o ponto de partida para a evangelização é, necessariamente, a vida particular e integral desses grupos. Essa vida, com seus símbolos religiosos, seu imaginário político-utópico, sua organização social e seu trabalho material e espiritual, precisa ser decodificada e respeitada em sua diversidade para que a Igreja possa cumprir a sua missão e se tornar compreensível, não por meio de códigos universais de uma "cultura cristã" ou por meio de uma mera tradução literal, mas por meio de sua encarnação/inculturação nos mais diversos modos de vida dos povos (cf. Suess, 1993).

O paradigma da inculturação confronta as Igrejas com uma questão de fundo para a evangelização que até hoje não foi satisfatoriamente respondida. Afinal, a evangelização de um povo, grupo social ou indivíduo exige uma ruptura com seu passado histórico, cultural e religioso, ou é possível pensar a transmissão da fé em uma perspectiva de continuidade? Concretamente, para as Américas, apresenta-se a pergunta sobre a possibilidade de assumir sua história pré-colonial como história salvífica ou, como de fato ocorreu, descartá-la como irrelevante para o anúncio do Evangelho.

Nas *Conclusões de Santo Domingo*, o conteúdo da inculturação conseguiu substituir o subtema da "cultura cristã". A analogia entre encarnação e presença cristã no contexto sociocultural e histórico dos povos – a *Lumen Gentium* (cf. LG, n. 8) fala de "uma não medíocre analogia" – fez emergir na reflexão teológico-pastoral o paradigma da inculturação (cf. DSD, n. 30, 243). Encarnação, inculturação, presença, proximidade, seguimento são palavras semanticamente muito próximas. Na inculturação – seguimento de Jesus (Jo 17,18), assunção do mundo desfigurado (cf. LG, n. 8; cf. DP, n. 31-39) e caminhar incansável ao encontro do outro –, a Igreja atualiza os três grandes mistérios da salvação: a encarnação, a libertação pascal e a diversificação cultural de Pentecostes (cf. DSD, n. 230a). Na perspectiva do seguimento de Jesus e por causa da vinculação aos mistérios centrais da fé, a inculturação não é algo optativo ou setorial, mas um imperativo para toda a Igreja (cf. DSD, n. 13b).

a) Meta e agentes

Na inculturação se entrelaçam a meta e o método, o universal da salvação e o particular da presença. A meta da inculturação é a libertação, e o caminho da libertação é a inculturação. "Uma meta da evangelização inculturada será sempre a salvação e a libertação integral de determinado povo ou grupo humano" (DSD, n. 243). Essa libertação gera relações sociais simétricas de diálogo como pressupostos do anúncio da boa notícia e da celebração dos mistérios. "A inculturação do Evangelho é um imperativo do seguimento de Jesus e é necessária para restaurar o rosto desfigurado do mundo (LG, n. 8)" (DSD, n. 13). A inculturação "se realiza no projeto de cada povo, fortalecendo sua identidade e libertando-o dos poderes da morte" (DSD, n. 13). A presença missionária nas diferentes culturas e sociedades faz descobrir muitos valores que são anteriores ao anúncio explícito do Evangelho (cf. GS, n. 57d; DP, n. 401, 403, 451; DSD, n. 245; *Mensagem aos indígenas*, n. 2).

A inculturação como nova proximidade eclesial no meio dos povos e grupos sociais coloca o dedo em um ponto nevrálgico dessa presença, que é a estrutura ministerial da Igreja. Santo Domingo enfoca duas vezes a Igreja local como o laboratório da inculturação. "A Igreja particular [...] conhece de perto a vida, cultura, os problemas de seus integrantes e é chamada a gerar ali, com todas as suas forças [...], a inculturação da fé" (DSD, n. 55). Os bispos, como pastores regionais, devem, junto com o Povo de Deus, coordenar e incentivar essa inculturação. "A tarefa da inculturação da fé é própria das Igrejas particulares sob a direção dos seus pastores, com a participação de todo o Povo de Deus" (DSD, n. 230). A paróquia deve ser uma comunidade missionária. Portanto, ela também tem a tarefa "de fazer progredir a inculturação da fé nas famílias, nas CEBs, nos grupos e movimentos apostólicos, e, por meio deles, em toda a sociedade" (DSD, n. 58).

Catequistas e agentes pastorais "serão instrumentos especialmente eficazes da inculturação do Evangelho" (DSD, n. 49). A própria inculturação já é uma primeira catequese vivencial sobre o mistério da encarnação. Portanto, é necessária "uma presença efetiva dos agentes de pastoral nas comunidades" (DSD, n. 177). Segundo a *Evangelii Nuntiandi*, presença, participação e solidariedade já são gestos iniciais de evangelização (cf. EN, n. 21). Assim, devemos entender o testemunho das comunidades religiosas inseridas no meio do povo. Santo Domingo menciona particularmente os institutos seculares (cf. DSD, n. 87). Também os teólogos, conforme seu campo específico, podem "contribuir para a inculturação da fé" (DSD, n. 33).

b) Campos e níveis

Além da pastoral junto às chamadas culturas tradicionais, também uma "pastoral urbanamente inculturada" representa um desafio. Por isso, "a Igreja deve inculturar o Evangelho na cidade e no homem urbano" (DSD, n. 256) e no campo, para o mundo secularizado e para as culturas tradicionais:

> A partir da riqueza inesgotável de Cristo, hão de buscar-se as novas expressões que permitam evangelizar os ambientes marcados pela cultura urbana e inculturar o Evangelho nas novas formas da cultura adveniente. A Nova Evangelização tem de inculturar-se mais no modo de ser e de viver de nossas culturas, levando em conta as particularidades das diversas culturas, especialmente as indígenas e afro-americanas (DSD, n. 30).

A mensagem evangélica deve inculturar-se também "na nova cultura da imagem" (DSD, n. 279). Isso será um longo processo pedagógico e pastoral já descrito pela *Evangelii Nuntiandi* (cf. EN, n. 20ss.; DSD, n. 256). A ação educativa da Igreja é um exercício de "inculturação do Evangelho na própria cultura" (263). O que necessita ser inculturado é o conjunto da Igreja com suas estruturas, organização ministerial, liturgias, catequese (cf. DSD, n. 256). O rosto da Igreja local tem de refletir o rosto dos respectivos povos que compõem essa Igreja. E essa "inculturação da Igreja" visa "atingir uma maior realização do Reino" (DSD, n. 248).

Várias vezes Santo Domingo propõe a inculturação da liturgia (cf. DSD, n. 43, 53, 248, 256). Em fidelidade ao Vaticano II, os pastores devem promover uma liturgia que recupere as "formas, sinais e ações próprios das culturas da América Latina e Caribe" (DSD, n. 53). No contexto da pastoral dos povos indígenas, Santo Domingo propõe concretamente a promoção de "uma inculturação da liturgia, acolhendo com apreço seus símbolos, ritos e expressões religiosas" (DSD, n. 248).

As *Conclusões de Santo Domingo* mencionam também a inculturação da formação sacerdotal. Cursos específicos de missiologia devem instruir "os candidatos ao sacerdócio sobre a importância da inculturação do Evangelho" (DSD, n. 128). Mas a inculturação não é apenas uma questão de instrução. Trata-se de um novo estilo de vida. Por isso, deve-se "rever a orientação da formação oferecida em cada um dos nossos seminários, para que corresponda às exigências para a promoção humana e a inculturação do Evangelho" (DSD, n. 84).

Finalmente, a própria reflexão teológica há de ser inculturada. Por isso, Santo Domingo propõe, para determinados contextos, "favorecer uma reflexão teológica em torno da problemática da terra, dando ênfase à inculturação" (DSD, n. 177). A "Teologia da Terra" é uma das teologias contextuais mencionadas por Santo Domingo ao lado da "Teologia Índia". Essas teologias inculturadas exigem da Igreja um grande esforço de acompanhamento e respeito. Por isso, os delegados de Santo Domingo se comprometeram diante dos povos indígenas a "acompanhar sua reflexão teológica, respeitando suas formulações culturais, que os auxiliam a dar a razão de sua fé e de sua esperança; crescer no conhecimento de sua cosmovisão, que faz da globalidade de Deus, homem e mundo, uma unidade que impregna todas as relações humanas, espirituais e transcendentes" (DSD, n. 248).

c) Prioridade da inculturação

No meio do vaivém entre "cultura cristã" e "inculturação", as *Conclusões* oferecem a chave de leitura para a questão cultural. Nas Linhas Pastorais Prioritárias (n. 287-302), os delegados de Santo Domingo se comprometeram com uma "nova evangelização", com uma "promoção integral" e não, como era de esperar, com uma "cultura cristã", mas com uma "evangelização inculturada" (DSD, n. 292). Santo Domingo compreendeu que não lhes cabe optar pela criação de uma "cultura cristã", mas por uma "evangelização inculturada" no contexto cultural da cidade e do campo, dos povos indígenas e afro-americanos, do campo da educação e dos meios de comunicação. Silenciosamente substituíram o subtema da IV Conferência a "cultura cristã" pelo paradigma operacional da "evangelização inculturada" e assumiram uma atitude penitencial. Diante das práticas colonizadoras do passado, a Nova Evangelização, delineada em Santo Domingo, "é, antes de tudo, chamado à conversão" (DSD, n. 24). Vinte anos depois do evento de Santo Domingo, a *Evangelii Gaudium* lembra às Igrejas locais novamente dos desafios e da urgência da inculturação da fé (cf. EG, n. 68, 116, 122, 126, 129).

6.4 Aparecida: a missão como paradigma-síntese

Missão e missionariedade, como pano de fundo, ganharam destaque por meio da V Conferência do Episcopado da América Latina e do Caribe (13-31 mai. 2007). Nos últimos dez anos, a perda de 1% de católicos a cada ano no Brasil e a distância do número do clero e sobretudo das religiosas "cada vez mais do crescimento populacional em nossa região" (DAp, n. 100a) inquietaram a Igreja Católica na América Latina. Como transformar o Brasil de batizados no Brasil de discípulos missionários? (cf. Suess, 2007 e 2008a). Para sistematizar a perspectiva missionária de Aparecida vamos abrir algumas clareiras, que ora sejam eixos, ora representem sínteses, prioridades ou perspectivas para nossas comunidades.

a) Ver a realidade

A realidade interpela os cristãos e seus pastores; cobra coerência com as promessas e os imperativos do Evangelho e "um compromisso com a realidade" (DAp, n. 491). Em muitas páginas do DAp aparece a preocupação com a evangelização integral: "Toda autêntica missão unifica a preocupação pela dimensão transcendente do ser humano e por todas as suas necessidades concretas" (DAp, n. 176). A missão manifesta-se como vida nova "em todas as dimensões da existência pessoal e social" (DAp, n. 13; cf. 7.1.3 e 7.1.4) e "abraça com o amor de Deus a todos e especialmente aos pobres e aos que sofrem" (DAp, n. 550, cf. 545). A missão dos discípulos missionários nessa realidade é sempre uma missão evangelizadora, integral, específica, contextual e universal (cf. DAp, n. 214, 287, 341, 450, 486i, 532, 545, 550).

A missão nos conduz "ao coração do mundo", onde abraçamos "a realidade urgente dos grandes problemas econômicos, sociais e políticos da América Latina e do mundo" (DAp, n. 148).

b) Itinerário trinitário

Jesus nos revelou o mistério da comunhão trinitária de Deus como origem da missão (DAp, n. 109). Essa comunhão trinitária (DAp, n. 153, 157, 523s.) é sinônimo de amor. Jesus é manifestação e testemunha desse amor intratrinitário (DAp, n. 348). Falar de Deus significa falar de amor e missão. Diante da Aliança rompida pelo pecado, Deus envia o Filho no Espírito Santo em missão para costurar uma Nova Aliança, à base de um Novo Mandamento, como Boa-nova para toda a humanidade: "Trata-se de nova criação, onde o amor do Pai, do Filho e do Espírito Santo renova a vida das criaturas" (DAp, n. 241).

No envio do Filho (*Logos*) e do Espírito Santo (*Pneuma*), as relações intratrinitárias se tornam "missão de Deus" (*missio Dei*). Aparecida faz, por meio de um texto-chave de *Ad Gentes*, a conexão com o Vaticano II: "A Igreja peregrina é por sua natureza missionária, pois ela se origina da missão do Filho e da missão do Espírito Santo, segundo o desígnio de Deus Pai" (AG, n. 2; DAp, n. 347). A missão do Povo de Deus emerge da comunidade de Deus, Uno e Trino, cujo amor transborda e aponta para a convocação e o envio de comunidades missionárias que dão testemunho desse Deus-Amor. A missão lembra a humanidade da razão de sua criação segundo a imagem de Deus: ser amante amada.

c) Convocação e envio do novo Povo de Deus

A teologia, a eclesiologia e a missiologia do Vaticano II estão bem articuladas no DAp. A teologia do Povo de Deus da *Lumen Gentium* (cap. 2) emerge como seu canto firme. "O mistério da Trindade é a fonte, o modelo e a meta do mistério da Igreja: 'Um povo reunido pela unidade do Pai, do Filho e do Espírito', chamado em Cristo 'como sacramento ou sinal e instrumento da íntima união com Deus e da unidade de todo o gênero humano'" (LG, n. 1; DAp, n. 155). O mistério da Trindade repercute na história como dignidade e responsabilidade de todos os batizados: "Junto com todos os fiéis e em virtude do batismo somos, antes de mais nada, discípulos e membros do Povo de Deus" (DAp, n. 186).

Falar da Igreja significa falar da missão do Povo de Deus. A estrutura dessa Igreja-missão é trinitária. Ela é "Povo de Deus", "Corpo do Senhor" e "Templo do Espírito Santo" (LG, n. 17). Por ser "Templo do Espírito Santo" é também casa dos pobres: "Convoca e congrega todos em seu mistério de comunhão, sem discriminações nem exclusões por motivos de sexo, raça, condição social e pertença nacional" (DAp, n. 524, cf. 8). Ela é serva, peregrina, hóspede, instrumento, sinal. Sua missão realiza-se com urgência histórica e escatológica. Tudo no campo pastoral (cf. DAp, n. 169, 289, 315, 368, 389, 437j, 456, 466, 518, 541, 548) e social (DAp, n. 148, 384, 406c, 545, 550) parece urgente. A vida é sempre para hoje. A esperança é para agora. Mas quem deveria fazer tudo isso? A descoberta da natureza missionária da Igreja Povo de Deus aumentou as responsabilidades, mas não o número dos agentes de pastoral.

d) Desdobramentos da missão

Na Festa de Pentecostes, festa da convocação e do envio sob a ação do Espírito, festa do dom da Lei (Torá) para os judeus e para os cristãos, festa do dom do novo mandamento, a Igreja começa "a falar em outras línguas" (At 2,4) e inicia a sua missão, revestida "da força do alto" (Lc 24,49). O Espírito "forja missionários", "indica os lugares que devem ser evangelizados e escolhe aqueles que devem fazê-lo" (DAp, n. 150). O tempo pós-pascal é tempo do Espírito Santo, que é "consolador" e "advogado" dos pobres. Em pobres sinais ele é experimentado: na água do batismo e no fogo da sarça ardente, no óleo da unção messiânica e na luz de uma consciência nova, no imaginário da pomba palpável e da nuvem distante. Ele está no início de todas as caminhadas que geram vida.

Aparecida aponta para três âmbitos nos quais se desdobra essa missão como caminhada que gera vida: a paróquia missionária, a missão continental e a missão *ad gentes*.

Paróquia missionária

O DAp aposta no papel missionário da paróquia, aponta para as dificuldades existentes e propõe, genericamente, mudanças estruturais. As paróquias devem ser "comunidades de comunidades" (cf. DAp, n. 309, 517e) e transformar-se de comunidades de manutenção em "centros de irradiação missionária em seus próprios territórios" e "lugares de formação permanente" (DAp, n. 306, cf. 304). A formação missionária deve ser integral (DAp, n. 279, 299, 329, 337, 441a, 456), permanente (DAp, n. 299, 306, 326, 437i, 518d), específica (DAp, n. 179, 283), comunitária (DAp, n. 305) e inculturada (DAp, n. 325). Isso exige "abandonar as ultrapassadas estruturas que já não favorecem a transmissão da fé" (DAp, n. 365), entre elas a estrutura ministerial. Aparecida propõe a descentralização e desburocratização das paróquias (DAp, n. 203), e a multiplicação dos braços e qualificação dos ministros (DAp, n. 513, 517, 518).

Missão continental

No dia 24 de maio de 2007, durante a V Conferência, o Cardeal Cláudio Hummes, prefeito da Congregação para o Clero, questionado sobre um eventual caráter proselitista da Missão Continental, respondeu: "Esta missão se dirige aos católicos batizados [...]. Vamos em busca dos católicos pouco evangelizados, não de uma forma proselitista nem antiecumênica, pois se trata daqueles que já foram batizados; consequentemente, esta missão exigirá uma mudança na vida de todos os agentes pastorais". A Missão Continental deveria, portanto, assumir o que já foi chamado de "nova evangelização entre os cristãos culturais" (cf. RMi, n. 33; DSD, n. 24) e "reevangelização entre os não praticantes" (RMi, n. 33, 37). Na missão continental, todo o continente "quer colocar-se em estado de missão" (DAp, n. 213), porque "temos uma alta porcentagem de católicos sem consciência de sua missão de ser sal e fermento no mundo, com uma identidade cristã débil e vulnerável" (DAp, n. 286).

Missão *ad gentes*

Aparecida afirma que o compromisso com a missão *ad gentes* continua (cf. DAp, n. 373-379); continua a missão de "anunciar o Evangelho do Reino a todas as nações" (cf. Mt 28,19; Lc 24,46-48; DAp, n. 144). Missão *ad gentes* significa, no DAp, praticamente "missão universal" da Igreja: "Somos testemunhas e missionários nas grandes cidades e nos campos, nas montanhas e selvas da nossa América, em todos os ambientes de convivência social, nos mais diversos 'areópagos' da vida pública das nações, nas situações extremas da existência, assumindo *ad gentes* nossa solicitude pela missão universal da Igreja" (DAp, n. 548). Hoje, a "missão *ad gentes*" é "missão *inter gentes*", missão entre povos e continentes (cf. cap. 8.1.h: Missão *inter gentes*).

e) A serviço do Reino

A meta da Igreja é o Reino de Deus (cf. LG, n. 9). Inúmeras vezes, o DAp convida os discípulos missionários a serem o que são desde seu batismo: missionários de Jesus Cristo que vivem a sua vocação cristã não apenas por meio de múltiplas tarefas, mas "em estado de missão" (DAp, n. 213) a serviço do Reino de Deus (cf. Suess, 2008b, n. 36). Converter-se ao Reino é tarefa cotidiana dessa Igreja Povo de Deus, e ser discípulo missionário significa anunciar, como Jesus fez, "a Boa-nova do Reino aos pobres e aos pecadores" (30/29). A missão está a serviço do Reino (DAp, n. 33, 190, 223), e o Reino está a serviço dos pobres.

O DAp enfatiza os valores do Reino, pede o testemunho desses "valores alternativos" (DAp, n. 224). Os valores do Reino são a fraternidade, a solidariedade, a fome e sede de justiça, a não violência, a reconciliação, a gratuidade, o reconhecimento do outro e a capacidade de conviver com o mistério de Deus e o mistério de cada pessoa. Os valores do Reino são algo mais subjacente e estrutural, enquanto os sinais do Reino são visíveis e pontuais: "Sinais evidentes da presença do Reino são: a vivência pessoal e comunitária das bem-aventuranças, a evangelização dos pobres, o conhecimento e cumprimento da vontade do Pai, o martírio pela fé, o acesso de todos aos bens da criação, o perdão mútuo" (DAp, n. 383, também 374).

Diante da utopia do Reino, o DAp aponta para as múltiplas transformações necessárias. O Reino está em nosso meio (DAp, n. 143), mas está, ao mesmo tempo, sempre em construção (DAp, n. 278, 280, 282, 548), transformando a realidade das nossas sociedades e da nossa Igreja (DAp, n. 382, 516, 358). Quase tudo está em transformação e deve ser transformado: a realidade (DAp, n. 210), o mundo (DAp, n. 290), a sociedade (DAp, n. 283, 330, 336) e as estruturas eclesiais e pastorais (DAp, n. 365). A preocupação com a transformação que acontece no mundo de hoje e com a transformação que o Evangelho deve produzir está desde Medellín na pauta pastoral da Igreja latino-americana (cf. DAp, n. 511).

f) Diálogo ecumênico

Nos últimos quarenta anos, o magistério latino-americano e a prática pastoral da Igreja Católica têm insistido no diálogo ecumênico. Aparecida não precisava repetir o que Medellín (n. II/26, III/20, IV/19d, V/19, VIII/11, IX/14), Puebla (n. 108, 1008, 1096s., 1107s., 1114s., 1118-1122, 1124, 1127, 1161) e Santo Domingo (n. 132s., 135) sintetizaram.

O DAp retoma no caráter trinitário, batismal e penitencial do esforço ecumênico. O diálogo emerge como atitude espiritual e prática, em um caminho de conversão e reconciliação" (DAp, n. 228). O movimento pela unidade dos cristãos "favorece a estima recíproca, convoca a escuta comum da Palavra de Deus e chama os que se declaram discípulos e missionários de Jesus Cristo à conversão" (DAp, n. 232). Onde existe o diálogo ecumênico, "diminui o proselitismo, cresce o conhecimento recíproco, o respeito, e abrem-se possibilidades de testemunho comum" (DAp, n. 233). A relação fraterna entre todos aqueles que adoram Deus como Pai e "que foram regenerados pelo batismo" (DAp, n. 228) não é algo optativo entre especialistas, mas é "irrenunciável para o discípulo e missionário" (DAp, n. 227). A unidade dos discípulos missionários é "comunhão no Espírito Santo" (2Cor 13,13), na pluralidade dos dons, das vocações e dos significados históricos (DAp, n. 155).

O ecumenismo, que nasce da oração de Jesus "para que todos sejam um" (Jo 17,21), nem sempre é fácil (DAp, n. 100g; 232). Existem vários obstáculos: a convivência com grupos fundamentalistas que "atacam a Igreja Católica com insistência" (DAp, n. 100g), a indiferença, o falso irenismo, posições preconceituosas (DAp, n. 234). É importante participar de organismos ecumênicos em todos os níveis da vida eclesial[15]. Além das "escolas de ecumenismo" já existentes "necessitamos mais agentes de diálogo e melhor qualificados" (DAp, n. 231), com uma grande sensibilidade pastoral e proximidade com o povo. Em última instância, a unidade não será obra nossa, mas um "dom do Espírito Santo" (DAp, n. 230).

g) Diálogo inter-religioso

O diálogo ecumênico sem fronteiras é o diálogo inter-religioso que visa "à construção da nova humanidade" (DAp, n. 239). O fim desse diálogo não é a conversão do outro à própria reli-

---

15. Algumas instituições com longa tradição ecumênica: Cesep (Centro Ecumênico de Serviços à Evangelização e Educação Popular; www.cesep.org.br), Conic (Conselho Nacional de Igrejas Cristãs do Brasil; www.conic.org.br), Cese (Coordenadoria Ecumênica de Serviços; www.cese.org.br), Koinonia (Presença Ecumênica e Serviço; www.koinonia.org.br), Iams (International Associacion for Mission Studies/Associação Internacional de Estudos Missiológicos; www.missionstudies.org).

gião, mas a articulação da unidade de toda a humanidade na base de crenças e credos diferentes. Seguindo as orientações do Concílio (cf. LG, n. 16), Aparecida reafirma que, "pelo sopro do Espírito Santo e outros meios conhecidos por Deus, a graça de Cristo pode alcançar a todos que Ele redimiu, além da comunidade eclesial (DAp, n. 236). Nesse diálogo está embutida uma confissão e um anúncio da própria fé, "mas com mansidão e respeito" (DAp, n. 238). Esse anúncio faz parte da necessidade de falar daquilo que dá sentido à nossa vida. "O diálogo inter-religioso [...] abre caminhos inéditos de testemunho cristão, promove a liberdade e dignidade dos povos, estimula a colaboração para o bem comum, supera a violência motivada por atitudes religiosas fundamentalistas, educa para a paz e para a convivência cidadã" (DAp, n. 239). A missão exige o diálogo, e o diálogo "fundamenta-se justamente na missão que Cristo nos confiou"; exige "a sábia articulação entre o anúncio e o diálogo como elementos constitutivos da evangelização" (DAp, n. 237). Deve-se "investir no conhecimento das religiões, no discernimento teológico-pastoral e na formação de ministros competentes para o diálogo inter-religioso" (DAp, n. 238), sobretudo para o diálogo com as religiões monoteístas (DAp, n. 237). Ao falar da "graça do diálogo" (DAp, n. 238), o DAp cita o documento *Diálogo e anúncio*, de 1991, que respalda o espírito da *Ecclesiam Suam*, da *Evangelii Nuntiandi* de Paulo VI e dos respectivos documentos do Vaticano II (1962-1965).

* * *

No Documento de Aparecida, a palavra "missão" representa o paradigma-síntese em um duplo sentido: primeiro, assume a caminhada das quatro Conferências Episcopais Latino-Americanas anteriores, com seus eixos de descolonização, opção pelos pobres, Comunidades de Base, libertação, participação e inculturação; e, segundo, sintetiza as múltiplas propostas do próprio DAp sob o prisma da missão (cf. DAp, n. 9).

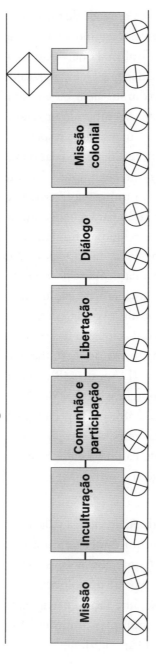

6.5 Resumo, palavras-chave, questões

A I Conferência Geral do Episcopado Latino-Americano, no Rio de Janeiro (1955), praticamente só é lembrada porque coincide com a fundação do Conselho Episcopal Latino-Americano (Celam). A Conferência, como tal, tem apenas um caráter fundacional. Seus documentos mostram ainda uma Igreja introvertida, pré-conciliar em todo sentido. Medellín (1968), por meio do tema "A Igreja na atual *transformação* da América Latina à luz do Concílio", realizou uma releitura do Vaticano II em torno dos eixos *justiça, desenvolvimento integral, diálogo e libertação.*

Puebla (1979), cujo tema foi "A evangelização no presente e no futuro da América Latina", aprofundou Medellín e fez uma releitura da Exortação Apostólica *Evangelii Nuntiandi* (1975), de Paulo VI, em torno dos eixos assunção, comunhão e participação, no contexto das ditaduras e da ideologia da segurança nacional. Evangelizar nesse contexto significa proclamar a dignidade humana a partir de sua imagem e semelhança divina. Puebla reassumiu a opção pelos pobres de Medellín e deu apoio às Comunidades Eclesiais de Base (CEBs) como células missionárias do Povo de Deus.

A Conferência de Santo Domingo (1992) coincidiu com as comemorações dos quinhentos anos da conquista da América. O tema da Conferência era "Nova evangelização, promoção humana e cultura cristã". Os delegados de Santo Domingo estavam divididos a respeito do caráter da celebração dos quinhentos anos. Deve-se *celebrar a conquista em caráter penitencial ou em caráter eucarístico* dando graças a Deus pelo sucesso da evangelização em nosso continente? Apesar de intervenções exógenas sobre a *metodologia*, Santo Domingo conseguiu segurar os avanços das conferências anteriores e acrescentou como novo eixo a *inculturação*.

Aparecida (2007) foi realizada sob um enfoque missionário: "Discípulos e missionários de Jesus Cristo, para que nele nossos povos tenham vida". A proposta missionária de Aparecida conseguiu desvincular a palavra "missão" do contexto histórico de colonização e submissão, e a colocou no contexto de uma caminhada libertadora dos pobres. A acolhida dessa caminhada, que representa um processo sem fim, se traduz em aproximação samaritana e em presença profética nas comunidades, em suas lutas por justiça e reconhecimento, e na construção de um mundo para todos.

7
Do diálogo: pluralismo intercultural, macroecumênico e teológico-pastoral

Nesta unidade, procura-se dar alguns impulsos para refletir sobre o diálogo em situação de pluralismo intercultural, macroecumênico e teológico-pastoral. Apenas impulsos, nada mais, para um tema tão vasto e relevante para a missiologia. No início deste século, os conflitos entre as culturas percorrem o mapa-múndi como um meridiano em chamas. Manifesta-se nesses conflitos um novo potencial destrutivo, que envolve as religiões e a convivência macroecumênica civilizada.

Todos aprendem nesse diálogo. Muitas das questões que na Igreja Católica foram abordadas no Vaticano II, como, por exemplo, a origem da missão na Missão de Deus (*missio Dei*) e a natureza missionária da Igreja, nas Igrejas evangélicas, também foram seriamente discutidas muito tempo antes[16]. O macroecumenismo é o campo da articulação da universalidade com a diversidade, e da identidade com a diferença ecumênica e macrorreligiosa.

---

16. Desde 1910 (Edimburgo, capital da Escócia), as Conferências Missionárias Mundiais representam a reflexão missiológica e a práxis missionária da maioria das Igrejas evangélicas. A partir de 1961, são Assembleias Plenárias da Comissão "Missão Mundial e Evangelização" (World Mission and Evangelism/CWME) do Conselho Ecumênico Mundial de Igrejas.

O diálogo macroecumênico é um diálogo em torno da paz e da continuidade do projeto humano. Abrange questões de igualdade e liberdade, de identidade e alteridade, de unidade e pluralismo. Portanto, o diálogo intercultural pode ser entendido como um foro inter e transdisciplinar em favor da paz da humanidade, que hoje convive em uma tensa vizinhança universal (cf. Suess, 2001).

7.1 Diálogo intercultural

O diálogo intercultural nas Américas está hipotecado por estruturas históricas do patriarcado, pelo passado colonial e pela hegemonia contemporânea do pensamento único. Conviver com o diferente e colaborar em um projeto para o bem de todos exige rompimento com fronteiras herdadas. A Modernidade substituiu as autoridades tradicionais pela autoridade da razão. Mas essa razão, que se desdobra com vozes diferentes nas culturas e ciências, não dispensa o diálogo. O diálogo em todos os níveis está permanentemente ameaçado pelas interferências do poder econômico que, além do lucro, poucos argumentos reconhece.

No mundo atual, marcado por contatos interculturais, oferecidos pelos meios de comunicação e impostos por migrações, interdependências econômicas, financeiras e rápidas transformações globais, o diálogo entre culturas é uma exigência da convivência de diferentes projetos de vida, codificados nas respectivas lógicas culturais. Mas o diálogo é também uma necessidade no interior de cada cultura, onde emergem conflitos entre tradição e inovação. O diálogo entre as culturas e nas culturas faz parte da responsabilidade de cada grupo social que zela pela paz.

a) Discernimentos

O mundo contemporâneo nos confronta com múltiplos conceitos de cultura. Em função da vida dos pobres e de seus projetos, a escolha missionária para um diálogo abrangente recai sobre um conceito holístico de cultura – incluindo a esfera sociopolítica, a econômica e a ideológica, ou seja, a esfera material, a intelectual, a espiritual e a simbólica. O conhecimento integral da lógica e prática cultural do *outro* permite compreender e discutir opções alternativas. O poder não é um adversário externo da cultura, mas faz parte de sua dinâmica interna. Também "estruturas de poder" são histórica e culturalmente construídas, administradas e transformadas.

As atividades culturais estão orientadas para a *adaptação* e *organização* da vida, e para a *expressão* e *interpretação* do sentido desta vida na construção de esperanças e sonhos em torno de um futuro melhor. Essas práticas representam, em uma *primeira instância*, uma longa herança da natureza, que ensinou a colocar "ordem" no caos, no acaso e nas contingências da vida. Nesse aspecto organizativo e mais ou menos previsível, a humanidade está próxima do mundo animal. Também os animais dispõem de habilidades de adaptação coletiva ao meio ambiente e de organização social, controladas ainda por programações genéticas, que se formaram e se transformaram no decorrer de milênios.

Mas a organização social e a adaptação ao ambiente, que parecem ser fenomenologicamente semelhantes no mundo animal e no humano, em sua "gerência" são radicalmente diferentes. Ao *imediatismo* do mundo animal falta a *mediação simbólica*, que cria certa distância entre sujeito e objeto; falta também a liberdade individual, que pode mudar essas programações coletivas. Em uma *segunda instância*, a cultura capacita os seres humanos a abandonar trilhas herdadas, biologicamente encravadas no DNA comportamental e culturalmente guardadas em instituições, leis, normas e comportamentos "corretos". Criatividade e transgressão cultural são conquistas de liberdade com regras culturais sedimentadas. Essa liberdade e variabilidade, pela articulação entre "tradição coletiva" e "inovação individual", confere às culturas sua dimensão histórica.

Essa *segunda instância* da cultura – liberdade e criatividade – quebra o imediatismo animal da *confrontação com o mundo por meio dos sentidos*. A cultura funciona como mediação simbólica entre os sentidos humanos e os objetos "trabalhados" por esses sentidos. Sempre usamos óculos culturais, portanto mediações simbólicas de mitos e metáforas, palavras e instrumentos materiais ou científicos, para perceber algum sentido nos objetos observados. O mundo simbólico transforma o "agarrar animal" dos objetos em compreensão humana de redes, significados e tempos, nos quais os objetos estão inseridos. O distanciamento, simbolicamente mediado, é o ato fundador da cultura. Língua, arte, mito, religião e ciência trabalham neste *distanciamento* que permite uma compreensão imaginativa e um discernimento intelectual, que, por sua vez, permitem a construção de significado e sentido (cf. Cassirer, 1997, p. 361ss.).

A mediação simbólica tem um efeito retroativo e se projeta, na consciência humana, sobre a fase anterior da evolução, como se não tivesse mais "natureza" ou "programação biológica" no agir cultural. A humanidade procurou progressivamente livrar-se da programação da natureza, aumentando a distância entre natureza e cultura, pela língua: nomear objetos significa distanciar-se deles;

• pela religião que oferece soluções pela vida depois da morte;

• pela tecnologia, que resolveu, ao menos parcialmente, questões relacionadas à imprevisibilidade e à dependência da natureza.

O distanciamento produziu, na consciência e na imaginação humanas, uma ruptura com a natureza que na realidade não aconteceu. A humanidade não quer ser lembrada dos seus ancestrais nem de sua animalidade ou naturalidade. Rompeu progressivamente, no seu imaginário, a conexão que permitiu compreender o ser humano como parte da natureza. A partir desse momento a relação entre natureza e cultura humana tornou-se caracterizada pela dominação e exploração em prejuízo não só da natureza "objetiva", mas também da natureza "subjetiva" que sobrevive em cada ser humano. O desastre ecológico lembra a teia orgânica que existe entre a vida em estado de natureza e a vida organizada nas culturas.

A transformação da *experiência dos sentidos* em *experiência de sentido* pela cultura estabiliza a natureza humana com seus afetos e "demônios". Mitos e religiões, línguas e conceitos se tornaram exorcismos daquelas forças naturais – não da natureza – que dominam a humanidade pelo medo e pela violência. Ao integrar em estórias (mitos) e conceitos, e ao dar nomes a esses "demônios" que são a outra face dos seus deuses, o projeto de vida da humanidade ganhou uma batalha, não necessariamente contra a natureza, mas com ela (cf. Cassirer, 2000, p. 15-31).

O conceito "cultura" nos situa no território da evolução humana que rompe com a visão criacionista de um primeiro casal humano perfeito, que por meio da queda, o "pecado original", teria perdido a sua perfeição (o seu "estado de graça"). A teoria da evolução biológica e cultural, hoje aceita pelo conjunto da humanidade, nos diz que não houve *queda* de um estágio humano superior para um estágio inferior, da perfeição para a imperfeição. A evolução humana, em seu conjunto, representa uma *ascensão* biológica e cultural. A vida é um movimento de ascensão do inorgânico para o orgânico.

O conceito "cultura" nos situa também no território da natureza humana, que é ambivalente. A evolução do indivíduo e da coletividade, que em seu conjunto é progressiva, pode também regredir. A violência e as guerras do século XX – Auschwitz, Gulag, Hiroshima, Camboja (Pol Pot) – oferecem muitos exemplos de regressão cultural. A exclusão social – juntando à falta de pão a falta do acesso ao saber da época – aponta para novas possibilidades de regressão. Não só o super-homem, também o ser subumano ameaça a humanidade. No mesmo campo e na mesma cultura, crescem trigo e joio e convivem "justos" e "pecadores", com suas forças construtivas e destrutivas, ou, como Freud diria, não existe *eros* sem *tanatos* (cf. Freud, 1969, cap. VIIs.). Onde há vida, existe também a morte. A ambivalência e a historicidade das culturas determinam que nenhuma cultura possa servir de norma para a outra.

b) *Objetivos e condições*

A construção do diálogo inter e intracultural é uma tarefa permanente. Essa tarefa pode ter duas finalidades: *compreensão* e/ou *respeito*. Compreensão e respeito entre as culturas não são atitudes inatas às pessoas humanas. São adquiridas no decorrer de um processo educativo, que pretende transformar o olhar ingenuamente etnocêntrico em um olhar crítico e autocrítico.

A "compreensão" é o objetivo mais pretensioso do diálogo. Seus representantes, de uma ou outra maneira seguidores de Platão e Kant, afirmam a existência de uma razão universal inata que progressivamente se manifesta. Procuram nas outras culturas "semelhanças", "correspondências", "arquétipos", e apostam em um processo histórico de aproximação, homogeneização e assimilação cultural.

O outro objetivo, o "respeito", é meramente formal, e exige apenas partilhar regras de jogo aceitas por todos que participam do diálogo. Essas regras – as Constituições de um Estado pluricultural, por exemplo – permitem a manutenção das diferenças não compreendidas, desde que não sejam reciprocamente eliminatórias.

Sendo assim, para uns a finalidade do diálogo intercultural é a compreensão recíproca com uma perspectiva de unanimidade nos conteúdos essenciais de cada projeto de vida (cultura), enquanto para outros prevalece a insistência no relativismo das razões culturais e contextuais. Neste caso, a diferença substancial entre diferentes projetos de vida impede um acordo sobre conteúdos, credos ou normas. Mas a impossibilidade de um "acordo material" não impede o respeito de uma cultura pela outra.

Para a atividade missionária, o diálogo visa à solidariedade com os mais fracos. Portanto, esse diálogo procura mostrar que "ser solidário" é mais vantajoso para todos do que a dessolidarização, com seu horizonte de anomia social. As tarefas comuns de justiça e paz, nenhuma cultura consegue resolver sozinha. A solução não vem de *uma* cultura, porque "cultura" significa "proposta de vida particular", mas de um novo modo de as culturas interagirem. Esse novo modo de agir está articulado no paradigma do "diálogo intercultural". O diálogo intercultural, por sua natureza anti-hegemônica, representa um esforço para a participação de cada vez mais "culturas". O terceiro excluído, algumas vezes, perdeu tudo, menos a sua cultura. E por meio da cultura "mutilada" é possível reconstruir não só um projeto de vida particular, mas também o sonho da humanidade. A esperança de todos só pode ser reconstruída a partir do desespero da maioria, que são os pobres.

O diálogo que visa à *compreensão* de conteúdos e o diálogo que se contenta com o *respeito* da alteridade exigem condições que os interlocutores reconhecem. Nesse diálogo, ninguém é obrigado a renunciar à própria experiência e tradição. O diálogo acontece em um âmbito de autoestima, de tolerância e de aprendizado, não de conversão. A autoestima cultural de um povo revigora seu próprio projeto e sua resistência contra a invasão cultural. A "conversão", enquanto abandono forçado de padrões culturais e imposição de racionalidade cultural alheia, enfraquece o projeto de um povo e compromete seu futuro.

Quem valoriza e ama seu projeto de uma maneira adulta pode também respeitar e defender o projeto do *outro*. Compreensão e reconhecimento pressupõem interlocutores que esperam apreender uns dos outros. Tendo em mente as duas finalidades do diálogo entre as culturas, a *compreensão* e o *respeito*, delineiam-se as seguintes condições básicas para a sua realização:

• um consenso sobre meios pacíficos de comunicação;

• o reconhecimento de lógicas contextuais e verdades histórica e geograficamente situadas no interior "de diferentes níveis de realidade" (Nicolescu, 1999, p. 148, art. 2);

• um conhecimento aproximativo da história e da lógica cultural do *outro*, com seus desdobramentos no campo político, econômico e ideológico;

• o reconhecimento recíproco da igualdade entre os participantes do diálogo, independentemente do valor que eles conferem às suas tradições recíprocas;

• convicções próprias de cada participante do diálogo;

• a disposição para um aprendizado recíproco, que mediante o saber compartilhado pode gerar uma abertura produtiva ao desconhecido, ao inesperado e ao imprevisível, portanto, à tolerância que reconhece o "direito às ideias e verdades contrárias às nossas" (Nicolescu, 1999, p. 151, art. 14);

• um horizonte universal, convidativo e responsável pelos não participantes do respectivo diálogo. O "horizonte universal" do diálogo cultural configura a instância vigilante para que o *reconhecimento da diferença* não se torne *prática de indiferença*.

c) *Conflitos e obstáculos*

No início da vida de cada ser humano, a cultura não é uma opção. Todos nascem arbitrariamente em uma aldeia ou cidade, em uma classe social e em uma cultura. Tudo poderia ser diferente. Desde cedo, a socialização cultural, a *enculturação*, nos faz "naturalmente" assumir tesouros, habilidades e precariedades da própria cultura. Da "naturalidade" do aprendizado da nossa cultura para a convicção da "superioridade" cultural é um passo pequeno. O primeiro ensinamento cultural diz: *nosso* mundo é *o* mundo. Mais tarde aprendemos que nosso mundo não é *o* mundo, mas *um* mundo entre outros. Começamos a relativizar nosso primeiro "etnocentrismo feliz".

Quando essa passagem para o reconhecimento do "acaso" das próprias escolhas culturais e de sua não normatividade está obstruída, surgem conflitos culturais, a partir de questões de identidade, de disputas pelo poder e por bens materiais e de afirmações de sentido. O conflito de poder entre as gerações, por exemplo, pode-se manifestar como conflito entre diferentes saberes: o saber tradicional, dos velhos com sua experiência da vida que constitui uma sabedoria, e o saber científico contemporâneo dos jovens pragmáticos, que dominam tecnologias complicadas sem necessidade de sabedoria.

Nas Américas, a questão do diálogo entre culturas precisa sempre levar em conta a condição de povos ex-colonizados. A "política de trabalho" – aplicada por meio das Encomendas, das Reduções e da escravidão – era considerada um instrumento de pacificação e educação. A "verdadeira religião" da Igreja e as "leis universais" impostas pelo Estado apontavam para a redenção sem diálogo.

Os obstáculos, porém, que impedem o diálogo entre as culturas não nasceram na época colonial. Desde a Antiguidade há uma disputa acirrada entre "contextualistas" e "universalistas" sobre possibilidade e modalidade de um diálogo entre culturas. Os contextualistas apontam para versões locais de racionalidade e normatividade. Afirmam que cada cultura representa um projeto de vida tão peculiar, com gramá-

tica, dicionário e comportamentos normativos próprios, que somente aqueles que pertencem à mesma família cultural podem realmente comunicar-se e entender o significado do respectivo mundo simbólico.

Os universalistas, por sua vez, afirmam, na escola da filosofia grega (Platão e Plotino), do cristianismo (Agostinho), do idealismo (Kant) e da civilização hegemônica, que existe uma racionalidade comum a toda a humanidade, que permite uma compreensão universal. O diálogo aprofundaria e ampliaria essa compreensão.

A disputa entre o universalismo da razão inata (normatividade da razão única, lei natural, direitos humanos universais) e o contextualismo, com seus parâmetros interculturais incomensuráveis, faz com que o diálogo intercultural pareça sem problemas ou sem chance. Precisa-se pensar em um axioma além da lógica clássica – identidade, não contradição e terceiro excluído –, onde um participante do diálogo (o universalista) não seja o adversário do outro (o contextualista), e a síntese não nasça do túmulo do terceiro excluído.

d) Horizonte místico

O diálogo, que expressa uma racionalidade construída e compartilhada, não só questiona a "lei natural" do mais forte, a fatalidade do destino e a normatividade daquilo que, em uma determinada época, é cultural e politicamente correto, mas contesta também uma racionalidade anistórica e descontextualizada. A suspeita de que atrás do correto de cada época existem grupos sociais privilegiados que impõem sofrimentos e privações a outros grupos não é contra o "clima" do diálogo. O diálogo com sua racionalidade construída e compartilhada também é crítico face ao conceito da verdade como correspondência à "realidade" enquanto "essência" das coisas. A ideia de tornar o pensamento uma descrição da realidade idêntica ao objeto do conhecimento exprime o desejo de dominar o objeto. Entre os povos indígenas, por exemplo, os mitos são contados de uma maneira muito flexível, segundo a situação de um determinado momento histórico. Cada cultura precisa desenvolver a capacidade de tolerar o dissenso e criar mecanismos de diálogo que substituam a eliminação física do *outro*, a exclusão e o tabu por novas leis gramaticais da cultura. A Modernidade, que ampliou a liberdade individual, necessariamente ampliou os foros de diálogo.

Se no horizonte do diálogo cultural está a paz universal, essa paz não pode ser construída por meio da violência embutida na lógica do "terceiro excluído". Proponho o paradigma da *concomitância diferenciada e articulada*, que no *kairós* histórico carrega a memória de toda a história e guarda na parcialidade de cada cultura os anseios de todos. É o horizonte utópico da *coincidência de opostos*, segundo o sonho de Nicolau de Cusa (1401-1464), seguidor de Raimundo Lúlio e Mestre Eckhart. O significado da "concomitância diferenciada e articulada" pode-se mostrar

- no campo do verdadeiro, que é o campo da teoria (ciência);
- no campo do justo, que é o campo da prática (moral, direito);
- no campo do belo, que é o campo do gosto e das opções ideológicas (arte, religião).

O campo do justo é a esfera cultural mais conflitiva em face da universalidade. Ao mesmo tempo que se afirma o direito no interior de uma cultura particular, precisa-se mostrar que essa particularidade é expressão de um direito que as demais culturas igualmente podem invocar. A normatividade transcultural da lei, do direito e da moral não é evidente. Ela é resultado de negociações difíceis ("diálogos"), porém necessárias, para que os pobres e excluídos tenham uma instância – Constituições e cortes internacionais, por exemplo – para cobrar seus "direitos humanos".

No campo das opções ideológicas, os diálogos (ecumênicos, inter-religiosos, filosóficos) se limitam a certa concordância formal dos meios (exclusão de violência, igualdade dos interlocutores) que permite, a partir de uma diferença material de propostas que faz parte da identidade de cada crença, contribuir para a realização de fins comuns (mundo justo, paz).

No campo da arte e da música, novamente é mais fácil mostrar o significado da "concomitância diferenciada e articulada". Músicos contemporâneos e composições clássicas de tempos passados, com seus estilos culturais e tempos muito distantes, conseguem internacionalmente ser compreendidos e construir um clima de confraternização. É possível que no mesmo dia se realizem concertos de Beethoven em Bogotá e de Mozart em São Paulo, *shows* com músicas de John Lennon em Tóquio e de Caetano Veloso em Londres, de Kitaro em La Paz e de Pablo Milanés em Roma. Todos compreendidos, aplaudidos por multidões em alegre confraternização.

O diálogo como "concomitância diferenciada e articulada", que se experimenta na música, mas também na ciência e na moral, faz compreender que a dimensão universal não impõe necessariamente uma uniformização de melodias ou conteúdos. Mas ela opera uma sensibilização dos ouvidos e dos sentidos em geral, permitindo uma percepção misteriosa e participação universalmente contextualizada de todos.

No campo da ciência, sobretudo naquilo que se refere ao campo restrito da tecnologia, é mais fácil concordar com certa universalidade normativa e relevância contextualizada. Aviões, computadores e internet funcionam mundialmente iguais. Mas a ciência fora do campo da mera tecnologia também é cultural e historicamente situada. Portanto, também é impulsionada por visões do mundo, crenças e hipóteses contextualizadas.

Na "contextualização universal" amplia-se o conceito-chave da física clássica: *a causalidade local* de um encadeamento contínuo de causas e efeitos. A física quântica introduziu, a partir de experiências empíricas, um novo conceito de causalidade: o conceito da *não separabilidade*, isto é, o conceito da *causalidade universal* (cf. Nicolescu, 1999, p. 21). Para a interação de pessoas, objetos e ideias, não é necessário que esses estejam física ou oticamente ligados entre si. Entidades quânticas interagem a qualquer distância. Isso confirma antigas práticas espirituais de oração, intuição e projeção através do imaginário. Tudo no universo está *concomitantemente diferenciado e articulado*. A causalidade local é ao mesmo tempo uma causalidade universal. Em seu paradigma de "indeterminação", Heisenberg mostrou que é impossível localizar um *quantum* em um determinado ponto do espaço e tempo. A física quântica mostrou a "coexistência entre pares de contraditórios mutuamente exclusivos" (Nicolescu, 1999, p. 27); entre o mundo quântico e o mundo macrofísico, entre onda e corpúsculo, entre continuidade e descontinuidade, entre reversibilidade ou invariância do tempo no nível microfísico e irreversibilidade da flecha do tempo no nível macrofísico.

No diálogo configurado pelo paradigma da *concomitância diferenciada e articulada*, que inclui o silêncio *entre* as palavras *nas* palavras e o mistério da alteridade no mundo aparentemente decifrado, está a afirmação da identidade, a possibilidade da convivência de diferentes em paz. Mas esse novo diálogo entre culturas e indivíduos não promete a superação da ambivalência da condição humana; abre, porém, caminhos de comunicação sob a condição de que todas as culturas respeitem reciprocamente seus silêncios e mistérios.

7.2 Macroecumenismo e pluralismo teológico[17]

De quinze em quinze minutos passa em frente da Igreja de Santo Expedito, na cidade de São Paulo, um ônibus cujo letreiro "Jardim Itápolis" lembra as muitas águas que o país oferece aos seus habitantes sedentos de sentido e eternidade.

"Jardim" é português e traz a conotação do "Jardim do Éden", tão presente no imaginário dos conquistadores. Muito, nesse país, parecia "edênico", os índios nus, a fartura dos peixes, as águas puras e as árvores frondosas; tudo intocado, dádiva divina, como nos primeiros dias da criação, sem necessidade de "labor continuado e monótono" (Holanda, 1994, p. X).

Itá, em guarani, significa "pedra". Os guaranis eram os habitantes desse espaço geográfico chamado "Planalto de Piratininga". Mais tarde, por causa da primeira missa, celebrada por Nóbrega no dia da conversão do "apóstolo dos gentios", Piratininga se tornou São Paulo.

Polis é grego. É Atenas. Representa o berço da civilização ocidental na Academia da Grécia. Lembra Sócrates, Platão, Aristóteles. Em Atenas se encontra a raiz do pensamento metafísico, que compreende a unidade como totalidade (*unum est totum*). Mas a *polis* também é o lugar da lógica aristotélica, a lógica do terceiro excluído. Os missionários quinhentistas que se alimentaram dessa raiz chegaram às Américas despreparados para o reconhecimento da alteridade, ou melhor, preparados para a sua destruição.

Lá vai o "Jardim Itápolis": "Jardim Cidade de Pedra". Os nomes das ruas da cidade, as estações de metrô, as estátuas e, sobre-

---

17. Cf. cap. 6.4f e 6.4g com as contribuições do DAp e os verbetes "diálogo inter-religioso" e "ecumenismo" (Suess, 2010). *Itá*, em guarani, significa "pedra". Os guaranis eram os habitantes desse espaço geográfico chamado "Planalto de Piratininga". Mais tarde, por causa da primeira missa, celebrada por Nóbrega no dia da conversão do "apóstolo dos gentios", Piratininga se tornou "São Paulo".

tudo, as pessoas – tudo respira pluralismo e missão, no nível real e no simbólico. O povo herdou dos índios a alquimia de sua sobrevivência, ao mesmo tempo catequizados e colonizados; homenageia seus anjos da guarda e respeita seus demônios; sabe como pode ser útil acender uma vela a Deus e outra ao diabo. Para o povo, na loucura dessa cidade, o pluralismo das religiões não é problema. Aponta para o fato de múltiplas resistências, curas e milagres. Uma religião não dá conta da multiplicidade dos males, nos diz o narrador Riobaldo de *Grande sertão: veredas*:

> Reza é que sara da loucura [...]. Eu cá não perco ocasião de religião. Aproveito de todas. Bebo água de todo rio [...]. Uma só, para mim é pouca, talvez não me chegue. Rezo cristão, católico, embrenho a certo; e aceito as preces de compadre meu Quelemém, doutrina dele, de Cardéque. Mas, quando posso, vou no Mindubim, onde um Matias é crente, metodista: a gente se acusa de pecador, lê alto a Bíblia e ora, cantando hinos belos deles. Tudo me quieta, me suspende. Qualquer sombrinha me refresca (Rosa, 1979, p. 15).

A prática religiosa de Riobaldo é uma experiência mística que, ao suspender e quietar, constrói paz. Nessa prática dos pobres subsiste a ortodoxia não definida do silêncio maior, sem as pretensões hegemônicas do desejo que afirma ser o melhor, o primeiro, o único e o verdadeiro. Diante da experiência de Riobaldo, a *polis* parece petrificada; Itápolis, sem sombra. As especulações metafísicas assumidas pelo cristianismo reduziram a realidade a *uma* origem e/ou *uma* substância. Se o Uno é o Todo, o múltiplo carrega em si deficiências do "ser". O múltiplo representa a depravação do Uno. A doutrina da origem única desqualificou a diversidade dos caminhos como desvio, como degeneração. O monogenismo bíblico induziu a ler as diferenças humanas em chave de *degeneração* (causada pelo pecado original) e *rebeldia* contra a lei de Deus, inscrita na natureza e na ordem cosmológica imutável; em chave de *perda* (do estado de graça) e de *castigo* (expulsão do paraíso e confusão babilônica), de *desvios* do caminho único traçado por Deus na Igreja Católica. A história da salvação, as alianças de Deus com seu povo e o cristianismo teriam a tarefa de reverter a dispersão, a fragmentação e a confusão. A Cristandade foi o último intento global de recuperar a graça perdida pela reconstrução do mundo em sua singularidade.

a) Continuidade das religiões

Os cenários religiosos latino-americanos são constituídos de religiões locais, sem imperativos missionários – as religiões indígenas e afro-americanas, por exemplo –, e de religiões com pretensões não só universais, mas hegemônicas, com prerrogativas salvíficas exclusivistas. No futuro não haverá a religião única da Cristandade nem um mundo de religiões. A Modernidade não confirmou a tese da secularização, segundo a qual as religiões lentamente desapareceriam do mundo. Observa-se hoje, pelo contrário, um interesse crescente em torno das religiões e de questões religiosas. Mas, sobretudo no palco político do mundo globalizado, a religião tornou-se novamente um ator importante. As imagens de destruição em torno do 11 de setembro de 2001, em Nova York e no Iraque, forjaram a pergunta: alguém pode legitimamente recorrer à autoridade de Deus para matar? Até onde vai a tolerância quando alguém afirma lutar em nome de Deus e travar uma guerra do bem contra o mal? O diálogo inter-religioso deixou de ser uma disputa meramente teológica pela verdade. Tornou-se um diálogo pela paz.

O mundo globalizado nos coloca hoje em contato com uma grande variedade de religiões com suas orientações de fundo ancoradas na Pré-modernidade (horizontes estritamente locais), na Modernidade (horizontes universais, modernizações conservadoras) ou na Pós-modernidade (horizontes fragmentados e desarticulados). Viagens do Dalai Lama e do papa se tornaram grandes eventos midiáticos. Pregadores de Igrejas pentecostalistas e animadores de auditório se aproximaram em sua metodologia de comunicação e com um poder extraordinário de convencimento sobre seu público. Grandes expectativas dos políticos acompanham o diálogo inter-religioso. Sem a paz entre as religiões, dificilmente haverá paz entre as nações.

O Vaticano II, com sua articulação entre os documentos sobre o ecumenismo (*Unitatis Redintegratio*), sobre as relações da Igreja Católica com as religiões não cristãs (*Nostra Aetate*), sobre a liberdade religiosa (*Dignitatis Humanae*) e sobre a missão (*Ad Gentes*), procurou caminhos para o diálogo inter-religioso, sem abrir mão da própria identidade. O Concílio se expressou positivamente sobre as religiões, que são uma dimensão cultural da fé: "As religiões que se encontram por todo o mundo se esforçam de diversos modos por irem ao encontro da inquietação do espírito humano, propondo caminhos, isto é, doutrinas e regras de vida, como também ritos sagrados" (NA, n. 2a).

Os interlocutores do diálogo entre as religiões, seus interesses, suas mentalidades e seu grau hierárquico e/ou hegemônico, priorizam uma das quatro questões de fundo que nesse diálogo estão em jogo: a questão da identidade, a da verdade, a da tolerância e a da paz.

Na questão da verdade, articulamos aquilo em que acreditamos e que acreditamos saber. Essa verdade é única ou existe no plural das culturas? A unicidade da razão aponta para algo pré-cultural, ontológico, que posteriormente se expressa na multiplicidade de vozes culturais (cf. Habermas, 1990, p. 155ss.). Mas, mesmo se acreditamos na existência de algo pré ou extracultural, só o conhecemos por meio das vozes culturais. Em grego, verdade significa *aletheia*, "não esquecimento". O Rio Lete é o rio do esquecimento. Também no pensamento cristão a verdade tem essa dimensão do não esquecimento, essa dimensão memorial, além da dimensão relacional. Essa dimensão relacional e memorial da verdade está, muitas vezes, em tensão com a dimensão conceitual e estática da verdade.

A tolerância é o terceiro pilar da intersubjetividade religiosa. Essa tolerância acontece entre povos e grupos sociais que coexistem na diversidade de suas culturas, histórias e identidades próprias, atravessadas por conflitos sociais. A tolerância emergiu como princípio de convivência religiosa em um Estado secular. O princípio de tolerância é a condição para uma convivência pacífica das nações. Quem carrega as tintas sobre questões da verdade facilmente rompe o pacto de tolerância inscrito nas constituições democráticas e, formalmente, também nos credos religiosos.

Todas as grandes religiões conhecem a tentação de usar a espada para a expansão da fé ou, ao menos, para impor este ou aquele preceito como norma geral. Em todas as religiões se encontram hoje grupos fundamentalistas dispostos à violência e ao terrorismo. Cabe aos líderes religiosos, que são construtores de pontes com a dupla responsabilidade de incentivar a identidade do próprio grupo e de enfatizar os valores comuns com as religiões dos outros, zelar pela paz com dignidade e justiça. Essas responsabilidades, porém, têm de ser articuladas e não, isoladamente, respondidas por setores, às vezes, opostos na própria Igreja ou religião. O objetivo do empenho pela identidade, pela verdade e pela tolerância é a paz.

b) *Pluralismo teológico-pastoral*

A questão da diversidade cultural não coincide com a questão do pluralismo teológico-pastoral, mas tampouco é possível separar completamente as duas questões. Desde sua sessão constitutiva, em 1969, a Comissão Pontifícia Internacional de Teologia viu-se confrontada com o fato de que a "palavra geradora de vida e de ação" também era geradora de um pluralismo teológico considerado por muitos como "pentecostal" e por outros "babilônico"[18]. Em 1972, essa comissão discutiu o tema "A unidade da fé e o pluralismo teológico" e aprovou quinze proposições sobre o tema. O então Professor Joseph Ratzinger era coordenador da subcomissão "Pluralismo" do grupo e elencou como questões relevantes à relação entre as Igrejas locais e a Igreja universal (*ecclesiae in Ecclesia*), a relação dos bispos com o papa, do presbitério com o bispo, dos leigos com o clero e o magistério e a relação entre teologia e magistério. Do "fazer a verdade", que era a intenção de debate de João XXIII, a discussão pós-conciliar voltou novamente à questão "como dizer a verdade". A questão do pluralismo se torna questão da verdade. Das quinze proposições da Comissão, foram escolhidas três, a seguir, devido à sua relevância para a questão da diversidade.

A "Proposição 4" articula a verdade da fé com o caminhar histórico do "Povo de Deus", não em torno de um centro, mas em busca de um horizonte:

> A verdade da fé está conectada ao caminhar histórico desde Abraão até Cristo e do Cristo até a parusia. Portanto, a ortodoxia não é um consentimento a um sistema, mas participação na caminhada da fé e no Eu da Igreja, que subsiste unida, através dos tempos, e é o verdadeiro sujeito do *Credo* (Internationale Theologenkommission, 1973, p. 32).

O "Eu da Igreja" parece uma entidade abstrata que não dá conta da riqueza que vem do encontro e da articulação do Povo de

---

18. A Comissão Pontifícia Internacional de Teologia foi criada por Paulo VI, em abril de 1969.

Deus, constituído por Igrejas locais em sua diversidade. O próprio mistério trinitário de Deus, como o cristianismo definiu, precisa de certa evasão nas estruturas eclesiais. É bem verdade que a Igreja universal é mais que a soma das Igrejas locais, mas "o verdadeiro sujeito do Credo" não existe sem o gênio teológico, sem o "Eu" e a subjetividade das Igrejas locais (cf. Thils, 1963). A Igreja local não é réplica nem filial da Igreja universal, e a Igreja universal é mais do que a mera soma aritmética das Igrejas locais. "É impossível conhecer o todo sem conhecer as partes específicas", dizia Pascal (*Pensamentos* II, 72). O "Eu da Igreja" é sempre um "Nós" que subsiste em um singular plural e em um plural singular. Essa relação entre o todo e as partes não suporta a hegemonia de uma das partes sobre o todo nem do todo sobre as partes. A identidade da Igreja não está na identificação do todo com as partes, mas nas relações amorosas entre idênticos diferentes. A primeira mensagem doutrinal da Igreja está no seu *ser* "caminho" e no seu *fazer* "partilha" (At 2,42ss.; 22,4), práxis, portanto: "Pelos frutos os reconhecereis" (Mt 7,16).

A "Proposição 5" assume a vinculação da fé com a práxis e distingue a ação do *homo faber* da atividade do cristão que é doação no duplo sentido de se dar e de ser agraciado por Deus:

> O fato de que a verdade da fé vivida no caminhar implica seu vínculo com a práxis e com a história dessa fé. Como a fé cristã está fundamentada sobre o Verbo Encarnado, seu caráter histórico e prático se distingue essencialmente de uma forma de historicidade na qual o homem sozinho seria o criador de seu próprio sentido (Internationale Theologenkommission, 1973, p. 32).

A memória do Verbo Encarnado nos lembra, por um lado, dos crucificados na história, contra todas as tendências atuais de ligar a fé a certo sucesso terrestre (milagres, bem-estar material, curas). Deus não é o patrocinador da vida fácil e de resultados previsíveis. Deus não é o Deus dos vencedores na história. Por outro lado, a fé fundamentada sobre o Verbo Encarnado é uma cobrança permanente da proximidade aos contextos e, portanto, de uma subjetividade plural na Igreja.

A "Proposição 9" aprofunda ainda a questão da proximidade e do enraizamento nos contextos:

> Por causa do caráter universal e missionário da fé, os acontecimentos e as palavras reveladas por Deus devem ser sempre repensadas, reformuladas e vividas de uma maneira nova no interior de cada cultura humana. Só assim a revelação divina pode se tornar realmente uma resposta às questões que estão enraizadas no coração de cada ser humano e que inspiram a oração, o culto e a vida cotidiana do Povo de Deus (Internationale Theologenkommission, 1973, p. 52).

Desde os confins do mundo, o caráter missionário da fé traz sempre novos desafios a respeito de sua comunicabilidade. Como tornar a fé "resposta" para a vida concreta dos povos e responsável por ela? Isso pressupõe a possibilidade de expressar essa fé em diferentes línguas e linguagens, de dar múltiplas respostas. Responder ao outro significa trabalhar e expressar-se com aquilo que a cultura do outro oferece, significa trabalhar com o culturalmente disponível, sem empréstimos culturais na cultura dominante. "Vivamos – concluiu o presidente do Celam, Dom Avelar Brandão Vilela, em seu discurso de abertura da *Conferência de Medellín* – o mistério da multiplicidade, que é filha da graça, em unidade do mesmo Espírito que anima, robustece e ilumina a nossa Igreja".

c) Identidade

Na questão da identidade, trata-se da construção do lugar próprio no mundo. Sem identidade não haveria respeito à alteridade. Essa identidade é construída entre dois extremos; entre a ingenuidade pré-moderna do "sou feliz por ser católico", que se desenvolve, muitas vezes, atrás de muros e questões formais, e o relativismo pós-moderno do "sou feliz por ser algo", abrindo mão da identidade própria. O diálogo, porém, exige abertura para as convicções do outro e da outra e pressupõe convicções próprias.

Pluralismo religioso-cultural e identidade marcam territórios conflitivos. A construção individual e coletiva da identidade faz parte de um processo histórico-cultural e biográfico de libertação da tutela e da opressão. A identidade há de ser pensada não pela rígida separação de muros, mas pela demarcação de arbustos que permitem a comunicação entre os espaços que delimitam.

Ao articular a dimensão ontológica e a dimensão histórico--social da identidade, pode-se afirmar com o psicanalista Costa Freire: "Não nascemos 'sendo'; somos o que nos tornamos, e, salvo exceção, nos tornamos o que a cultura permite que venhamos a nos tornar" (Costa Freire, 2000, p. 10). Com outras palavras: a identidade é um horizonte que "nos é revelado como algo a ser inventado, e não descoberto" (Baumann, 2004, p. 21), mas sempre condicionado pelo lugar social. Pessoas e grupos sociais vivem sempre entrelaçados entre o ser da herança, o "vir a ser" da história, e o culturalmente disponível. São herdeiros e construtores de sua identidade. Quando a herança se procura impor como algo estanque, e quando a construção do novo descuida das raízes, então surgem campos fechados ou campos abertos demais. Entre fechamento total e abertura sem limites, constrói-se a missão cristã de *estar no mundo sem ser do mundo*.

Ao debruçar-nos sobre a identidade de um grupo social, estamos olhando para um caminho traçado entre duas rochas: a da essência herdada e a da existência historicamente construída. Nos dois lados do caminho há abrigos suficientes para que os caminhantes se possam proteger contra o sol, contra as chuvas e contra a fome. De vez em quando irrompe da profundeza das rochas um terremoto; pedras caem sobre os peregrinos de todos os lados. Quando os abrigos poderiam mostrar a sua serventia, percebe-se que alguns poucos se apropriaram da senha dos abrigos que eram para todos. Esses poucos, portanto, caminham, sem risco.

A maioria, porém, vive exposta ao sol, à chuva e à fome. A sua identidade, forjada de diferenças e igualdades, não é reconhecida pelos privilegiados, detentores das senhas que abrem todas as portas. A senha que hoje abre as portas desses abrigos é uma combinação entre capital e privilégio. Nas questões da identidade se entrelaçam questões culturais, étnicas e políticas com questões de classe social, de cidadania, de direitos e de dignidade.

Os cristãos herdaram de Jesus Cristo a missão de derrubar "o muro da separação" (Ef 2,14). Essa missão é uma missão da paz, é seguimento de Jesus de Nazaré, que "é a nossa paz" (Ef 2,14). "Anunciar a Boa-nova aos pobres" significa derrubar um dos muitos muros de separação, que a sociedade permitiu construir não só entre países, mas também no interior de cada Estado e pessoa. Ao contar a Parábola do Bom Samaritano (Lc 10,25ss.), respondendo à pergunta sobre o que se deve fazer para obter a vida eterna, Jesus derrubou não só o muro étnico entre samaritanos e judeus, entre mestiços impuros e judeus puros, o muro clerical entre sacerdotes e leigos, mas também o muro entre seita marginalizada e religião oficial, entre justos e (considerados) pecadores, entre discurso e práxis, entre verdade e amor. Seguir a "falsa" religião dos samaritanos não impede, segundo a parábola, fazer o certo diante de Deus. O certo e decisivo para a vida eterna se chama "prática de caridade e justiça", não "pertença ao grupo cultural ou religiosamente correto".

d) *Normatividades*

O *Decreto sobre o múnus pastoral dos bispos na Igreja*, do Vaticano II (28 out. 1965), por exemplo, e a *Declaração sobre a unicidade e universalidade salvífica de Jesus*, da Congregação para a Doutrina da Fé (6 ago. 2000), têm nomes semelhantes. Ambos falam do "Senhor" que caminha. Mas o Senhor caminha, nesses documentos, em direções diferentes. O Decreto do Concílio inicia seu discurso em nome do "Cristo Senhor" (*Christus Dominus*), que desceu do céu e veio, enviado pelo Pai, para salvar o seu povo (cf. CD, n. 1). A Declaração da Congregação invoca o "Senhor Jesus" (*Dominus Iesus*), que subiu ao céu e, ao despedir-se dos seus, deu ordens e falou com "toda a autoridade" (DI, n. 1).

No Decreto, os padres conciliares se lembram da responsabilidade para com toda a Igreja e com o mundo; e essa responsabilidade se desdobra na partilha e no especial cuidado "pelos pobres e humildes" (CD, n. 6, 7, 13). Na Declaração, a Congregação para a Doutrina da Fé dirige-se a um público interno e enfatiza a unicidade e a universalidade salvífica de Jesus Cristo e da Igreja Católica. Falando em nome da Igreja, da qual é um setor minoritário, porém hegemônico, adverte aos "bispos, teólogos e todos os fiéis católicos" (DI, n. 3a) sobre "posições errôneas ou ambíguas" (DI, n. 3b). Seus destinatários parecem, na Declaração, propensos ao "relativismo religioso" (DI, n. 22a) e negligentes com o anúncio obrigatório de Jesus Cristo, que é "caminho, verdade e vida" (Jo 14,6; cf. DI, n. 22a). Mas esse mundo tem fome de pão e de sentido, que fazem parte de sua salvação, e não de sentenças. *Dominus Iesus* não se dirige aos pobres; nem os menciona uma única vez, certamente, por ter a consciência de que se trata de uma "correção interna", que não atinge os pobres, cujo problema não é a fé, é a fome (cf. Suess, 2005). Mas o mundo das religiões e da Igreja Católica, que é mormente o alvo da *Dominus Iesus*, é o mundo dos pobres.

O diálogo inter-religioso não pode ser assumido como um anexo metodológico da missão *ad gentes*. O Vaticano II marca um avanço normativo no reconhecimento das religiões dos não cristãos.

O Concílio parte do pressuposto de que as religiões não vão desaparecer e de que não vão se "converter" ao cristianismo. Portanto, o diálogo inter-religioso tem estatuto próprio. O Vaticano II

> exorta por isso seus filhos a que, com prudência e amor, por meio do diálogo e da colaboração com os seguidores de outras religiões, testemunhando sempre a fé e a vida cristãs, reconheçam, mantenham e desenvolvam os bens espirituais e morais, como também os valores socioculturais que entre eles se encontram (NA, n. 2c).

Os desafios e as propostas do diálogo inter-religioso hoje são diferentes da época de Francisco Xavier. Aceita-se o horizonte escatológico da unidade das religiões e credos. A compreensão da identidade cristã em sua dinâmica histórica permite pensar na possibilidade de um reconhecimento progressivo do valor salvífico das religiões entre si. "Quem apostar em uma unificação das religiões como resultado do diálogo inter-religioso só poderá ficar decepcionado. Essa unificação dificilmente se realizará dentro do nosso tempo histórico. Talvez não seja nem desejável", escreveu o então Cardeal Ratzinger alguns anos atrás (Ratzinger, 2003, p. 117).

A *Dominus Iesus* deve ser lida não como um documento substitutivo dos textos conciliares, mas no interior do espírito do Vaticano II, que reconhece nas religiões a experiência de Deus e o valor salvífico (cf. LG, n. 16; AG, n. 7; GS, n. 22). Sem esse reconhecimento, a Igreja Católica abriria mão de sua catolicidade, se isolaria e atestaria a si mesma a incapacidade de dialogar. O medo da dissolução pós-moderna da identidade, em benefício de uma arbitrariedade casual e experimental sem limites e sem rumo, é, de certo modo, a negação da presença de Deus no barco da história. Entre a determinação de testemunhar a própria fé e de evangelizar explicitamente os outros e o fanatismo intolerante e o fundamentalismo guerreiro, muitas vezes, há apenas uma tênue linha de separação (cf. Lehmann, 2005 e 2006).

Ao traçar linhas normativas, no mapa da moralidade pública, para a relação entre Igreja Católica e religiões não cristãs, deve-se conhecer os extremos e seus perigos: o realismo substancialista da afirmação de valores e o relativismo subjetivista de sua negação. Como sabedoria pedagógica e pastoral se impõe:

- enfatizar questões e soluções comuns entre Igreja Católica e as religiões não cristãs em articulação com a comunidade ecumênica;

- esclarecer questões e soluções não aceitáveis por ambas ou por uma das partes que exigem, subjetivamente, a "conversão" dos outros; como os ídolos e os falsos deuses estão por toda parte, essa conversão é não somente uma exigência *ad extra* (cf. AG, n. 13), mas *ad intra*: também a Igreja Católica, que vive "sempre na necessidade de purificar-se, busca sem cessar a penitência e a renovação" (LG, n. 8c);

- aprofundar questões e soluções que permitam uma articulação analógica, visando a uma aproximação progressiva no caminhar comum pelo mundo.

e) Horizonte escatológico

O horizonte escatológico da unidade das religiões e credos e a compreensão da identidade, não como muro, mas como arbusto, iluminam também as possibilidades do diálogo a partir de um reconhecimento progressivo do valor salvífico das religiões não cristãs entre si, com sua mais-valia sobre a paz mundial. A revelação de Deus na história, onde ele fala por sinais e pessoas, é o longo processo de um caminhar dinâmico.

Ao definir-se como sinal e sacramento de salvação, a Igreja do Vaticano II abriu mão, não da inteireza, mas da totalidade da salvação como possibilidade histórica, deixando uma porta de salvação aberta para aqueles que "ignoram o Evangelho de Cristo e sua Igreja" e se salvam "por meio do ditame da consciência" (LG, n. 16). Isso não foi uma generosidade precipitada, mas o óbvio. Um "sinal" é universalmente precário, porque requer sempre um contexto histórico-cultural específico e uma comunidade de interpretação. O "horizonte universal" configura a "causa maior" (justiça, igualdade, paz) que pode articular diferentes "causas particulares" (causa indígena, movimento sem terra, migrantes, excluídos). A perspectiva da ressurreição, a justiça da ressurreição, não é privilégio dos cristãos. Pela vontade salvífica universal de Deus, "devemos admitir que o Espírito Santo oferece a todos a possibilidade de se associarem, de modo conhecido por Deus, a este mistério pascal" (GS, n. 22).

Os outros caminhos de salvação e as outras religiões não são complementares ao caminho proposto por Jesus Cristo. A complementaridade aponta para "deficiências". A alteridade não é complementar à identidade, mas à sua condição de ser. Se a Igreja é, por natureza, missionária e dialogal, então essa natureza acolhe a alteridade das religiões positivamente. Em analogia com o Deus Uno, que é Trino para poder ser Deus-Amor; em Jesus Cristo, Deus Missão; e, no Espírito Santo, Deus Dom, pode-se compreender o fato da alteridade das religiões como um dom que permite à Igreja conhecer melhor a si mesma. E, ao conhecer a si mesma e à sua história nas Américas, com escravos nas sacristias e conventos, admite a "barbárie" como possibilidade e a vigilância como necessidade de todas as religiões.

7.3 Resumo, palavras-chave, questões

> No horizonte do diálogo cultural e religioso, está a *paz universal* da sociedade em que cada um consiga ver partes do seu sonho e do seu projeto presentes nos sonhos e nos projetos dos outros. Um pressuposto da paz e do diálogo é a *compreensão*

e o *respeito* do *outro*. A *unidade* da verdade, da fé e da Igreja não parte mais de uma compreensão de unidade autoritária, mas surge como articulação do múltiplo, do contextual e do diferente. A convivência articulada com o *outro* diferente é a resposta à *redução à monocultura* do mesmo universo.

O diálogo intercultural e macroecumênico pode não criar concordâncias materiais, mas pode empenhar-se na inclusão do *terceiro excluído* desse diálogo e da realidade social. O diálogo do "terceiro incluído" deixou de ser uma disputa concorrencial e se tornou um vaivém de "palavras verdadeiras" que iluminam perguntas abertas de diferentes ângulos.

Metodologicamente, essa paz não pode ser construída a partir de *dialéticas eliminatórias* ou *complementaridades funcionalistas e integracionistas*. No diálogo, procura-se *transformar antagonismos irreconciliáveis em polaridades constitutivas* de uma unidade construída na *concomitância diferenciada e articulada*. Aí está a dimensão mística do diálogo. Na parcialidade de cada cultura, guardam-se os anseios de todos e, na participação e cooperação entre iguais, a possibilidade de uma nova práxis.

8
Da prática: discernimentos na ação, horizontes de comunicação

Este capítulo procura esclarecer alguns pressupostos para a ação missionária em suas diferentes ramificações entre presença silenciosa e anúncio explícito nos confins do mundo e no meio de nós. A prática missionária é autoimplicativa: ao dirigir-se ao outro e propor a construção de um mundo novo, exige da comunidade missionária sempre a conversão de si mesma. Um dos grandes convertidos dos primórdios do cristianismo à prática missionária foi São Paulo. Quando ele, ainda com o nome de Saulo, ouviu a voz do Mestre, por ele perseguido, em Damasco, Jesus lhe deu as razões da conversão: foste chamado para voltar das trevas à luz e constituído *"servo e testemunha"* (At 26,16). Saulo, antes de sua conversão, era muito ativo e zeloso pela causa de Deus. Mas estava cego por não ter feito os devidos discernimentos. Na prática missionária existem muitos zelos e muitas atividades, mas faltam, às vezes, método e rumo, discernimentos e prioridades, autocrítica e conversão. Com tantas tarefas caseiras, a comunidade missionária pode esquecer-se do Reino que está no início e no centro da atividade messiânica de Jesus, em suas opções, seu anúncio, seu estilo de vida, seus sinais e sua defesa da vida dos pobres.

8.1 Discernimentos do agir missionário em seis continentes

O Vaticano II, no Decreto *Ad Gentes*, apontou explicitamente para três ramificações da atividade missionária: a "pastoral missionária", o "ecumenismo" e a "missão *ad gentes*" (AG, n. 6). Na Constituição Pastoral *Gaudium et Spes*, o Concílio acrescenta o diálogo com o ateísmo (cf. GS, n. 21) e, na Declaração *Nostra Aetate*, a dimensão do "diálogo inter-religioso". Quando hoje nas igrejas falamos de "missão", distinguimos – em vista dos destinatários e dos agentes – sete ou oito dimensões diferentes, muitas vezes entre si articuladas ou até sobrepostas. A rigor, não podemos mais claramente distinguir entre destinatários e agentes da missão, porque desde a ênfase, que o Vaticano II deu na natureza missionária de todos os batizados, agentes e destinatários da missão estão em uma relação de reciprocidade. Todos somos agentes e destinatários.

Nos documentos eclesiais, missão pode significar "testemunho no mundo", "pastoral missionária", "nova evangelização", "reevangelização", "ecumenismo", "diálogo inter-religioso", e "missão *ad gentes*", e "missão *inter gentes*" e missão além-fronteiras. Todas essas atividades missionárias, no seu conjunto, configuram "a missão da Igreja no mundo". Todas as dimensões missionárias podem articular-se por meio de "testemunho" e de "sinais" não verbais e de um "anúncio explícito". Também em todas as dimensões da ação missionária da Igreja, nos seis continentes, estão presentes diálogo e serviço, testemunho e anúncio. Diálogo, testemunho e anúncio podem operar mudanças significativas. E com essas "mudanças significativas" já estamos na esfera da "conversão recíproca" e na construção do Reino. Tentamos, a seguir, fazer uma triagem conceitual para – a partir da especificidade de papéis e contextos, agentes e destinatários – mostrar a amplitude do conjunto da atividade missionária.

a) Missão-testemunho no mundo

A palavra "missão" pode designar genericamente o envio para cumprir uma tarefa. Nesse sentido, por exemplo, pode-se falar de uma "missão diplomática" a serviço de um determinado governo. Toda tarefa assumida com fins humanísticos, independentemente de suas motivações e não associada a uma "conversão" religiosa, pode-se tornar uma "missão".

Para os batizados, sua "missão" nunca está desvinculada de sua fé. Entretanto, na Igreja podemos falar de uma missão que não tem por objetivo a mudança religiosa de um grupo específico por meio de uma evangelização explícita, mas o testemunho silencioso acoplado a atividades profissionais. Nesse sentido, pode-se falar muito genericamente da missão dos leigos ou dos religiosos no mundo. Também os sacerdotes operários se propuseram esse tipo de missão no mundo do trabalho. *Ad extra* trata-se de um testemunho não confessional de vida; *ad intra* de um testemunho inspirado e sustentado pela mística da própria fé. No mundo moderno "podem ocorrer circunstâncias que não possibilitam por algum tempo a proclamação direta e imediata da mensagem evangélica. Nesse caso, [...] os missionários ao menos podem e devem testemunhar a caridade e beneficência de Cristo" (AG, n. 6).

A vida dos cristãos pretende ser sempre um sacramento, um sinal de outra realidade. "Onde quer que vivam, pelo exemplo da vida e pelo testemunho da palavra, devem todos os cristãos manifestar o novo homem que pelo batismo vestiram [...]. Assim os outros, vendo as suas boas obras, glorificarão ao Pai" (AG, n. 11). Santo Domingo confirma que "o testemunho de vida cristã é a primeira e insubstituível forma de evangelização" (DSD, n. 33; cf. RMi, n. 42). O Verbo Encarnado nos deu por trinta anos o exemplo do testemunho silencioso da vida. Esse testemunho está no centro de muitas parábolas, discursos e sinais de Jesus. Seus sinais de vida (milagres) apontam para a palavra da vida. O testemunho como "proclamação silenciosa" da fé, como "participação solidária" e "presença" no meio dos grandes conflitos do mundo, é uma tarefa de todos os batizados (cf. EN, n. 21; AG, n. 12).

b) Pastoral missionária na paróquia

Já que a Igreja é "por sua natureza missionária" (AG, n. 2), sua missão nas comunidades cristãs, portanto, a sua ação pastoral, é sempre uma "pastoral missionária". O Povo de Deus, a quem cabe a "missão evangelizadora" (DP, n. 348), é um povo santo e pecador. Cada dia há de se converter à palavra da verdade (cf. DP, n. 349). O advento do Reino exige da Igreja um "estado penitencial" permanente (Mc 1,14s.) "renovando-se e purificando-se incessantemente, sob a direção do Espírito Santo" (GS, n. 21,5). A missão evangelizadora começa sempre com a própria conversão. "Evangelizadora como é, a Igreja começa por evangelizar a si mesma [...]. Ela tem necessidade de ouvir sem cessar aquilo que ela deve acreditar, as razões da sua esperança e o mandamento novo do amor" (EN, n. 15). A pastoral missionária exige uma autoevangelização da Igreja local "por uma conversão e uma renovação constantes". Conversão e renovação são pressupostos para "evangelizar o mundo com credibilidade" (EN, n. 15; RMi, n. 43; cf. Conselho Pontifício, 1991, n. 32).

Por outro lado, a "pastoral missionária" confere a todas as atividades pastorais – serviço (*diakonia*), diálogo/anúncio (*kérygma*), testemunho (*martyría*), celebração (*leitourgía*) – uma dimensão *ad extra*. Uma "pastoral de manutenção" seria uma pastoral que vive do "capital pastoral" do passado, uma pastoral sem futuro. A dimensão missionária protege a pastoral contra a rotina, a introversão e a autossuficiência.

c) Nova evangelização entre os cristãos culturais

Com a *Redemptoris Missio* (cf. RMi, n. 33), poderíamos entender a "nova evangelização" ou "reevangelização" como missão da Igreja entre aqueles que deixaram, por influência da secularização, de ser cristãos. Na prática pastoral das Igrejas latino-americanas, porém, a "nova evangelização" se tornou, sobretudo nas *Conclusões de Santo Domingo*, uma bandeira, não para combater a secularização, mas para aprofundar, completar e corrigir as deficiências da "primeira evangelização" (cf. DSD, n. 24). "Falar de Nova Evangelização não quer dizer reevangelizar" (DSD, n. 24), afirmam as *Conclusões de Santo Domingo* em certa tensão com a *Redemptoris Missio*. A "nova evangelização" dá continuidade à "primeira evangelização", libertando-a das amarras da colonização, por meio de uma "evangelização inculturada" (cf. DSD, n. 13, capítulo 1). Os leigos serão os "protagonistas da Nova Evangelização", e "os batizados não evangelizados", seus "principais destinatários" (DSD, n. 97).

d) Reevangelização entre os não praticantes

A reevangelização, "especialmente nos países de antiga tradição cristã" (RMi, n. 33), contempla – como efeito da secularização – a pertença meramente formal à Igreja. "Grupos inteiros de batizados perderam o sentido vivo da fé, não se reconhecendo já como membros da Igreja e conduzindo uma vida distante de Cristo e de seu Evangelho" (RMi, n. 33). Algumas metrópoles ou regiões cristãs tornaram-se hoje "terra de missão" (RMi, n. 32), habitada por ex-cristãos ou por não praticantes (cf. RMi, n. 37). Os destinatários da reevangelização são ex-cristãos que perderam – muitas vezes pela migração do campo para a cidade – suas raízes e referenciais cristãos. À sua migração geográfica corresponde, às vezes, uma migração pelas mais diversas denominações religiosas.

A finalidade da reevangelização seria sua reintegração ao cristianismo de origem e seu enraizamento nele.

e) Missão ecumênica entre os cristãos não católicos

O ponto de partida da "missão ecumênica" é o escândalo da ruptura dolorosa entre os cristãos e o imperativo da unidade proclamado por Jesus. O "movimento ecumênico" chamou a atenção da Igreja em toda a sua atividade missionária a respeitar a liberdade e a diversidade (cf. UR, n. 4); considerar a "hierarquia" de verdades existente na própria doutrina católica (cf. UR, n. 11); cultivar o diálogo e a caridade, em vez de sucumbir a um "falso irenismo" ou a intransigências fundamentalistas. "O ecumenismo é uma prioridade na pastoral da Igreja do nosso tempo" (DSD, n. 135). A partir da Segunda Guerra Mundial e do Concílio, "intensificaram-se as relações fraternas com as igrejas e comunidades eclesiais que não se encontram em plena comunhão com a Igreja Católica e iniciaram-se e multiplicaram-se diálogos teológicos" (Conselho Pontifício para a Promoção da Unidade dos Cristãos, 1994, n. 172). Todos esses diálogos não visam a resultados a curto prazo. Devem ter consciência da dimensão escatológica da recapitulação definitiva em Cristo. A "missão ecumênica" que, *ad intra*, visa à unidade dos cristãos pode, *ad extra*, somar forças nas grandes questões não confessionais que hoje atormentam a humanidade: a paz, a justiça, a diversidade cultural, a nova ordem mundial, a ecologia, as futuras gerações.

f) Diálogo inter-religioso entre os seguidores de religiões não cristãs

Desde o Vaticano II, a Igreja não só reprovou "toda e qualquer discriminação ou vexame contra homens por causa de raça ou cor, classe ou religião, como algo incompatível com o espírito de Cristo" (NA, n. 5), mas convidou repetidas vezes ao diálogo e à colaboração "com os seguidores de outras religiões, testemunhando sempre a fé e a vida cristã" (NA, n. 2). Nas religiões não cristãs, podemos, segundo o Concílio, descobrir "um raio daquela verdade que ilumina a todos os homens" (NA, n. 2); podemos encontrar a "semente do Verbo" (AG, n. 11; LG, n. 17). Elas representam, entrelaçadas nas culturas dos respectivos povos, uma "preparação evangélica" (LG, n. 16; EN, n. 53) e uma "pedagogia de Deus para Cristo" (AG, n. 3). Também as religiões não cristãs desempenham um papel salvífico. Jesus "manifestou uma atitude de abertura para com os homens e as mulheres que não pertenciam ao povo eleito de Israel" (Conselho Pontifício, 1991, n. 21; cf. n. 17). O diálogo inter-religioso é um diálogo de salvação que tem seu lugar na missão salvífica da Igreja (Conselho Pontifício, 1991, n. 39). Esse diálogo não ocorre somente entre as chamadas grandes religiões. Também as religiões dos povos indígenas e as religiões africanas nas Américas ou da África devem ser contempladas com esse diálogo. A finalidade do diálogo entre as religiões não é de proselitismo ou de competição, mas – a partir da complementaridade antropológica – de aprofundar e enriquecer o próprio caminho.

g) Missão ad gentes *entre os que não creem em Deus*

Na mentalidade da Cristandade, coincidiu a missão *ad gentes* com a missão além-fronteiras. Vejamos o caso da Espanha. No mesmo ano da conquista das Américas, a Espanha expulsou os árabes maometanos e os judeus do seu território. Por muito tempo, os índios foram considerados sujeitos de idolatrias, não de religiões. Portanto, para um missionário da época colonial coincidiu a missão *ad gentes* com a missão daqueles que não foram considerados sujeitos de religião. Essa herança etnocêntrica ainda está bastante presente no significado do conceito da missão *ad gentes*.

Hoje, com as missões específicas da nova evangelização, da reevangelização, do ecumenismo e do diálogo inter-religioso, é mais difícil determinar os destinatários da missão *ad gentes*. Os próprios documentos oficiais da Igreja refletem essa dificuldade. O "Decreto sobre a atividade missionária", do Vaticano II, considera "missão *ad gentes*" o desdobramento da "missão do próprio Cristo, enviado a evangelizar os pobres" (AG, n. 4, 5). Mas os "pobres" podem ser paroquianos, "crentes" ou umbandistas em nossa cidade, podem ser hinduístas e maometanos na América Latina, na Ásia e na África. Por conseguinte, a "missão *ad gentes*" não pode ser identificada com a evangelização dos pobres nem com a missão além-fronteiras.

O Vaticano II fornece mais dois critérios para identificar os destinatários da missão *ad gentes*: o desconhecimento de Cristo e a vivência fora da Igreja. A Igreja tem o dever "de pregar o Evangelho a todos os que ainda se achem fora" (AG, n. 6) dela e "não creem em Cristo" (AG, n. 20). Também a *Redemptoris Missio* define a missão *ad gentes* como evangelização dos que "ainda não conhecem Cristo Redentor" (RMi, n. 31).

Como pode-se entender esse "desconhecimento de Cristo"? No mundo planetário de hoje, o desconhecimento tem outra qualidade do que na época de Jesus ou na Idade Média. Dificilmente significa "nunca ter ouvido falar" de Jesus. Tampouco significa "não ter acesso" à doutrina do cristianismo. Também os cristãos não podem alegar um desconhecimento total do budismo ou do hinduísmo. "Desconhecimento" no mundo da comunicação total pode significar: meu território religioso está satisfatoriamente demarcado e por isso não quero informações sobre outras religiões que – por serem exclusivas e inclusivas – visam a uma troca de religião. Onde o terreno religioso está ocupado cabe, por exemplo, o diálogo inter-religioso e não a missão *ad gentes*.

Nos territórios confiados às Igrejas jovens, "especialmente na Ásia, mas também na África, América Latina e Oceania, existem várias zonas não evangelizadas: povos inteiros e áreas culturais de grande importância, em muitas nações, ainda não foram alcançadas pelo anúncio evangélico nem pela presença da Igreja local" (RMi, n. 37). Com isso, cai o critério territorial. Em muitos territórios nacionais, encontram-se ao lado de paróquias estabelecidas como "áreas culturais" para a missão *ad gentes*, para o diálogo inter-religioso, para a reevangelização e práticas ecumênicas.

Na expressão e prática da "missão *ad gentes*" convivem uma terminologia bíblica com diferentes tradições históricas e culturais, por vezes em tensão com novas práticas missionárias pós-conciliares. E "pós-conciliar" não significa "modernizar" a ação missionária, mas inculturá-la na modernidade enquanto ela representa "um sinal de Deus em nosso tempo". Por via de eliminação, podem-se identificar os sujeitos da missão *ad gentes* e redefinir sua abrangência:

• os católicos das paróquias são os destinatários da nova evangelização e da pastoral missionária;

• os não praticantes são os destinatários da reevangelização;

• os cristãos de outras confissões e denominações são os destinatários do diálogo ecumênico;

• os seguidores de outras religiões são os destinatários do diálogo inter-religioso.

Resta o número crescente dos que, declaradamente ou na prática de sua vida, mostram que não acreditam em um Deus institucionalmente definido: os ateus. Periodicamente o Instituto Brasileiro de Geografia e Estatística (IBGE) e o Instituto do Grupo Folha, o Datafolha, publicam também dados sobre a evolução estatística das religiões no Brasil. Segundo a última pesquisa do Datafolha, de 2022, o rosto religioso dos brasileiros é o seguinte: católicos 49%, evangélicos 26%, outras religiões 11% e sem religião 14%. Segundo dados da CNBB, em 1994, foram somente

5% que se declararam "não acreditar em nada" (CNBB, 1995, n. 157s.). Já naquele ano as Diretrizes lamentaram: "A porcentagem dos que se declaram católicos, porém, continua diminuindo" (CNBB, 1995, n. 157s.).

Em 2020, segundo o Datafolha, o cenário religioso no Brasil era caracterizado pela predominância da religião católica, à qual 50% dos brasileiros se declararam pertencentes. Os evangélicos representavam a segunda maior parcela, com 31% da população. Os brasileiros sem religião correspondiam a 10%, enquanto 3% se identificavam como espíritas. Religiões afro-brasileiras, como umbanda e candomblé, englobavam 2% dos praticantes, mesma porcentagem atribuída a outras religiões não especificadas. Os ateus somavam 1%, e a religião judaica era seguida por 0,3% da população. No meio dos agnósticos, a missão *ad gentes* encontra um espaço religioso institucionalmente vazio, portanto, fora dos parâmetros do proselitismo. Na missão *ad gentes*, a Igreja pode dedicar todo o seu esforço ao fenômeno do ateísmo na Modernidade.

Hoje, a missão *ad gentes* não pode mais ser caracterizada pela distância geográfica. O que caracteriza a missão *ad gentes* é a "distância religiosa", assumida pelos próprios atores que rejeitam qualquer "vinculação" transcendental com a humanidade. O diálogo com os que não creem em Deus deve assumir a herança da antiga missão *ad gentes*. O grande divisor das águas no mundo de hoje há de ser estabelecido não entre católicos e não católicos ou entre cristãos e não cristãos ou entre religiões monoteístas e politeístas, mas entre crentes em Deus e não crentes.

Quando cristãos falam de ateus, não emitem um julgamento de valor. Tampouco falam de inferioridade ou superioridade ética. Entre os que não creem em Deus se encontram pessoas empenhadas em uma solidariedade humanitária e com uma ética altruísta muito elevadas. O que para os crentes em Deus é um dever religioso, para os ateus pode ser uma virtude filosófica. Jesus adverte contra o materialismo dos pagãos (Mt 6,32), que por si estão "sem esperança e sem Deus no mundo" (Ef 2,12; cf. GS, n. 21). Anunciar neste mundo de injustiças sociais e esperanças desfeitas a "justiça da ressurreição" pode ser a nova missão *ad gentes*, não só nos confins do mundo, mas nos seis continentes do nosso planeta e no meio de nós (cf. Suess, 2000).

h) Missão inter gentes

A "missão *ad gentes*", no seu sentido tradicional, hoje se tornou "missão *inter gentes*", missão entre povos e continentes, entre Igrejas locais e Igreja universal. O paradigma da "missão *inter gentes*" surgiu no contexto do pluralismo religioso da Ásia, onde vive mais de 60% da humanidade. É um contexto de diálogo com as religiões, as culturas e os pobres. A Teologia da Missão da "Federação das Conferências Episcopais da Ásia/FABC" pode ser sintetizada como Teologia da Missão *inter gentes* (Tan, 2004, p. 82ss.).

O paradigma da *missio inter gentes* corresponde ao espírito do Vaticano II:

• leva em conta a situação do pluralismo religioso e da diáspora crescente da Igreja no mundo de hoje;

• enfatiza a responsabilidade da Igreja local para a missão;

• quebra o monopólio de uma Igreja que envia missionários e uma Igreja que os recebe;

• admite a reciprocidade e conversão mútua entre agentes e destinatários da missão e da Igreja em seis continentes e, por conseguinte, valoriza o diálogo intercultural e inter-religioso;

• sublinha a missão como uma atividade, não entre indivíduos, mas entre comunidades.

É importante que a ex-Cristandade latino-americana se prepare para a nova situação religiosa que se apresenta concomitantemente como religiosidade popular herdada e diáspora do pequeno rebanho.

i) Missão além-fronteiras

Com a articulação transnacional dos mercados, capitais e meios de comunicação, as fronteiras geográficas perderam muito de sua antiga importância. A relativização das fronteiras geográficas permite hoje, com mais realismo, levar a sério o horizonte universal da missão. Novas fronteiras, porém – fronteiras culturais e sociais –, atravessam quase todos os países. Neste novo cenário de "missão além-fronteiras", os cristãos vivem a mística da presença e do caminho, do seguimento e do despojamento em meio aos desafios da alteridade.

A missão além-fronteiras precisa ser desvinculada da missão *ad gentes*. A missão além-fronteiras hoje pode ser o envio a um país da África para ajudar uma igreja-irmã em sua "pastoral missionária"; pode significar o envio para o diálogo inter-religioso na Amazônia ou para uma missão ecumênica em qualquer país da Ásia. Pode, também, significar reevangelização ou missão *ad gentes* na Europa.

A partir das diferentes dimensões da "natureza missionária" da Igreja e como seus desdobramentos específicos, emergem hoje quatro círculos concêntricos no interior dessa missionariedade e ação evangelizadora:

• a pastoral missionária;

• a missão da unidade ecumênica entre os cristãos das mais diferentes denominações;

• a missão junto aos crentes não cristãos;

• a missão *ad gentes* entre os agnósticos.

Cada uma dessas "missões" precisa, em vista de seus destinatários específicos, elaborar um catálogo de prioridades contextualizadas, uma metodologia própria, conteúdos específicos com signos, imagens e linguagens inculturadas que são o campo próprio da prática missionária.

8.2 Comunicação intercultural da fé

Culturas marcam diferenças simbólicas, ideológicas, materiais e fronteiras geográficas entre povos e grupos sociais. Entre diferentes pessoas e culturas existe a dificuldade de comunicação. Mas os diferentes poucas vezes são absolutamente diferentes. Entre eles existem faixas de transição cultural que permitem uma comunicação parcial ou até plena entre os respectivos interlocutores. Os pontos comuns permitem falar de semelhanças, fazer comparações ou até afirmar uma compreensão correta, mesmo em se tratando de territórios culturais diferentes. Na comunicação intercultural da fé sempre se tem por tema a comunicação entre diferentes, mesmo no interior de uma mesma cultura. Pessoas humanas entre si são diferentes, porém não absolutamente diferentes. Na comunicação da fé entre diferentes culturas, apostamos que a razão única dessa fé possa ser comunicada em diferentes línguas e linguagens.

O diferente pode-se configurar pela diferença de signos, de significados ou de signos e significados ao mesmo tempo. Para os gregos, a cruz significou "loucura"; para os cristãos, "poder de Deus" (1Cor 1,18). Nesse caso existe uma identidade do signo (cruz), mas uma radical diferença do significado (loucura x poder de Deus). Apesar da diferença, São Paulo conseguiu comunicar-se com os gregos e fundar comunidades cristãs na Grécia.

José de Anchieta, por exemplo, não encontrou entre os tupinambás a palavra "pecado". Sem pecado não existe a possibilidade de falar em salvação. A "Boa-nova" pressupõe a "má notícia". Na comparação de línguas e universos simbólicos diferentes sempre "faltam" e "sobram" palavras e signos. Também nesse caso a comunicação não é uma impossibilidade, mas um longo caminho de múltiplos aprendizados. O estabelecimento externo de equivalências tornaria esse aprendizado desnecessário. Seria a negação da diferença e a falta de reconhecimento da alteridade. Signos interculturalmente iguais não dispensam esse aprendizado, porque o significado pode ser sempre diferente. Na aproximação à cultura do outro precisamos, didaticamente, partir da possibilidade de que tudo que parece semelhante pode ter um significado muito diferente e, ao mesmo tempo, da possibilidade de "consensos sobrepostos".

Para caracterizar o mal-entendido possível, quer dizer, o bloqueio da comunicação intercultural, pode servir de exemplo a história de um missionário que chegou com seu gato em uma aldeia indígena. Segundo a crença daquele povo, apenas bruxos tinham gatos, que usavam para roubar a alma das pessoas enquanto dormiam. O missionário, com seu gato, foi logo identificado como bruxo. No dia seguinte à sua chegada, reuniu-se com o povo da aldeia. Perguntado sobre o objetivo de sua vinda, o missionário declarou que havia vindo para conquistar a alma do povo para Cristo. Por algum tempo, obviamente, esse missionário correu risco de vida e foi expulso da aldeia.

No meio dos códigos próprios de cada cultura se encontram códigos comuns entre culturas, que permitem uma comunicação intercultural inicial, porém precária. A diversidade de linguagens e de universos simbólicos é atravessada pela unidade do gênero humano. Questões essenciais comuns em torno da vida e da morte, da convivência e da justiça, do indivíduo e da comunidade encontram nas diversas culturas estratégias diferentes para resolver problemas semelhantes.

A discussão sobre possibilidades e limites da comunicação intercultural da fé surgiu a partir de questionamentos do paradigma ocidental com suas pretensões de representar uma cultura universal, a civilização europeia, hoje amalgamada com os padrões de comunicação do mundo moderno globalizado. Essa cultura/civilização globalizada, que alguns chamam de "hipercultura", criou padrões quase comuns de trabalho (trabalho especializado, colarinho-branco, trabalho penoso, desemprego), de consumo (McDonald's, Coca-Cola), de roupas (*jeans* e tênis), de divertimento (*hits*, cinema, futebol, Mr. Bean) e de linguagens (*playground*, *happy hour*). Trata-se, nessa globalização, de uma nova colonização do mundo vivencial dos povos e grupos sociais?

A comunicação, a hermenêutica e o diálogo interculturais nos introduzem a um debate, o debate da hermenêutica intercultural, que já produziu bibliotecas sobre o "conflito das interpretações". Esse debate desapareceu, temporariamente, no ano de 1968, quando os jovens, por meio dos seus protestos, sinalizaram: chega de interpretações do mundo. Agora vamos mudá-lo[19]. Em seguida, a hermenêutica voltou com muita força. Hoje temos a impressão de que esse debate nunca termina. Na comunicação intercultural da fé, estamos inseridos nesse debate inconclusivo da hermenêutica intercultural em um mundo cada vez mais complexo e articulado.

a) Lugar teológico

O discurso teológico, que reivindica validade universal, surgiu no interior de culturas e/ou civilizações hegemônicas que se consideravam universais, como, primeiramente, os impérios, depois a colonização e, por último, o mundo globalizado. Esse discurso teológico se impôs como discurso único, legítimo e supostamente

---

19. Cf. a XI tese de Marx sobre Feuerbach: "Os filósofos somente interpretaram o mundo de vários modos; agora a questão é de mudá-lo".

verdadeiro. Mas comunicação e discursos são eventos e ações culturais, e, como tais, particulares. Nos territórios culturais quase tudo é particular: o universo simbólico de sentido, as produções materiais e as normas para a convivência social. Culturas são projetos específicos de vida.

Advertidos pela antropologia sobre essa especificidade de universos culturais, nas ciências da comunicação se confirmaram dúvidas a respeito da possibilidade de discursos e comunicação universais. Não existe um ponto arquimediano, extraterrestre e extracultural, a partir do qual se poderia estabelecer uma comunicação universal da fé ou construir um discurso suficientemente intercultural capaz de ser compreendido por todos os ouvintes de uma maneira idêntica.

O Vaticano II permitiu, por meio de novos tópicos como "Igreja Povo de Deus", "Igreja local", "contextualização", "inserção" (inculturação), "diálogo", repensar muitos pressupostos da universalidade antes não questionados (cf. Suess, 1997). Em consequência disso, as dúvidas sobre a relevância universal e a possibilidade real de uma metateologia ganharam força. Cresceu a certeza de que na antes chamada teologia universal se trata apenas de uma teologia regional. Em seguida surgiram novos discursos teológicos a partir de determinados contextos socioculturais, como as teologias afro, as teologias da libertação, as teologias do diálogo inter-religioso e as teologias índias. A unidade da teologia e da fé só poderá ser, como a unidade da Igreja, uma unidade pentecostal na diversidade do Espírito Santo. O lugar teológico da comunicação universalmente contextualizada da fé é Pentecostes.

A fé, antes de se realizar plenamente como opção de vida, passa pela mediação dos sentidos, pelos ouvidos, pelos olhos, pela boca e pelas mãos. A fé é situada em um determinado lugar e tempo; é anunciada, recebida e assumida culturalmente, e isso significa que é vivida sensitiva, espiritual, intelectual, material e historicamente em uma grande multiplicidade de projetos de vida. Não existe recepção, comunicação e vivência da fé pré-cultural ou extracultural nem pré ou extra-histórica. O salmista resume assim: "Falei com uma voz, responderam com duas" (Sl 62,12). Como as culturas existem somente no plural, as respostas da fé foram e são plurais. À primeira fala de Deus, a humanidade responde com as múltiplas vozes de suas culturas.

Essas múltiplas respostas não são um acidente de percurso, mas devem ser positivamente interpretadas como participação na criação do mundo. E, nesse mundo, povos e indivíduos defendem sua identidade sempre em contraste com a alteridade. Desse contraste nasce o imperativo da pluralidade em unidade. Essa unidade não é a da metafísica ou ontologia do gênero humano, mas a unidade construída por meio da razão, da verdade, do sentido último presentes em múltiplos projetos de vida que se manifestam em múltiplas vozes. A vida é gerada não no encontro consigo mesmo, mas sim no encontro com os outros. A emancipação da uniformidade identitária que acontece por meio das culturas não deve ser confundida com contextualismo fechado ou com relativismo arbitrário.

Quem carrega as tintas na diferença das culturas e sua incomparabilidade (relativismo extremo) nega não só a possibilidade de uma comunicação intercultural, mas também a possibilidade de traduções adequadas. Nesse caso, a convivência intercultural aponta para colmeias fechadas, que constituem quase prisões culturais, e para a incomunicabilidade intercultural. Sendo assim, ninguém pode aprender algo do outro, porque a solução de um determinado problema na cultura do outro não pode ser comparada a um problema na própria cultura. Quem, por outro lado, menospreza a diferença cultural (universalismo extremo) e destaca a semelhança e comparabilidade entre culturas corre o perigo de confundir a semelhança dos signos com a semelhança dos significados e desqualificar a língua do outro como um mero dialeto.

O universalismo extremo corre o risco de se tornar uma forma de colonização do mundo vivencial do outro. O relativismo extremo, por sua vez, relativiza as afirmações de verdade que poderiam nortear a ação; relativiza-as, politicamente, pelo voto democrático; cientificamente, pelo experimento, que pode ser repetido em qualquer momento; e, vivencialmente, pela tolerância que pode dificultar a construção de um projeto de vida comum. A diferença afirmada pelo relativismo extremo favorece a indiferença intercultural e intersubjetiva. Resta-lhe apenas um reconhecimento intelectual do diferente sem prática de solidariedade. A meta da evangelização, porém, é estabelecer uma comunicação intercultural da fé por meio de uma ponte sobre as duas colunas: sobre a coluna da diferença reconhecida e sobre a coluna da unidade concretamente possível.

O documento *Diálogo e Anúncio*, do Pontifício Conselho para o Diálogo Inter-Religioso, apontou para quatro formas diferentes de diálogo inter-religioso e de comunicação intercultural (Conselho Pontifício, 1991, n. 42): (1) o diálogo da vida, (2) das obras, (3) dos intercâmbios teológicos e (4) da experiência religiosa. Os quatro diálogos – o da convivência, o da prática solidária, o da teologia e o da mística orante – são articulados em rede. As quatro comunicações são imprescindíveis para que haja uma comunicação intercultural da fé. Mas essa comunicação acontece na diversidade das respectivas compreensões. A verificação da unidade semântica da fé, em última instância, passa sempre pela prática do amor (cf. 1Cor 13; Tg 2,17). Quem ama compreende, reconhece e sabe conviver com aquilo que não compreende.

b) Diferentes linguagens

Na comunicação verbal, distinguem-se linguagens lógicas, analógicas e gerais. Nas linguagens lógicas, trata-se de operações numéricas, matemáticas e operações de lógica formal. Essas operações são universais; são passíveis de erros, mas não de mal-entendidos semânticos. Universais são também sistemas funcionais, como a técnica, as chamadas ciências exatas, o trânsito, o sistema financeiro e a burocracia. Funcionam igual em todo o mundo. Uma máquina a vapor, um carro, a internet e a bolsa de valores funcionam igual em todos os territórios do planeta. Também o mercado procura, por meio de uma padronização dos seus produtos e dos meios de comunicação, tornar-se independente de contextos culturais. Um mecânico *guarani*, que sabe consertar um carro em sua aldeia, certamente pode consertar um carro semelhante também em uma aldeia *kaingangue*. E um grupo dos *otomies*, do Equador, saberá vender seu artesanato em uma esquina de Lima, do mesmo modo que vende em uma praça de Roma.

Linguagens lógicas e sistemas funcionais não estão enraizados em contextos vivenciais específicos. Não pertencem a uma determinada cultura, mas ao conjunto da civilização humana. Por causa de sua univocidade, quer dizer, por causa do seu alto grau de abstração e de sua capacidade de se aplicar a sujeitos diferentes de maneira absolutamente idêntica (unívoco), são isentos de intervenções culturais, políticas e morais; as mediações e as funções dessas linguagens lógicas são reversíveis e não representam problemas para uma comunicação intercultural. Não serão objetos dessa reflexão porque a comunicação da fé propõe, exatamente, o contrário: universalmente contextualizar os artigos e a vivência da fé.

O outro grupo de linguagens, no sentido amplo, emerge da complexidade dos contextos vivenciais, portanto, culturais; são as linguagens analógicas. Essas são inseridas em contextos e relações. Linguagens e conceitos analógicos recebem seus conteúdos de mundos vivenciais e relações recíprocas. A contextualidade e a relacionalidade abrem espaços para mal-entendidos e equívocos. Compreender mundos vivenciais, portanto, culturas e projetos de vida diferentes, necessita permanentemente de tradução, de interpretação, de revisão e de intersubjetividade que forjam sempre novas perguntas.

Nesse universo das linguagens analógicas, em sua interação com contextos e relações recíprocas, situa-se a comunicação intercultural da fé. A reciprocidade da comunicação intercultural da fé aponta para um aprendizado dialógico recíproco. Aquele que quer transmitir a sua fé para os outros não só comunica e pratica algo já pronto e acabado, mas ele também aprofunda a sua fé nesse diálogo recíproco de convivência e evangelização. Também o evangelizador só tem uma compreensão parcial da fé e do Evangelho porque também a sua cultura, como todas as culturas, é inadequada a receber a plenitude da mensagem divina.

A tradução, a interpretação e o anúncio da mensagem da fé envolvem em um processo permanente de escuta, de pergunta e de resposta a comunidade missionária como comunidade de comunicação. Comunicação não é um processo unilateral entre emissor e receptor. O receptor não é objeto do missionário-emissor, tampouco é meramente objeto da mensagem ou do anúncio. O receptor é sujeito e, como tal, também emissor do anúncio historicamente situado. Comunicação não é um processo unilateral entre falante e ouvinte. O ouvinte é falante, testemunha e memória viva. No próprio processo de uma comunicação bem-sucedida, a mensagem, o emissor da mensagem e o seu receptor se transformam permanentemente. A transmissão da fé acontece em linguagens analógicas e equívocas, não em linguagens lógicas e unívocas. A própria voz de Jesus (*ipsissima vox*) é também uma voz que fala em parábolas contextuais e por meio de signos culturais.

As chamadas "línguas gerais" representam uma terceira linguagem, que permite a dois diferentes se comunicar, sem incorporação recíproca no universo do respectivo interlocutor. O falante "A" e o ouvinte "B" se comunicam por meio de uma língua "C". A língua geral do mundo helenístico de 300 a.C. até 500 d.C. foi a coiné, a língua grega na qual o Novo Testamento foi redigido. Serviu para muitos Padres da Igreja como língua-padrão e tornou-se para um amplo território e por um bom tempo a língua oficial da Igreja. A partir do século IV, o latim tornou-se língua geral do Império Romano e língua litúrgica da Igreja. Hoje, no mundo globalizado, o inglês assumiu o papel de uma língua geral. Depois do Vaticano II, as línguas vernáculas foram assumidas como línguas litúrgicas, sem afetar o rito como tal. Administramos os sacramentos em línguas regionais, mas os ritos dos sacramentos continuam ritos romanos, ritos de uma língua particular hegemônica.

Nas Américas, os missionários acostumados com a língua geral da Igreja, que teve, como língua latina, certa proximidade com suas línguas de origem (espanhol, português e italiano), queixaram-se sobre a multiplicidade das línguas indígenas. O jesuíta José de Acosta, por exemplo, em seu tratado *De procuranda indorum salute* (1576), constata com certa resignação: "Dizem que em outros tempos com setenta e duas línguas entrou a confusão no gênero humano; mas estes bárbaros têm mais de setecentas línguas" (Acosta, 1954, liv. 1, cap. 1, p. 399). Também o Padre Antônio Vieira, em seu *Sermão da Epifania*, aponta entre as dificuldades para a catequese dos índios a questão linguística. "Na antiga Babel houve setenta e duas línguas; na Babel do rio das Amazonas já se conhecem mais de cento e cinquenta, tão diversas entre si como a nossa e a grega; e assim, quando lá chegamos, todos nós somos mudos e todos eles surdos" (Vieira, 1959, p. 24). Para solucionar o problema, estabeleceram algumas línguas indígenas – nauatle, quéchua e tupi-guarani – como línguas gerais.

Até aqui, oferecem-se três alternativas de comunicação com o outro:

1) a via colonial como incorporação do outro no universo linguístico-cultural daquele que propõe o anúncio da Palavra de Deus; na via colonial, o colonizador oferece a sua língua como língua geral;

2) a via da inculturação como aprendizado dos códigos culturais do outro, seguida por um intento permanente de tradução auxiliada pelos ouvintes;

3) a via da língua geral, que exige um aprendizado de uma segunda língua/linguagem para ambas as partes.

c) Desafios e propostas

Os discernimentos acima propostos permitem melhor formular desafios e finalidades da comunicação intercultural da fé. A "ruptura entre o Evangelho e a cultura é", segundo Paulo VI, "sem dúvida o drama da nossa época" (EN, n. 20). Essa ruptura aponta para um bloqueio de comunicação que tem referenciais na vida urbana da modernidade como também na vida rural tradicional. A proposta de uma "comunicação intercultural da fé" procura costurar essa ruptura em todos os níveis e contextos.

Para essa "costura", é importante não enfrentarmos a comunicação intercultural como técnicos de comunicação ou como propagandistas de um produto de mercado. Não queremos nem podemos fazer passar um saber catequético-cultural, o "depósito da fé", funcionalmente para o outro. Essa funcionalidade faz parte do paradigma ocidental do poder, em que a interpretação e a compreensão do outro são atos de sua incorporação e dominação.

A interpretação como fusão de horizontes, que Gadamer propõe, não acontece em um território neutro (cf. Gadamer, 2004).

Acontece em uma sociedade de assimetrias e cisões sociais e de lutas pela hegemonia de mercados. A fusão de horizontes, como o paradigma da aculturação, acontece em uma sociedade em que culturas hegemônicas impõem seus mitos, símbolos, leituras e produtos sobre o horizonte dos pobres e "dos outros". Para uma hermenêutica evangélica, conhecimento significa reconhecimento de alteridade e igualdade. Reconhecimento, na Bíblia, significa amor. Não só nossa mensagem, também o nosso método e os nossos meios devem ser inspirados pelo Evangelho.

A linguagem da fé se insere nas linguagens analógicas. Não tentamos transformar a linguagem analógica da fé, que é contextual, em uma linguagem lógica, supracontextual, ou em uma linguagem geral e/ou colonial. A opção por linguagens analógicas na comunicação da fé nos permite uma proximidade contextual universalmente enraizada. Essa universalidade é geográfica, e a proximidade é cultural. A partir do balizamento desses parâmetros, procuramos avançar por meio de três desafios que ao mesmo tempo são propostas indispensáveis: (1) unidade plural, (2) relevância e (3) acolhimento do retorno.

1) A unidade plural, que é unidade no Espírito Santo, é um conceito de unidade pós-colonial e vivencial, que aponta para um bilinguismo. Para unir pluralidade e unidade linguística, podemos pensar que a fé é transmitida e praticada em duas línguas: em uma língua analógica e, ao mesmo tempo, em uma língua geral. O rito romano pode ser pensado como língua geral, que terá a sua importância em encontros supranacionais. Mas, no dia a dia, deve-se ter a possibilidade de celebrar a fé não só na própria língua materna, mas no respectivo universo cultural específico de cada crente.

2) A tradução dos códigos da fé em um prolongado processo de inculturação, para que essa fé seja existencialmente relevante, permanece como o grande desafio da evangelização. Nos diferen-

tes contextos do campo, da cidade, das aldeias indígenas ou do povo sem terra e sem teto, essa relevância muda seu rosto. A incapacidade de transcendência, a degeneração da autonomia em autossuficiência, a inconformidade com um mundo sem sonho e esperança – tudo isso precisa de configurações específicas, segundo os respectivos contextos. A relevância missionária depende muito de sua proximidade à religiosidade do povo, ao movimento macroecumênico e aos movimentos sociais.

3) Na recepção do retorno do Evangelho, que percorreu o mundo urbano, o mundo dos pobres e as aldeias indígenas, a Igreja universal está diante não só de um desafio, mas de uma graça de Deus. A *Evangelii Nuntiandi* nos lembra que a Igreja "tem necessidade de ouvir sem cessar aquilo que ela deve acreditar, as razões da sua esperança e o mandamento novo do amor" (EN, n. 15). Precisamos não só saber dar, mas também aprender a receber. A Igreja "tem sempre necessidade de ser evangelizada, se quiser conservar frescura, alento e força para anunciar o Evangelho. No processo de evangelização, o evangelizador é permanentemente evangelizado pelo destinatário de sua mensagem" (EN, n. 15). Tudo que nos foi dado foi antes recebido. Saber dar é apenas um lado da gratuidade. Saber receber e acolher é o outro lado. O que vale a pena na vida não é aquilo que compramos ou que outros nos devem, mas aquilo que recebemos. Podemos aprender dos pobres e dos outros, do leproso e do encontro de São Francisco com o sultão: "É dando que se recebe".

8.3 Resumo, palavras-chave, questões

A finalidade da prática missionária é a convocação e o envio do Povo de Deus para servir à humanidade e testemunhar o Reino nos seis continentes do Planeta Terra. Caiu o muro entre continentes missionários ativos e passivos, entre aqueles que necessitam da salvação e entre os salvos. A missão se dirige a todos os continentes e de todos os continentes nos vem o socorro salvífico.

Os "discernimentos" nos serviram para ver as diferentes práticas em curso. A partir da missionariedade nos e dos seis continentes, surgiu o novo paradigma da "missão *inter gentes*". Os "horizontes" nos advertiram sobre algumas dificuldades que surgem na comunicação intercultural da fé. Nos processos comunicativos com outros – outros povos, outras culturas, outros contextos históricos –, há sempre o risco de mal-entendidos apressados, mas também a graça de um melhor entendimento da própria vida. Nos processos de inculturação e decodificação dos sinais do outro, o fator tempo é muito importante. Uma missão apressada, por ser uma missão colonizadora, não produz mudanças nos pontos de vista nem conversão.

9
Do projeto:
a proposta de uma "Igreja em saída" no itinerário do Papa Francisco

O projeto do Papa Francisco é configurado por discursos e entrevistas, viagens e gestos e, sobretudo, pela "Exortação Apostólica *Evangelii Gaudium*", que ele mesmo considera ter "um significado programático" (EG, n. 25). Esse projeto visa à transformação da Igreja Católica em Igreja missionária (cf. EG, n. 19-49), "para que os costumes, os estilos, os horários, a linguagem e toda a estrutura eclesial se tornem um canal proporcionado mais à evangelização do mundo atual do que à autopreservação" (EG, n. 27). Percebe-se na contraposição existente entre "evangelização" e "autopreservação" o registro de um problema institucional crônico, que o então Cardeal Bergoglio já havia formulado na sua intervenção durante o pré-Conclave: "Quando a Igreja não sai de si mesma para evangelizar, torna-se autorreferencial e então adoece. Os males que, ao longo do tempo, se dão nas instituições eclesiais têm raiz na autorreferencialidade, uma espécie de narcisismo teológico" (Bergoglio, 26 mar. 2013; Suess, 2013, p. 172s.). Francisco propõe "um preciso estilo evangelizador", que convida "a assumir *em qualquer atividade que se realize*" (EG, n. 18). É a continuidade do discipulado missionário de todos os batizados de Aparecida. Cada ação pastoral é uma atividade missionária. Toda a pastoral há de ser feita "em chave missionária" (EG, n. 33ss.). A missionariedade exige concentração nos conteúdos essenciais (cf. EG, n. 35), ousadia, criatividade e fidelidade "à altura do Evangelho de Cristo" (Fl 1,27a).

O projeto eclesiológico do Papa Francisco é original e, ao mesmo tempo, não totalmente autônomo. Precisa responder a heranças históricas e cristalizações culturais, a premissas conjunturais e à interlocução com o mundo moderno. Historicidade e, nela embutida, a escatologia não são marcos moderadores para as práticas humanas, mas são norteadores para as lutas históricas e as esperanças humanas: "A verdadeira esperança cristã, que procura o Reino escatológico, gera sempre história" (EG, n. 181).

Com o Papa Francisco a Igreja Católica procura novamente articular coerência evangélica com relevância social. Como configurar práticas pastorais, consideradas caseiras, em práticas missionárias abertas para os reais problemas do mundo pluricultural e secular, cujas contradições socioculturais e lutas identitárias são, ao mesmo tempo, arcaicas e modernas?

9.1 Fontes de inspiração

Francisco cita múltiplas fontes que ampliam as heranças clássicas e, em sua maioria, europeias, que nortearam o magistério universal anterior. Como inspirações mais profundas e ponto de partida para voos próprios do autor da *Evangelii Gaudium*, pode-se destacar: o Vaticano II, Paulo VI, Aparecida, o Sínodo e o magistério de Igrejas locais. Francisco mantém uma interlocução concomitante com essas fontes. Concentro-me apenas em três pontes estabelecidas pela *Evangelii Gaudium*: a ponte com o Sínodo sobre "A nova evangelização para a transmissão da fé cristã", a ponte com o Documento de Aparecida e a ponte com o magistério de Paulo VI. As três pontes servem para colocar a ousadia do projeto de Francisco no interior de uma fidelidade criativa com a tradição eclesial.

a) O Sínodo (2012)

A Exortação Apostólica *Evangelii Gaudium*, do Papa Francisco, remete à XIII Assembleia Geral Ordinária do Sínodo dos Bispos, que em 2012, de 7 a 28 de outubro, discutiu "A nova evangelização para a transmissão da fé cristã". É costume pós-conciliar que, depois de cada Sínodo Romano, o papa devolva uma espécie de síntese do respectivo Sínodo como "Exortação Apostólica" à comunidade católica.

A preocupação com a evangelização levou Bento XVI, em 2010, à instituição do "Pontifício Conselho para a Promoção da Nova Evangelização" (NE). As atribuições estatutárias desse Conselho indicadas por um *Motu proprio* (*Ubicumque et semper*, 21 set. 2010) eram bastante genéricas:

• "Aprofundar o significado teológico e pastoral da Nova Evangelização";

• "Dar a conhecer e incentivar iniciativas ligadas à Nova Evangelização já em curso";

• "Estudar e favorecer a utilização das formas de comunicação modernas";

• "Promover o uso do *Catecismo da Igreja Católica* como formulação essencial e completa do conteúdo da fé para os homens do nosso tempo".

A publicação do *Catecismo da Igreja Católica*, no dia 11 de outubro de 1992, estava ligada ao trigésimo aniversário da abertura do Concílio Ecumênico Vaticano II. Já por ocasião do Sínodo sobre a Nova Evangelização, em outubro de 2012, setores mais pragmáticos preferiam celebrar os vinte anos do "Catecismo

Universal" em vez de comemorações programáticas em torno dos cinquenta anos do início do Vaticano II.

Na Missa de abertura do Sínodo, domingo, 7 de outubro de 2012, o Papa Bento falou dos "três aspectos da única realidade de evangelização [que] se completam e se fecundam mutuamente" e que esperava serem plenamente assumidos pelo Sínodo:

- a Nova Evangelização,
- a evangelização ordinária e
- a missão *ad gentes*.

Os "três aspectos" ou "âmbitos" se referem aos três destinatários tradicionais:

- Os que ouviram falar de Jesus Cristo, mas que "não vivem as exigências do Batismo" (EG, n. 14b) e se afastaram da Igreja ("Nova Evangelização"),
- os que permanecem na Igreja ("evangelização ordinária" ou "pastoral ordinária", EG, n. 14a) e
- os "que não conhecem Jesus Cristo" (EG, n. 14c) e não tiveram ainda contato com a Igreja ("missão *ad gentes*").

Depois dos *Lineamenta* da Cúria Romana e do *Instrumentum Laboris* (IL/12), no qual foram acolhidas contribuições das Igrejas locais, chegou a hora dos padres sinodais. Suas intervenções na sala sinodal foram sintetizadas em "58 Proposições". Segundo as normas do Sínodo, a língua oficial dessas "Proposições" era o latim, e seu caráter era confidencial. Por ser difícil, na era da internet, manter esse caráter confidencial, e porque, entre os 263 padres sinodais, grande parte não dominava mais suficientemente o latim, o papa liberou a publicação das "Proposições" em uma versão não oficial em inglês.

As "Proposições" foram sistematizadas em um texto com Introdução (1-3), seguida por um primeiro capítulo sobre "A natureza da Nova Evangelização" (4-12). Um segundo capítulo reúne "Proposições" em torno do "contexto do Ministério da Igreja hoje" (13-25), e o terceiro capítulo procura incorporar contribuições do Sínodo que representam "respostas pastorais para as circunstâncias de hoje" (26-40). O último capítulo versa sobre "agentes e participantes da Nova Evangelização".

Segundo um costume pós-conciliar, o papa tem a tarefa de fazer desse material do Sínodo uma "Exortação Apostólica", na qual se entrelaçam fidelidade aos textos recebidos e criatividade pessoal de cada pontífice. Na *Evangelii Gaudium*, metade das 58 Proposições é mencionada. Francisco faz do seu texto um escrito no qual amplia as "proposições" com "preocupações" que o "movem neste momento concreto da obra evangelizadora da Igreja" (EG, n. 16). Parte dos textos sinodais de 2012 já não podia ser considerada resposta às aporias institucionais que se revelaram com a renúncia de Bento XVI (11-28 fev. 2013) nem corresponderam ao mandato e estilo do papa recém-eleito (13 mar. 2013). Este não se deixou seduzir por discussões conceituais sobre a "Nova Evangelização". Propõe "uma nova etapa evangelizadora" (EG, n. 17) e escolhe como viés para esta etapa: conversão, alegria e missão.

b) Aparecida (2007)

Para ir além do Sínodo, cujos textos passaram por filtros institucionais e regimentais, o fio condutor do projeto de Francisco se apoia nas inspirações do Documento de Aparecida, cuja construção considera exemplar, por ser resultado do encontro entre fiéis e pastores. Aparecida "nasceu justamente deste encontro entre os trabalhos dos pastores e a fé simples dos romeiros, sob a proteção maternal de Maria" (Francisco, 2013 p. 17). E no "Encontro com a Comissão de Coordenação do Celam", ocorrido em 28 de julho de 2013, destaca que o documento previamente preparado "não foi assumido como documento de partida. O trabalho inicial foi pôr em comum as preocupações dos pastores perante a mudança de época e a necessidade de renovar a vida de discipulado e missionária" (Francisco, 2013, p. 89). Ao relacionar "as preocupações dos pastores perante a mudança de época" com a "fé simples dos romeiros", já se anuncia uma nova metodologia para futuros sínodos.

De "Aparecida" (2007), onde Francisco teve um papel importante na redação final do documento, trouxe o binômio "fidelidade e audácia" para a cátedra de Pedro: "A Igreja é chamada a repensar profundamente e a relançar com fidelidade e audácia sua missão nas novas circunstâncias latino-americanas e mundiais" (DAp, n. 11). Audazes são aqueles evangelizadores "que se abrem sem medo à ação do Espírito Santo" (EG, n. 259). Guiada pelo "Espírito da Verdade", "advogado" (Jo 14,16.26) da humanidade e "pai dos pobres", Aparecida já pensou suas propostas para além das fronteiras do continente latino-americano e assumiu, "por meio de um impulso missionário corajoso e audaz" (DAp, n. 337) sua "missão de advogada da justiça e dos pobres" (DAp, n. 533). Francisco retoma esse pensamento. O medo sufoca toda ousadia e nos faz, em vez de participantes dos processos históricos, simples espectadores acomodados de uma estagnação estéril da Igreja (cf. EG, n. 129).

No mundo de hoje, a Igreja precisa escutar "os reclamos da realidade" (DAp, n. 285) e, às vezes, transformar costumes que "podem até ser belos, mas agora não prestam o mesmo serviço à transmissão do Evangelho" (EG, n. 43). Também na questão da realidade, Francisco é um discípulo de Aparecida que "faz uso do método 'ver, julgar e agir'" (DAp, n. 19). Aparecida justifica a retomada do "ver, julgar e agir", que "permite articular, de modo sistemático, a perspectiva cristã de ver a realidade; a assunção de critérios que provêm da fé e da razão para seu discernimento e valorização com sentido crítico; e, em consequência, a projeção do agir como discípulos missionários de Jesus Cristo" (DAp, n. 19). A realidade interpela aos cristãos e seus pastores; cobra coerência com as promessas e os imperativos do Evangelho e "um compromisso com a realidade" (DAp, n. 491), com o "realismo da dimensão social do Evangelho" (EG, n. 88).

A visão da realidade aponta para outro fio condutor entre Aparecida e o magistério de Francisco: a evangelização integral, pela qual "toda autêntica missão unifica a preocupação pela dimensão transcendente do ser humano e por todas as suas necessidades concretas, para que todos alcancem a plenitude que Jesus Cristo oferece" (DAp, n. 176). O anúncio da Boa-nova é universal (DAp, n. 380; EG, n. 181) e integral (cf. EG, n. 176): "a tarefa da evangelização implica e exige uma promoção integral de cada ser humano" (EG, n. 182).

Por fim, Aparecida e *Evangelii Gaudium* postulam um "estado permanente de missão, em todas as regiões da Terra" (cf. DAp, n. 551; EG, n. 25; Francisco, 2013, p. 69). O estado permanente de missão exige "a conversão eclesial como a abertura a uma reforma permanente de si mesma por fidelidade a Jesus Cristo [...]. A Igreja peregrina é chamada por Cristo a esta reforma perene" (EG, n. 26).

c) Paulo VI (1962-1978)

Por intermédio de Paulo VI, que representa a assunção do Vaticano II, o Papa Francisco mantém na *Evangelii Gaudium* uma interlocução permanente com o magistério universal do Concílio. Essa conexão magisterial de mão dupla – das Igrejas locais para a Igreja universal e da Igreja universal voltada às Igrejas particulares – está marcada pela contextualização e por reformas almejadas pelo Vaticano II[20], por uma eclesiologia do diálogo (ES, 1964),

---

20. Os documentos do Vaticano II citados na *Evangelii Gaudium* são: *Ad gentes, Christus Dominus, Dei Verbum, Gaudium et Spes, Inter Mirifica, Lumen Gentium,*

pelo desenvolvimento integral (PP, 1967), pela justiça social (OA, 1971), pela alegria cristã (GD, 1975) e, dez anos após o Concílio, pelo anúncio integral do Evangelho (EN, 1975)[21].

Paulo VI inspirou o Papa Francisco na escolha do título de "A alegria do Evangelho" (EG) e na formulação de seu conteúdo. A primeira referência da *Evangelii Gaudium* é a quase esquecida "Exortação Apostólica sobre a alegria cristã" (GD), de Paulo VI (cf. EG, n. 3), e o mais citado documento da *Evangelii Gaudium* é a "Exortação Apostólica sobre a evangelização no mundo contemporâneo" (*Evangelii Nuntiandi*). A alegria do Evangelho e a alegria na evangelização, "a suave e reconfortante alegria de evangelizar, mesmo quando for preciso semear com lágrimas!" (EN, n. 80h; EG, n. 10), são fios condutores seguidos ao longo da *Evangelii Gaudium*. Dessa "alegria trazida pelo Senhor ninguém é excluído" (EG, n. 3; GD, n. 22). Ela se opõe aos prazeres da "sociedade técnica" e se encontra, muitas vezes, nas "pessoas muito pobres que têm pouco a que se agarrar" (EG, n. 7; GD, n. 8).

Ideias centrais da *Evangelii Gaudium* como a atenção para a realidade, a conversão permanente, a descentralização administrativa da Igreja, a simplicidade do anúncio, a autenticidade vivencial, a atenção simpática para a religiosidade popular e o anúncio integral do Evangelho já se encontram no magistério de Paulo VI. Francisco acolhe essas inspirações com sensibilidade latino-americana voltada para ouvintes e leitores pobres, sem cair em um populismo sedutor.

Como Paulo VI, na sua encíclica programática *Ecclesiam Suam*, escrita em meio às lutas conciliares pela renovação da Igreja,

---

Unitatis Redintegratio. Francisco atribui peso doutrinal particular à Constituição Dogmática *Lumen Gentium*, sete vezes citada pela *Evangelii Gaudium* (cf. EG, n. 17).
21. Ao todo, a *Evangelii Gaudium* cita Paulo VI vinte e cinco vezes; dezessete citações se referem à Exortação Apostólica *Evangelii Nuntiandi*.

também Francisco percebe a "necessidade generosa e quase impaciente de renovação, isto é, de emenda dos defeitos" (EG, n. 26; ES, n. 4) da instituição eclesial que ele, em diferentes ocasiões, chama de autorreferencialidade (Francisco, 2013, p. 64, 93, 95; EG, n. 8, 94s.).

Francisco partilha com Paulo VI a opinião de que certa descentralização da Igreja com a transferência de tarefas para as Igrejas locais se beneficia de uma melhor percepção da realidade: "Não é função do papa oferecer uma análise detalhada e completa da realidade contemporânea" (EG, n. 51). Francisco anima "todas as comunidades a 'uma capacidade sempre vigilante de estudar os sinais dos tempos'" (EG, n. 51; ES, n. 27). E ele vai mais longe ao declarar que "nem o papa nem a Igreja possuem o monopólio da interpretação da realidade social ou da apresentação de soluções para os problemas contemporâneos" (EG, n. 184). E Francisco assume as palavras de Paulo VI: "Perante situações assim tão diversificadas, torna-se difícil a nós tanto pronunciar uma palavra única como propor uma solução que tenha um valor universal [...]. É às comunidades cristãs que cabe analisar, com objetividade, a situação própria do seu país" (EG, n. 184; OA, n. 4).

Como Paulo VI, também Francisco enfoca não só a simplicidade do estilo de vida dos pastores, que faz parte da autenticidade, mas também a simplicidade do anúncio do Evangelho. Os fiéis "esperam muito desta pregação [...], contanto que ela seja simples, clara, direta, adaptada" (EG, n. 158; EN, n. 43b). Muitos "esqueceram a simplicidade e importaram de fora uma racionalidade alheia à gente" (EG, n. 232). O povo "tem sede de autenticidade [...], reclama evangelizadores que lhe falem de um Deus que eles conheçam e lhes seja familiar como se eles vissem o invisível" (EG, n. 150; EN, n. 76). E Paulo VI pergunta: "Acreditais verdadeiramente naquilo que anunciais? Viveis aquilo em que acreditais? Pregais vós verdadeiramente aquilo que viveis?" (EG, n. 150; EN, n. 76).

A sede de Deus se expressa também na simplicidade da religiosidade popular. Nela, "pode-se captar a modalidade em que a fé recebida se encarnou em uma cultura" (EG, n. 123). Francisco nos remete à *Evangelii Nuntiandi* de Paulo VI, que "deu impulso decisivo" na direção "de uma redescoberta" dessa sede que "somente os pobres e os simples podem experimentar" (EG, n. 123; EN, n. 48e). Aparecida enfatiza as riquezas "que o Espírito Santo explicita na piedade popular por sua iniciativa gratuita" (EG, n. 124). "Bem-orientada", dizia Paulo VI, "esta religiosidade popular pode vir a ser cada vez mais, para as nossas massas populares, um verdadeiro encontro com Deus em Jesus Cristo" (EN, n. 48f).

Por fim, Francisco recomenda "aquele princípio de discernimento que Paulo VI propunha a propósito do verdadeiro desenvolvimento: Todos os homens e o homem todo" (EG, n. 181; PP, n. 14), o que significa: integralidade, reciprocidade e universalidade sem exclusão. "Sabemos que 'a evangelização não seria completa, se ela não tomasse em consideração a interpelação recíproca que se fazem constantemente o Evangelho e a vida concreta, pessoal e social, dos homens'" (EG, n. 181; EN, n. 29). Como Paulo VI se fez diante do areópago da Assembleia Geral das Nações Unidas "advogado dos povos pobres" (PP, n. 4), assim Francisco escolheu Lampedusa, a pequena ilha italiana entre a Sicília e a costa da Tunísia e da Líbia, para mostrar o significado da Igreja "em saída" (8 jul. 2013). Foi a Lampedusa para se fazer advogado dos milhares de imigrantes africanos e para "chorar os mortos" dos naufrágios de embarcações que transportaram imigrantes do Oriente Médio e norte da África para a União Europeia. Também no afã do despojamento pessoal e no intuito de tornar normas eclesiásticas "mais praticáveis pela simplificação" (ES, n. 28), Francisco está muito afinado com Paulo VI, o qual no dia 13 de novembro de 1964, um mês antes de viajar à Índia, depositou a sua Tiara no Altar da Oferenda para ser vendida em benefício dos pobres.

9.2 Linhas mestras

Teologia, eclesiologia e itinerário pessoal se entrelaçam na vida e na obra missionárias do Papa Francisco em uma radical coerência evangélica e relevância sociocultural. O jovem Jorge Mario Bergoglio experimenta em sua juventude a misericórdia de Deus (a) e se converte dos prazeres da juventude à alegria do Evangelho, situada em contextos da realidade (b). A responsabilidade para com a realidade, que por meio do Evangelho pode ser transformada, o compeliu a sair e descobrir no modelo de uma Igreja "em saída" a chave de uma pastoral missionária para hoje (c). A Igreja "em saída" é uma Igreja que vai ao encontro e faz do encontro e não da conversão do outro e da outra a finalidade de sua missão (d). A conversão é obra da graça de Deus (e).

a) A misericórdia

Misericórdia e graça de Deus são o berço da vida missionária. Tornaram-se também chave de leitura da vida e do projeto do Papa Francisco. A misericórdia desde cedo ilumina a sua vida. Foi na festa litúrgica de São Mateus, coletor de impostos convertido em discípulo, dia 21 de setembro de 1954, Dia dos Estudantes, festejando o início da primavera na Argentina, que Jorge Mario Bergoglio sentiu, pela primeira vez, o chamado misericordioso de Deus que "saiu ao seu encontro e o convidou a segui-lo" (Rubin; Ambrogetti, 2010, p. 128; cf. Francisco, 2013, p. 99). Mais tarde, em sua última entrevista radiofônica, antes de ser eleito papa, diria sobre essa experiência que fez nascer sua vocação sacerdotal: "Deus me priorizou [...]. Senti como que se alguém me agarrasse por dentro e me levasse ao confessionário" (Himitian, 2013, p. 24s.).

O episódio está presente em seu lema episcopal: "Olhou-o com misericórdia e o escolheu" (*miserando atque eligendo*), que resume a ação de Deus em sua vida: "Jesus viu um homem, chamado Mateus, sentado à mesa de pagamento dos impostos e lhe disse: 'Segue-me'"[22]. É na casa de Mateus, na casa de um marginal social, que Jesus defende a misericórdia para com publicanos e pecadores contra o rigorismo dos fariseus: "Misericórdia é que eu quero, e não sacrifício" (cf. Mt 9,13; Os 6,6). Jesus julgou os doutores da lei com severidade porque podaram a misericórdia de Deus com a tesoura do legalismo. Em missa na Capela da Casa Santa Marta, no Vaticano, dia 25 de maio de 2013, Francisco criticou aqueles pastores que são controladores da fé, em vez de facilitadores. Lamentou portas que a Igreja fecha aos cristãos que querem se aproximar de Jesus: "Às vezes acrescentamos aos sete sacramentos da Igreja mais um, o oitavo: o sacramento da alfândega pastoral". O missionário Francisco se empenha com força e coragem no *downsizing* imperial e autoritário da Igreja.

Misericórdia, porém, não significa nem autocomplacência com vícios internos da Igreja nem autorreferencialidade de certo narcisismo teológico e pastoral. A graça do chamado de Deus e sua misericórdia com a fragilidade daquele que foi chamado, a conversão permanente do Povo de Deus e a autocrítica dos seus pastores se complementam.

Aos representantes da Clar no dia 10 de junho de 2013, Francisco pediu o que sempre pede aos seus interlocutores: "Rezem por mim para que eu me equivoque o menos possível". À pergunta "Quem é Jorge Mario Bergoglio?", de seu entrevistador Antonio Spadaro, SJ, Francisco respondeu: "Não sei qual possa ser a res-

---

22. O lema do Papa Francisco faz alusão à homilia de São Beda, o Venerável (Hom. 21; CCL 122, 149-151), que comenta a vocação do apóstolo e evangelista Mateus. O texto é lido na Liturgia das Horas na Festa de São Mateus, 21 de setembro (cf. Mt 9,9ss.).

posta mais correta [...]. Eu sou um pecador. Essa é a melhor definição. E não se trata de um modo de falar ou um gênero literário. Sou um pecador [...]. Mas a melhor síntese, aquela que me vem mais de dentro e que sinto mais verdadeira, é exatamente esta: sou um pecador para quem o Senhor olhou [...]. Meu lema, '*Miserando atque eligendo*', é algo que, no meu caso, senti sempre muito verdadeiro" (Spadaro, 2013)[23]. E o papa acrescenta: "O gerúndio latino *miserando* me parece intraduzível tanto no italiano como no espanhol. Eu gosto de traduzi-lo com outro gerúndio que não existe: *misericordiando*".

Bergoglio conhece seus limites como pessoa e como homem da Igreja, o que nos permite dispensar qualquer reconstrução heroica de seu passado ou idealização de seu futuro. Ele sabe que durante a ditadura militar, na Argentina, não foi nem herói nem colaborador. Foi e será um apóstolo vulnerável, como Pedro e Paulo. Desde Davi, a missão dos eleitos nunca aconteceu por causa de seus méritos, mas pela misericórdia de Deus, que não dispensa processos permanentes de conversão e discernimento. Ele se reveste de uma religiosidade popular caseira que não passou pela peneira de títulos acadêmicos ou leituras sofisticadas. Ele sabe também que o seu desejo de reformas da Igreja, com sua herança milenar e com auxiliares santos e pecadores, vai além de seu braço administrativo. Pelo reconhecimento desses limites, o povo está se apropriando de Francisco não só como "papa dos humildes", mas também como papa humilde com quem entrou na Igreja algo da normalidade de uma vida missionária.

Na volta da Jornada Mundial da Juventude, na entrevista final já no avião, uma jornalista perguntou-lhe sobre sua bolsa preta

---

23. No dia 19 de agosto de 2013, o Papa Francisco concedeu uma entrevista ao Padre Antonio Spadaro, SJ, diretor da revista *Civiltà Cattolica*, que foi publicada simultaneamente em vinte e seis revistas sob a responsabilidade de jesuítas, no dia 19 de setembro de 2013.

que sempre carrega consigo. Francisco respondeu: "Eu sempre andei com a bolsa quando viajo: é normal. Devemos ser normais [...]. Devemos nos habituar a ser normais" (Francisco, 2013, p. 107). O papa latino-americano introduz um novo modelo do discípulo missionário na Igreja, com a consciência de ser pecador e de ser eleito por Deus, não por causa de suas qualidades, mas por causa da misericórdia de Deus. O discípulo missionário será cada vez menos protagonista da missão e mais interlocutor da mensagem que recebeu em vasos de barro. Ele é enviado a interlocutores e não a destinatários da missão, porque ele mesmo é destinatário. A missionariedade faz parte do DNA do cristianismo e da normalidade do ser cristão.

A misericórdia é a resposta transversal de Deus à humanidade porque "a salvação, que nos oferece, é obra da sua misericórdia" (EG, n. 112). Essa misericórdia inabalável é sinônimo da fidelidade do seu amor infinito (cf. EG, n. 3, 6; cf. DN). Por causa dessa identificação com o amor, Francisco considera, como Santo Tomás de Aquino, a misericórdia "a maior de todas as virtudes" (EG, n. 38). Nela se manifesta a onipotência de Deus e o limite para que a nossa religião não se torne uma "escravidão" que impeça o Evangelho de chegar a todos (cf. EG, n. 43s.): "A Igreja deve ser o lugar da misericórdia gratuita, onde todos possam sentir-se acolhidos, amados, perdoados e animados a viverem segundo a vida boa do Evangelho" (EG, n. 114). O dossiê bíblico a respeito da misericórdia é muito claro (cf. EG, n. 193). Para Jesus, a misericórdia para com os pobres "é a chave do Céu" (cf. Mt 25,34-40; EG, n. 197).

b) A realidade

O encontro com Jesus, que está se *misericordiando* de nós, é a fonte profunda da alegria cristã. Francisco é herdeiro dessa "reconfortante alegria" (EG, n. 10), que se encontra na Constituição Pastoral *Gaudium et Spes* (1965) do Vaticano II, na "Exortação Apostólica sobre a Alegria Cristã" (GD; cf. EG, n. 3) e na *Evangelii Nuntiandi* (cf. EN, n. 80h), de Paulo VI. Também os *Lineamenta* (n. 25c) e o *Instrumentum Laboris* (n. 168) do Sínodo procuraram ajudar a tirar a Igreja das águas turvas de certa depressão eclesial causada pelo seu descompasso com o mundo contemporâneo. O Papa Francisco representa por meio de gestos, sinais e palavras essa alegria do Evangelho que "enche o coração e a vida inteira daqueles que se encontram com Jesus" (EG, n. 1). A radiação de seu carisma alegre une Francisco a João XXIII, que no dia 11 de outubro de 1962 abriu o Vaticano II com grande otimismo: "Alegra-se a Santa Mãe Igreja, porque [...] amanheceu o dia tão ansiosamente esperado em que solenemente se inaugura o Concílio Ecumênico Vaticano II" (cf. EG, n. 41). No Evangelho segundo João XXIII e Francisco, não há lugar para "profetas de desgraças" (EG, n. 84) e "prisioneiros da negatividade" (EG, n. 159). Na mensagem da *Evangelii Gaudium* venceu a alegria, de mãos dadas com os pobres, o desespero eclesial, a depressão política e o estresse das lideranças. Será que se trata de uma idealização da realidade ou de uma overdose de otimismo?

Com uma frase lapidar, Francisco afirma: "A realidade é superior à ideia" (EG, n. 233). À "tensão bipolar entre a ideia e a realidade", o papa responde em favor da realidade. "É perigoso viver no reino só da palavra, da imagem, do sofisma. Por isso, há que postular um terceiro princípio: a realidade é superior à ideia" (EG, n. 231). É um imperativo contra qualquer tentativa de fazer do Evangelho uma ideologia que oculta a realidade, contra a tentativa de encobrir com o discurso do Evangelho práticas antievangélicas. Francisco nomeia, entre essas ideologias, "os purismos angélicos, os totalitarismos do relativo, os nominalismos declaracionistas, os projetos mais formais do que reais, os fundamentalismos anti-históricos, os eticismos sem bondade, os intelectualismos sem sabedoria" (EG, n. 231). Jesus descreveu seu projeto, o Reino de Deus, com parábolas e não com fórmulas ou conceitos. A elaboração do conceito, segundo Francisco, "está ao serviço da captação, compreensão e condução da realidade. A ideia desligada da realidade dá origem a idealismos e nominalismos ineficazes que, no máximo, classificam ou definem, mas não empenham. O que empenha é a realidade iluminada pelo raciocínio [...]. Caso contrário, manipula-se a verdade, do mesmo modo que se substitui a ginástica pela cosmética (Platão, *Górgias*, 465)" (EG, n. 232).

O discurso e as práticas do Papa Francisco assumem transversalmente a teologia indutiva da *Gaudium et Spes*, partindo da vida concreta da humanidade, das alegrias e esperanças, das tristezas e angústias, "sobretudo dos pobres e de todos os que sofrem" (GS, n. 1). Francisco estimula "ler os sinais dos tempos na realidade atual" (EG, n. 108) e interpretá-los como mensagens que Deus envia a partir do mundo secular à sua Igreja: "A própria Igreja não ignora o quanto tenha recebido da história e da evolução da humanidade", informa-nos a *Gaudium et Spes* (cf. GS, n. 44,1).

O fato de que "a realidade é superior à ideia [...] está ligado à encarnação da Palavra e ao seu cumprimento: 'Reconheceis que o espírito é de Deus por isto: todo o espírito que confessa Jesus Cristo que veio em carne mortal é de Deus' (1Jo 4,2). O critério da realidade, de uma Palavra já encarnada e sempre procurando encarnar-se, é essencial à evangelização" (EG, n. 233). A encarnação na realidade tem dois desdobramentos, conhecimento e ação: por um lado, a inculturação e a assunção dessa realidade; por outro, o discernimento necessário para "pôr em prática a Palavra", para transformar essa realidade por meio de "obras de justiça e caridade" (EG, n. 233).

A *Evangelii Gaudium* convida a comunidade missionária com realismo e poesia a "envolver-se", "acompanhar" e "frutificar" a partir da vida real: "O Senhor envolve-se e envolve os seus, pondo-se de joelhos diante dos outros para os lavar [...]. Com obras e gestos, a comunidade missionária entra na vida diária dos outros, encurta as distâncias, abaixa-se – se for necessário – até a humilhação e assume a vida humana, tocando a carne sofredora de Cristo no povo. Os evangelizadores contraem, assim, o 'cheiro de ovelha'" (EG, n. 24) e a poeira da estrada. Francisco prefere "uma Igreja acidentada, ferida e enlameada por ter saído pelas estradas, a uma Igreja enferma pelo fechamento e a comodidade de se agarrar às próprias seguranças" (EG, n. 49). "Quem se aproxima da Igreja deve encontrar portas abertas e não fiscais da fé" (Missa na Casa de Santa Marta, 25 mai. 2013). "Na sua encarnação, o Filho de Deus convidou-nos à revolução da ternura" (EG, n. 88).

c) A Igreja "em saída"

A conversão eclesial, pastoral e pessoal visa sempre a uma "maior fidelidade à própria vocação" (EG, n. 26) na "intimidade itinerante" (EG, n. 23) com Jesus. A conversão exige do discípulo missionário a disposição de sair a "outros lugares mais necessitados", exige uma "constante saída para as periferias do seu território ou para os novos âmbitos socioculturais" (EG, n. 30). Essa fidelidade ao Evangelho de Jesus Cristo e à vocação da Igreja atinge estruturas e conteúdos pastoralmente excludentes, incompreensíveis ou irrelevantes. Não bastam simples reformas administrativas. Seguindo Aparecida, o Papa Francisco propõe à Igreja universal constituir-se "em estado permanente de missão" (DAp, n. 551; EG, n. 25) – além-fronteiras e sem fronteiras (cf. EG, n. 11, 25, 27, 32).

No contexto da Missão Continental, o papa explica que a missão deve ser projetada em duas dimensões, concomitantemente relevantes: programática e paradigmática. "A missão programática, como o próprio nome indica, consiste na realização de atos de índole missionária. A missão paradigmática, por sua vez, implica colocar em chave missionária a atividade habitual das Igrejas particulares" (Francisco, 2013, p. 89).

A "conversão pastoral" permanente faz parte do "estado permanente de missão" e da natureza missionária. Nesse particular, diz o papa que "estamos um pouco atrasados" (Francisco, 2013, p. 97). Conversão pastoral significa também dar passos significativos da autorrelevância à autocrítica e a novos discernimentos perante

> o mistério difícil das pessoas que abandonaram a Igreja [...]. Talvez a Igreja lhes apareça demasiado frágil, talvez demasiado longe das suas necessidades, [...] talvez demasiado fria para com elas, talvez demasiado autorreferencial, talvez prisioneira da própria linguagem rígida, talvez lhes pareça que o mundo fez da Igreja uma relíquia do passado, insuficiente para as novas questões; talvez a Igreja tenha respostas para a infância do homem, mas não para a sua idade adulta (Francisco, 2013, p. 64; cf. DAp, n. 225).

Diante dessa situação, Francisco não fala da "nova evangelização", mas do sonho de uma Igreja missionária, autocrítica e atenta aos sinais dos tempos. Fala-nos:

• de "uma Igreja, que acompanha o caminho pondo-se em viagem com as pessoas";

• de "uma Igreja capaz de decifrar a noite contida na fuga de tantos irmãos e irmãs";

• "de uma Igreja capaz ainda de devolver a cidadania a muitos de seus filhos que caminham como em um êxodo" (Francisco, 2013, p. 67);

• de "uma Igreja que se dê conta de como as razões, pelas quais há pessoas que se afastam, contêm já em si mesmas também as razões para um possível retorno, embora seja necessário saber ler a totalidade com coragem";

• de "uma Igreja capaz de fazer companhia, de ir para além da simples escuta" (Francisco, 2013, p. 65);

• de "uma Igreja capaz de redescobrir as entranhas maternas da misericórdia. – Sem a misericórdia, poucas possibilidades temos hoje de inserir-nos em um mundo de 'feridos', que tem necessidade de compreensão, de perdão, de amor"(p. 69);

• "de uma Igreja que volte a dar calor, a inflamar o coração" (p. 67), que saiba abrir brechas no desencanto que ameaça se alastrar pelo futuro.

O sonho é como o horizonte que faz andar. Mas o horizonte precisa, às vezes, séculos, para se tornar estrada. O regime patriarcal da Igreja não é divino; é histórico. Exige transformações culturais que devem ser feitas a longo prazo. Temos de ter isso em mente quando lemos as respostas de Francisco sobre a mulher na Igreja:

"Se a Igreja perde as mulheres, na sua dimensão global e real, ela corre o risco da esterilidade" (p. 69).

• "Nossa Senhora, Maria, é mais importante do que os apóstolos. A mulher na Igreja é mais importante do que os bispos e os padres" (p. 120).

• "O papel da mulher na Igreja não é só a maternidade, ser a mãe da família. É muito mais forte. A mulher ajuda a Igreja a crescer" (p. 117).

• "Sobre a ordenação das mulheres, a Igreja já falou e disse: 'Não'. Disse o Beato João Paulo II, mas com uma formulação definitiva. Aquela porta está fechada" (p. 119s.).

Quem não se lembraria diante dessa afirmação apodítica do conto de Kafka *Diante da Lei*: "Diante da Lei está um guarda.

Vem um homem do campo e pede para entrar na Lei. Mas o guarda diz-lhe que, por enquanto, não pode autorizar-lhe a entrada. O homem considera e pergunta depois se poderá entrar mais tarde. – 'É possível' – diz o guarda. – 'Mas não agora!' [...]. O homem do campo não esperava tantas dificuldades. A Lei havia de ser acessível a toda a gente".

Também para Francisco, que é o homem de portas abertas, existem portas fechadas. Como se deve agir, se essas portas fechadas estorvam a conversão pastoral, portanto, a missão da Igreja? O Evangelho não permite que atos discriminatórios sejam questões fechadas. Precisamos discernir entre razões de atrasos históricos e doutrinárias. Mas as mudanças de mentalidades, que são os pressupostos de mudanças culturais de uma instituição milenar, não acontecem com a velocidade das inovações tecnológicas. Contudo, a Igreja, que muitas vezes se encontra diante de situações "sem saída", encontrará a solução metamorfoseando-se em Igreja "em saída".

d) A cultura de ir ao encontro dos mais necessitados

Mario Bergoglio começou cedo a desenvolver reflexões originais sobre a "cultura do encontro" (cf. Rubin; Ambrogetti, 2010, cap. 7 e 11). Em uma videomensagem do dia 7 de agosto, data da Festa de São Caetano, celebrada com muita festividade na Argentina, sobretudo em Buenos Aires, o Papa Francisco explica para seus patrícios o significado da cultura do encontro,

> do encontro das pessoas que têm necessidade, daqueles que precisam da nossa ajuda, do nosso olhar de amor, da nossa participação no seu sofrimento, nas suas ansiedades e nos seus problemas. Mas o mais importante não é fitá-los de longe, ajudá-los à distância. Não, não! É ir ao seu encontro. Isso é cristão! É isto que Jesus ensina: ir ao encontro dos mais necessitados. Como Jesus, que ia sempre ao encontro das pessoas. Ele ia ao encontro delas. É preciso ir ao encontro dos mais necessitados.

Depois contou que ele às vezes pergunta às pessoas: "'Você dá esmola?' Dizem para mim: 'Sim, padre'. – 'E, quando você dá a esmola, olha nos olhos da pessoa a quem você dá a esmola?' – 'Ah, não sei, não me dou conta disso'. – 'Então você não encontrou a pessoa. Você jogou a esmola e foi embora. Quando você dá a esmola, você toca a mão ou joga a moeda?' – 'Não, jogo a moeda'. 'E então não a tocou. E, se não a tocou, não a encontrou. Aquilo que Jesus nos ensina, antes de tudo, é encontrar-se e ajudar encontrando'" (Videomensagem). E Francisco continua sua catequese aos patrícios:

> Jesus ensina-nos, antes de tudo, a encontrar-nos e, encontrando, a ajudar. Devemos saber encontrar-nos. Temos de edificar, construir uma cultura do encontro. Quantas divergências, problemas em família, sempre! Problemáticas no bairro, no trabalho, em toda a parte. E as divergências não ajudam a cultura do encontro [...]. Jesus ama-vos muito! São Caetano ama-vos muito! E só vos pede uma coisa: que vos encontreis uns aos outros! Que andeis, procureis e vos encontreis com os mais necessitados!

Para Francisco, o encontro tem um caráter sacramental que se completa na "paciência de escutar": "Saibamos perder o tempo com eles (os jovens). Semear custa e cansa" (Francisco, 2013, p. 51). A paciência de escutar é mais importante do que a fala normativa, imperativa e impaciente que quer que o outro assuma nossas convicções. Francisco questiona o discurso de convencimento e pergunta:

> Vais convencer o outro a tornar-se católico? Não, não, não! Vais encontrar-se com ele, é o teu irmão! E isso é o suficiente. E você vai ajudá-lo; o resto é feito por Jesus, o Espírito Santo faz [...]. E talvez Jesus te indique o caminho para te encontrares com quem tem maior necessidade. Quando te encontrares com quem tem maior carência, o teu coração começará a aumentar, a crescer, a dilatar-se, pois o encontro multiplica a capacidade de amar (Videomensagem).

Francisco é avesso ao "assédio espiritual" e à redução da religião a prescrições e castigos pelo não cumprimento das "obrigações" (cf. Bergoglio; Skorka, 2013, p. 182). Bem na linha da *Evangelii Nuntiandi*, o Papa Francisco sabe que "o homem contemporâneo escuta com melhor boa vontade as testemunhas do que os mestres, ou então, se escuta os mestres, é porque eles são testemunhas" (EN, n. 41). E Bergoglio cita a expressão de Bento XVI: "A Igreja cresce não por proselitismo, mas por atração" (DAp, n. 159). Por isso, ele prefere o discurso de testemunhas convencidas e convincentes na certeza de que Jesus e o Espírito Santo fazem "o resto". Nosso "ir ao encontro" abre a porta para que aquele que foi encontrado por nós se encontre com Jesus.

A cultura do encontro é uma cultura do diálogo. Ao chegar a Roma, o Cardeal Jorge Bergoglio já pôde falar de uma longa amizade e de diálogos profundos com o rabino de Buenos Aires: "Com Skorka nunca tive de negociar minha identidade católica, assim como ele não o fez com sua identidade judaica, e isso não só pelo respeito que temos um pelo outro, mas também porque assim concebemos o diálogo inter-religioso" (Bergoglio; Skorka, 2013, p. 12s.).

No livro, que o cardeal editou com o rabino, Francisco interpreta o frontispício da Catedral de Buenos Aires, que representa o encontro de José do Egito com seus irmãos, depois de décadas de desencontros, como um convite ao diálogo. O abraço com os irmãos "envolve pranto e também uma pergunta íntima: Meu pai ainda vive?" (Bergoglio; Skorka, 2013, p. 11). O diálogo ecumênico e inter-religioso envolve muito pranto, dores, perdas. Nossas relações são marcadas por brigas identitárias, por verdades e vaidades. "Às vezes, chegamos a nos identificar mais com os construtores de muralhas do que com os de pontes. Faltam o abraço, o pranto e a pergunta pelo pai, pelo patrimônio, pelas raízes da pátria. Há carência de diálogo" (Bergoglio; Skorka, 2013, p. 11). Depois o papa conta que foi várias vezes convidado a ir à sinagoga do rabino, e ele o convidou a falar aos seus seminaristas. Também os evangélicos convidaram Bergoglio ao Luna Park, com sete mil pessoas presentes. O pastor evangélico pediu que todos rezassem pelo cardeal católico. "Quando todos rezavam, a primeira coisa que me ocorreu", relata Bergoglio, "foi me ajoelhar". Um jornal falou depois do delito de apostasia cometido pelo arcebispo. "Para eles, orar junto aos outros era apostasia. Mesmo com um agnóstico, em sua dúvida, podemos olhar juntos para cima e buscar a transcendência. Cada um reza segundo sua tradição. Qual é o problema?" (p. 172).

Da experiência vivida nasce o aprendizado afetivo e racional:

> O diálogo nasce de uma atitude de respeito pela outra pessoa, de um convencimento de que o outro tem algo de bom a dizer; implica abrir um lugar em nosso coração para seu ponto de vista, sua opinião e sua proposta. Dialogar implica uma acolhida cordial e não uma condenação prévia. Para dialogar é preciso saber baixar as defesas, abrir as portas de casa e oferecer calor humano (Bergoglio; Skorka, 2013, p. 17).

O diálogo vai muito além do diálogo inter-religioso. É diálogo com o mundo como ele é, com suas esperanças e angústias, suas culturas e classes sociais. O diálogo, por ser intercultural, exige, além de um grande esforço de inculturação, um conhecimento de múltiplas línguas e linguagens.

E a *Evangelii Gaudium* nos convida ao diálogo como dimensão integrante da cultura do diálogo nos mais diferentes contextos: no contexto paroquial (cf. EG, n. 28), litúrgico (n. 137), ecumênico (n. 244), inter-religioso (n. 250), científico-cultural (n. 133), no âmbito da religiosidade popular (n. 128) e social (n. 185, 238ss.). Em todas essas esferas, deve-se observar que "um diálogo é muito mais do que a comunicação de uma verdade. Realiza-se pelo prazer de falar [...] entre aqueles que se amam" (EG, n. 142).

e) A gratuidade

O protomissionário Jesus Cristo, o "enviado do Pai" (Jo 17,3), é que dá continuidade à "cultura do encontro". Sua ordem é para que convertamos a nós mesmos e não aos outros. A conversão não é obra humana, é dom de Deus. A missão não "impõe uma nova obrigação", mas "partilha uma alegria, indica um horizonte", "oferece um banquete". "A Igreja não cresce por proselitismo, mas 'por atração'" (EG, n. 14). Nosso "ir ao encontro" é a atitude de deixar Deus, através de nós, "atrair" os fugitivos de sua bondade e verdade: "A graça e a verdade vieram por meio de Jesus Cristo" (Jo 1,17). No encontro, dia 29 de agosto de 2013, com jovens da diocese italiana de Piacenza-Bobbio, na Basílica de São Pedro, o Papa Francisco deu também à verdade essa dimensão pentecostal do dom do "encontro" e do "achado": "A gente não tem a verdade, não a carregamos conosco, mas a gente vai ao seu encontro. É o encontro com a verdade, que é Deus. Precisamos procurá-la.

Segundo o Evangelho, a semente lançada à terra cresce por si mesma, inclusive quando o agricultor dorme (cf. Mc 4,26-29). A Igreja deve aceitar essa liberdade incontrolável da Palavra, que é eficaz a seu modo [...], superando as nossas previsões e quebrando os nossos esquemas" (EG, n. 22). A salvação oferecida por Deus "é obra da sua misericórdia. Não há ação humana, por melhor que seja, que nos faça merecer tão grande dom. Por pura graça, Deus atrai-nos para nos unir a si" (EG, n. 112).

Essa autoria divina da conversão e da salvação para a humanidade apresenta-se como gratuidade, relativiza os esforços humanos da evangelização. Francisco relativiza qualquer sofisticação doutrinal e conceitual na transmissão da mensagem, sem suspender o "compromisso de evangelização":

> A nova evangelização deve implicar um novo protagonismo de cada um dos batizados [...], porque, se uma pessoa experimentou verdadeiramente o amor de Deus

que o salva, não precisa de muito tempo de preparação para sair a anunciá-lo, não pode esperar que lhe deem muitas lições ou longas instruções (EG, n. 120).

A "transmissão da fé", quer dizer, a questão catequética, é subordinada à vivência missionária e relacionada com contextos socioculturais muito diferentes:

> Não se deve pensar que o anúncio evangélico tenha de ser transmitido sempre com determinadas fórmulas preestabelecidas ou com palavras concretas que exprimam um conteúdo absolutamente invariável. Transmite-se com formas tão diversas [...], cujo sujeito coletivo é o Povo de Deus, com seus gestos e sinais inumeráveis" (EG, n. 129).

A *Evangelii Gaudium* menciona o Catecismo Universal só uma vez, e em uma questão secundária (cf. EG, n. 44). O verdadeiro catecismo do Povo de Deus é a vida dos pobres. Por isso, "a opção pelos pobres é mais uma categoria teológica do que cultural, sociológica, política ou filosófica" (EG, n. 198). Os pobres são os primeiros destinatários da misericórdia de Deus. A "nova evangelização é um convite a reconhecer a força salvífica das suas vidas" (EG, n. 198). Não pelo catecismo, mas "nas suas próprias dores conhecem Cristo sofredor. É necessário que todos nos deixemos evangelizar por eles" (EG, n. 198), que atravessam os grandes conflitos sociais e culturais da nossa época. Os pobres e os outros levam-nos de volta a Jerusalém e ao abandono. Eles nos consolam lembrando o mandamento maior: "Nada é mais alto do que o abaixamento da cruz, porque lá se atinge verdadeiramente a altura do amor"! Nada é "mais forte do que a força escondida na fragilidade do amor" (Francisco, 2013, p. 66).

A "nova evangelização é a evangelização de uma Igreja pobre para os pobres" (EG, n. 198). E o papa confessa "que as alegrias mais belas e espontâneas que vi ao longo da minha vida são as alegrias de pessoas muito pobres que têm pouco a que se agarrar" (EG, n. 7). Pela alegria dos pobres, que é missionária, Deus nos converte ao Evangelho: "Essa alegria é um sinal de que o Evangelho foi anunciado e está a frutificar, mas contém sempre a dinâmica do êxodo e do dom, de sair de si mesmo, de caminhar e de semear sempre de novo, sempre mais além" (EG, n. 21). Jesus não quer uma Igreja sedentária, mas migrante e itinerante, e que, "depois de lançar a semente em um lugar, não se demora lá a explicar melhor ou a cumprir novos sinais, mas o Espírito, que é Pai dos pobres e protagonista da missão, leva-o a partir para outras aldeias" (EG, n. 21), para partilhar angústia e alegria, pão e vinho, palavra e vida.

9.3 Resumo, palavras-chave, questões

Com a eleição do Papa Francisco e sua Exortação Apostólica "A alegria do Evangelho", a sobriedade da reforma, a alegria da evangelização e a preferência dos pobres encontraram um novo alento na vida pastoral da Igreja Católica. Parecia que a ponte entre o Concílio Vaticano II e a Igreja de hoje não suportava mais os caminhões pesados da realidade contemporânea. Em suas mensagens, o Papa Francisco se dirige aos motoristas desses caminhões. Sem muitos rodeios, procura lhes dizer que o perigo não está no caminho ou na ponte, mas nos motoristas desabilitados. Estes percorrem as paisagens pastorais com excesso de velocidade ou com lentidão sem rumo. Francisco pergunta a cada um de seus agentes de pastoral, leigos, padres e bispos: "Com sua carteira de motorista vencida, seu exame de vista caducado e o mapa de estradas desatualizado, como você pode passar a ponte para o mundo de hoje?"

Com "A alegria do Evangelho", Francisco oferece a todos nós um manual de motorista atualizado – um *vade-mécum* pastoral em chave missionária sobre mudanças necessárias e possíveis. Contudo, nem todas as estradas novas constam nesse mapa. Uma vez que Francisco não tem o poder de um príncipe renascentista, nem tudo que seria necessário mudar ele vai poder transformar. Enfaticamente, o Papa Francisco afirma: "Sonho com uma opção missionária capaz de transformar tudo, para que os costumes, os estilos, os horários, a linguagem e toda a estrutura eclesial se tornem um canal proporcionado mais à evangelização do mundo atual do que à autopreservação" (EG, n. 27). O sonho antecipa realidades possíveis.

Primeiramente procurei perscrutar as três inspirações principais da *Evangelii Gaudium*, o Sínodo (2012), o Documento de Aparecida (2007) e alguns escritos muito citados de Paulo VI. Em seguida apontei para cinco "Linhas mestras" – a misericórdia, a realidade, a Igreja "em saída", a cultura do encontro e a gratuidade – na *Evangelii Gaudium* que configuram uma verdadeira apostila missionária. Ela nos dá os contornos pastorais do pontificado de Francisco, às vezes elementar e revolucionária, outras vezes prolixa e tradicional, contudo sempre oferecendo algo do frescor da alma latino-americana ao mundo.

10
Da sinodalidade como bandeira e avental da missão

A bandeira da sinodalidade simboliza a perspectiva missionária da Igreja em saída, e o avental lembra seu objetivo: o lava-pé da Última Ceia, sua saída a serviço do mundo ferido. O mérito da missão não está na saída para territórios estranhos, mas no sair para servir aos mais necessitados e para estar com eles. A sinodalidade da Igreja incentiva o dom da escuta no caminhar junto do Povo de Deus a serviço da missão; sendo, assim, sua porta-bandeira e servidora, movimentada pela energia trifásica da escuta, do caminhar e da prática missionária. Deus-Pai escuta o grito de seu povo e envia o Filho, que se revela como o Enviado do Pai que se faz Caminho. O Espírito Santo, igualmente enviado e dado pelo Pai, acompanha e defende os discípulos em sua missão mística e militante. Essa dimensão trinitária "exige da Igreja o reforço das sinergias em todas as áreas da sua missão. O caminho da sinodalidade é precisamente o caminho que Deus espera da Igreja do terceiro milênio" (Francisco, *Discurso*, 2015).

Por causa dessa articulação trinitária da sinodalidade a serviço da missão, o último capítulo desta *Teologia da Missão* versa, de maneira fragmentária, sobre duas experiências de sinodalidade, uma regional, outra universal: o "Sínodo para a Amazônia" (10.2) e a "Assembleia Geral Ordinária do Sínodo dos Bispos" (10.4). Entre os dois sínodos se situa a "Conferência Eclesial da Amazônia" (10.3), lançada às pressas como realização de uma proposta do *Documento Final* do "Sínodo para a Amazônia" (DFSA, n. 115), porém sem condição e intenção de realizar, em sua constituição institucional e em suas primeiras decisões, a maior participação do Povo de Deus, que era uma das intenções fundamentais do "Sínodo para a Amazônia".

Por conseguinte, no último capítulo desta *Teologia da Missão*, vamos, a partir da experiência de um sínodo regional ("Sínodo para a Amazônia", 2019), de uma organização eclesial pós-sinodal ("Conferência Eclesial da Amazônia e do Caribe" – Ceama, 2020) e de um sínodo universal ("XVI Assembleia Geral Ordinária do Sínodo dos Bispos", 2021-2024), tematizar travas e dificuldades, metas e aprendizados que foram experimentados nesses três campos de sinodalidade em transição.

O "Sínodo para a Amazônia" mostrou-se um laboratório para iniciar e ampliar a reflexão das possibilidades de uma maior participação do Povo de Deus e do próprio episcopado no sistema sinodal, tendo em vista a unidade eclesial sem uniformidade. Os dois perigos são reais: o perigo da inadaptação e do desconhecimento das regiões e o desconhecimento ou a insensibilidade da Igreja universal em face ao sofrimento de interferências monocráticas e monoculturais.

O "Sínodo para a Amazônia" cobrou da Igreja universal o reconhecimento de seus condicionamentos geográficos, regionais e culturais, com seus impactos sobre a prática pastoral. O Sínodo universal deu à Igreja a oportunidade de debater o próprio instituto sinodal e sua sensibilidade diante da diversidade e da identidade regional. A escuta de setores opostos vai muito além da polaridade entre o "regional" e o "universal". A vida sempre oferece três soluções: a submissão da voz mais frágil à voz mais forte, a convivência entre vozes e escutas diferentes, e o aprendizado e a aproximação entre setores originalmente discordantes, que avançam para uma convivência produtiva.

10.1 Articulação entre sinodalidade e missionariedade

A afirmação da natureza da Igreja como essencialmente missionária (cf. AG, n. 2) coloca a sua razão de ser e todas as suas atividades "em chave missionária" (EG, n. 34). Apesar de ser santa e pecadora, e por isso necessitar de "uma reforma permanente de si mesma por fidelidade a Jesus Cristo" (EG, n. 26), a caminhada dessa Igreja, que é povo peregrino de Deus, lembra e instaura, sempre de novo, o horizonte do Reino de Deus.

Em sua Exortação Apostólica *Evangelii Gaudium*, o Papa Francisco assume a sinergia do abraço da sinodalidade pela missionariedade como "intimidade itinerante" e "comunhão missionária" (EG, n. 23) com três palavras: "Igreja em saída" (EG, n. 20-24), considerando que saída não significa "fuga", mas "entrar na dinâmica do êxodo", "ir ao encontro" (EG, n. 21) e viver uma "cultura do encontro" (Francisco, Viagem, Puerto Maldonado, 2018). "Êxodo" e "ir ao encontro" são práticas missionárias de despojamento e de "sobriedade feliz" (LS, n. 224s.) em torno de quatro eixos:

- *Transformação*: "não se podem deixar as coisas como estão" (EG, n. 25);
- *Conversão*: "como abertura a uma reforma permanente" (EG, n. 26);
- *Inclusão*: "convidar os excluídos", "oferecer misericórdia" (EG, n. 24) e "*alcançar todas as periferias*", "*sem fronteiras*" (EG, n. 20, 24, 210), pois hoje e sempre "os pobres são os destinatários privilegiados do Evangelho" (EG, n. 48) e "o papa ama a todos, ricos e pobres, mas tem a obrigação, em nome

de Cristo, de lembrar que os ricos devem ajudar os pobres, respeitá-los e promovê-los" (EG, n. 58);

• *Participação*: construir ambientes de "viva comunhão e participação", orientados "completamente para a missão" (EG, n. 28).

O sínodo como bandeira e avental a serviço da missão é um instrumento da "escuta de Deus, até ouvir com Ele o grito do Povo" (EC, n. 6), sendo essa escuta, em seus três tempos, na preparação, na realização da assembleia sinodal e na busca de novos caminhos para transformar as propostas sinodais em projeto pastoral a serviço da missão, a razão de ser da Igreja (cf. AG, n. 2).

Por mostrar o que significa "caminhar juntos", o "Concílio Apostólico de Jerusalém" (At 15; Gl 5,19-21) permanece até hoje como modelo paradigmático da caminhada sinodal da Igreja (cf. CTI, 11-23). A sinodalidade é uma herança preciosa da Igreja que "se origina da missão do Filho e da missão do Espírito Santo" (AG, n. 2). Caminhar juntos significa ser peregrino com outros peregrinos chamados a constituir a Igreja, Povo de Deus, e a assumir sua natureza, que é missionária (cf. AG, n. 2), e cuidar de tudo que foi criado, até o fim dos tempos (Mt 28,20) e até os confins do universo.

Em seu discurso inaugural da quarta e última sessão do Concílio Vaticano II, dia 15 de setembro de 1965, o Papa Paulo VI anunciou a instituição do "Sínodo dos Bispos" como organismo permanente. "Depois de perscrutar atentamente os sinais dos tempos e ciente da necessidade de reforçar com vínculos mais estreitos a união do bispo de Roma com os bispos", por meio do *Motu proprio "Apostolica Sollicitudo"* (15 set. 1965), Paulo VI propôs, pela institucionalização do sínodo para toda a Igreja, dar continuidade ao espírito conciliar.

Meio século mais tarde, com a Constituição Apostólica *Episcopalis Communio* (EC), o Papa Francisco declarou o Sínodo "uma das mais preciosas heranças do Concílio Vaticano II", por estar prestando "uma eficaz colaboração ao Romano Pontífice" (EC, n. 10), e, por ser uma "dimensão constitutiva da Igreja" (EC, n. 6), devendo "sempre mais se tornar um instrumento privilegiado de escuta do Povo de Deus" (EC, n. 6). Observa-se com isso uma ampliação da função sinodal, que passa do estreitamento das relações entre o papa e os bispos, para a inclusão do Povo de Deus pela escuta como primeiro passo de participação no processo sinodal. Mais tarde, essa ampliação da função sinodal encontra a sua expressão na transformação de "Conferências do Episcopado", como a de Aparecida (2007), em "Conferências Eclesiais", como a do México (2021). O alcance concreto e pastoral dessa transformação da nomenclatura, em vista de uma maior participação real do Povo de Deus, segue até hoje como uma "questão disputada", enquanto a participação dos batizados se limita, segundo o direito canônico, à apresentação de propostas, não em decisões sobre mudanças estruturais.

Desde o início de seu pontificado, o Papa Francisco pediu essa "eficaz colaboração" para "avançar no caminho de uma conversão pastoral e missionária" (EG, n. 25) e para colocar todas as atividades da Igreja nos trilhos de um "estado permanente de missão" (DAp, n. 551; EG, n. 25; EC, n. 1). Conversão visa participação. Desde Puebla (DP, 1979), que dedicou um capítulo inteiro à "Comunhão e participação" (DP, n. 563-1127) como pilares da evangelização da América Latina, observa-se maior propensão do Povo de Deus a participar das decisões pastorais. Todos os batizados devem ser preparados para "serem agentes da evangelização" (EG, n. 28), e não, em função de um "excessivo clericalismo", mantidos "à margem das decisões" (EG, n. 102).

O sínodo como instituição eclesial envolve a relação entre os três magistérios, o do papa, o dos bispos e o do Povo de Deus. Em um mundo de grandes transformações, esses magistérios necessitam de ajustes históricos, jurídicos e pastorais permanentes. Como distinguir, na realidade pastoral ou nas discussões teológicas, a normalidade da "função consultiva" (EC, n. 3) da "potestade deliberativa"? (EC, n. 3). Como romper com a herança pré-moderna de que quem decide na paróquia é o pároco, na diocese, o bispo, e na Igreja universal, o papa? Como desconstruir o muro entre "consulta" e "decisão" sem cair em uma ditadura de votações majoritárias? Até agora, a "função consultiva" está juridicamente subordinada à "potestade deliberativa" e, somente, por pedido explícito do papa, a "função consultiva" do Povo de Deus pode tornar-se "poder deliberativo".

A sinodalidade vai além do sínodo porque representa uma nova maneira de se fazer presente nas relações pastorais e nas instâncias de poder da Igreja, sem autoritarismo clerical. Terminado o sínodo, a sinodalidade continua como atitude convidativa e participativa, a qual, segundo o Papa Francisco, se tornou o instrumento mais importante da "atividade missionária, que é a principal e a mais sagrada da Igreja" (AG, n. 29; EC, n. 1).

10.2 O Sínodo para a Amazônia (2019)

O processo do Sínodo para a Amazônia produziu três documentos oficiais: o *Instrumentum Laboris* (2019), elaborado por futuros membros do Sínodo e por peritos para preparar o início das discussões na aula sinodal, e o *Documento Final* (DFSA, 2019), elaborado pelos membros da assembleia sinodal (cf. EC, n. 2, 7) e por peritos e auditores sem direito ao voto; ambos os textos com o mesmo título: "Amazônia: novos caminhos para a Igreja e para uma ecologia integral". Como de costume, o terceiro documento oficial foi a Exortação Apostólica Pós-sinodal *Querida Amazônia* (QAm, 2020), elaborado pelo papa, com as caraterísticas de uma carta de amor enviada de um campo de lutas ideológicas que impõem silêncios e autocensuras.

Um longo e extenso processo de consultas preparou o Sínodo para a Amazônia. As discussões abertas prosseguiram também durante o processo sinodal na região e na aula sinodal. Com o *Documento Final* do evento, o Sínodo se encerrou em um clima de otimismo, porque questões, desde o Vaticano II discutidas, foram votadas e levadas ao portal de São Pedro para decisões concretas.

Os envolvidos nesse processo sinodal, iniciado no dia 15 de outubro de 2017 pela convocação de uma "Assembleia Especial para a Região Pan-Amazônica" do Papa Francisco, tiveram a certeza de que agora "novos caminhos" propostos na convocação do papa estariam abertos, não só para "uma ecologia integral", mas sobretudo para a Igreja e as questões pastorais pendentes na região.

Muitas dessas questões tratadas na Assembleia Especial do Sínodo não eram novas, já que se arrastavam nas assembleias e encontros pastorais desde o "Concílio Vaticano II". O Papa Francisco mostrou-se decidido a não deixar o traçado dos novos caminhos pastorais da Amazônia por conta de guias sem profundo conhecimento da região, mas por conta de delegados que, segundo suas palavras, "conhecem melhor do que eu e do que a Cúria Romana a problemática da Amazônia" (QAm, n. 3).

O *Documento Final* do Sínodo para a Amazônia (DFSA), com cada parágrafo aceito pela necessária maioria da assembleia, chegou muito perto de atender às expectativas pré-sinodais: participação das comunidades na coleta e articulação pastoral desses desafios e sua transformação em propostas de reforma da Igreja. No final, as propostas foram entregues ao papa para sua apreciação, aceitação e direcionamentos para os "novos caminhos" que constavam como objetivo na convocação do Sínodo, em 2017.

O *Documento Final* do Sínodo para a Amazônia não se contentou apenas com afirmações essenciais sobre o direito de os fiéis terem acesso à Eucaristia. Procurou também nomear as causas que impedem esse acesso e compreender as suas consequências (cf. DFSA, n. 109ss.). Devido à endêmica falta de sacerdotes na Amazônia, o sínodo propôs "ordenar sacerdotes homens idôneos e reconhecidos pela comunidade, que tenham um diaconato permanente frutífero e recebam formação adequada para o presbiterado, podendo ter uma família legitimamente constituída e estável, para sustentar a vida da comunidade cristã pela pregação da Palavra e pela celebração dos Sacramentos nas áreas mais remotas da região amazônica" (DFSA, n. 111). Nas múltiplas consultas e no DFSA, emergiu também "o papel fundamental da mulher religiosa e leiga na Igreja da Amazônia [...]. Em grande parte dessas consultas, o diaconato permanente foi solicitado para as mulheres" (DFSA, n. 103).

A acolhida e devolução institucional das propostas entregues ao papa, por meio de sua Exortação Apostólica Pós-sinodal *Querida Amazônia* (QAm), no dia 2 de fevereiro 2020, não correspondeu às expectativas dos delegados sinodais nem às da Igreja local, porque não transformou os desafios do Documento Final em diretrizes pastorais autorizadas. Votantes e apoiadores do Sínodo esperavam, ao menos, uma aceitação parcial e encaminhamentos concretos por meio de uma Exortação Apostólica costumeira, já que se tratava de atores (pastores, consagrados, consagradas, fiéis leigos) que, segundo as palavras do papa, "são pessoas que nela (na Amazônia) vivem, por ela sofrem e que a amam apaixonadamente" (QAm, n. 3).

Com a *Querida Amazônia*, o Papa Francisco apresentou "de modo oficial" o DFSA à comunidade eclesial e reconheceu a competência dos seus autores, sem assumir as suas reivindicações pastorais. Participantes do Sínodo lembravam frases programáticas da *Evangelii Gaudium*, na qual Francisco indicou possíveis mudanças na relação entre o papa e o Colégio Episcopal, correspondendo à "necessidade de proceder a uma salutar 'descentralização'" (EG, n. 16).

Perante a "multiplicidade de questões" apresentadas no DFSA, o papa renunciou a tratá-las detalhadamente: "Penso, aliás, que não se deve esperar do magistério papal uma palavra definitiva ou completa sobre todas as questões que dizem respeito à Igreja e ao mundo. Não convém que o papa substitua os episcopados locais no discernimento de todas as problemáticas que sobressaem nos seus territórios" (EG, n. 16). Não se trata apenas da substituição do episcopado, mas também do laicato. Em virtude do seu batismo, o leigo "é um sujeito ativo de evangelização, e não seria apropriado pensar em um esquema de evangelização realizado por agentes qualificados enquanto o resto do povo fiel seria apenas receptor das suas ações. A nova evangelização deve implicar um novo protagonismo de cada um dos batizados" (EG, n. 120).

O Papa Francisco escutou os problemas, decidindo, no entanto, por não ratificar as propostas, majoritariamente consensuais na região, mas, ao mesmo tempo, contestadas por setores minoritários e em outras partes do mundo. Sabe-se que unanimidade se produz, geralmente, em ditaduras. Basta ler as votações finais dos documentos do Vaticano II para se dar conta da realidade histórica, na qual precisamos aprender a conviver com consensos sofridos que não significam unanimidade. Vale a pena, nesse contexto, reconstruir as discussões em torno da eclesiologia do Vaticano II, nas quais defensores da eclesiologia de "comunhão" e "mistério" discutiram com defensores da eclesiologia do "Povo de Deus", baseada no capítulo II da *Lumen Gentium*. Com os pontificados de Bento e Francisco, as duas bandeiras ganharam sua legitimidade católica, como nos mostrou a Instrução da Congregação para o Clero, do dia 27 de junho de 2020, sobre "A conversão pastoral da comunidade paroquial a serviço da missão evangelizadora da Igreja". A esse respeito, o próprio Papa Francisco advertiu: "A quantos sonham com uma doutrina monolítica defendida sem nuanças por todos, isto poderá parecer uma dispersão imperfeita; mas a realidade é que essa variedade ajuda a manifestar e desenvolver melhor os diversos aspectos da riqueza inesgotável do Evangelho" (EG, n. 40). E Francisco nos lembra que "a expressão da verdade pode ser multiforme" (EG, n. 41).

Quanto consenso é necessário para legislar sobre mudanças na Igreja universal? Infelizmente, constatamos que o espírito sinodal, que faz justiça à diversidade cultural, histórica e geográfica das regiões, ainda não foi suficientemente assimilado pela Igreja universal. No interior da Amazônia, mesmo depois de sessenta anos de que o Vaticano II advertiu para muitas das questões pastorais precárias, o passo essencial ainda não foi dado, como o de transformação de uma pastoral de visita a uma pastoral de presença, com acesso dos autóctones aos ministérios essenciais da Igreja. Soluções paliativas, como o apelo ao envio de missionários de outras regiões ou de pensar novamente "em grupos missionários itinerantes" (QAm, n. 98), até hoje, mostraram-se incapazes de edificar a Igreja com rosto amazônico ou cortar as raízes da colonialidade. Mas o papa não pode impor o espírito sinodal às regiões despreparadas ou discordantes. Um espírito sinodal preso às cúpulas eclesiásticas, e só regionalmente assumido ou imposto pelo magistério, poderia produzir divisões internas e uma nova colonização nas bases regionais.

Em seu "Discurso na comemoração do cinquentenário da instituição do Sínodo dos Bispos", proferido em 17 de outubro de 2015, o Papa Francisco procurou harmonizar três questões com identidade própria e diferenciada: a competência magisterial do Povo de Deus, o magistério dos bispos e do papa.

• Primeiro, o Sínodo, na sua configuração original, é um Sínodo de bispos e não um Sínodo do Povo de Deus com igual participação dos batizados. Por isso, Francisco propôs a transformação de uma VI Conferência Geral do Episcopado Latino-Americano e do Caribe em "Primeira Assembleia

Eclesial da América Latina e Caribe", na cidade do México (21-28 nov. 2021), e com a Ceama (29 jul. 2020/9 out. 2021) não foi criada uma "Conferência Episcopal para a Amazônia", mas uma "Conferência Eclesial da Amazônia". Essa mudança aguarda ainda seus ajustes na área jurídica e pastoral da Igreja.

• Segundo, com a transformação de conferências episcopais em assembleias eclesiais, a participação do Povo de Deus na Igreja será facilitada. Em seu Discurso comemorativo do cinquentenário do Sínodo, o papa justifica seu esforço que visa a maior participação do Povo de Deus nas decisões eclesiais: "Na Exortação Apostólica *Evangelii Gaudium*, sublinhei como 'o Povo de Deus é santo em virtude desta unção, que o torna infalível *in credendo*' (EG, n. 119), acrescentando que 'cada um dos batizados, independentemente da própria função na Igreja e do grau de instrução da sua fé, é um sujeito ativo de evangelização, e seria inapropriado pensar em um esquema de evangelização realizado por agentes qualificados enquanto o resto do povo fiel seria apenas receptor das suas ações' (EG, n. 120). O *sensus fidei* impede uma rígida separação entre *Ecclesia docens* e *Ecclesia discens*, já que também o Rebanho possui a sua 'intuição' para discernir as novas estradas que o Senhor revela à Igreja" (Francisco, *Discurso*). Mesmo para o Sínodo, que continua episcopal, o papa procurou, por meio da escuta, possibilitar maior participação do Povo de Deus e maior comunicação entre todos os batizados: "Uma Igreja sinodal é uma Igreja da escuta, ciente de que escutar é mais do que ouvir" (EG, n. 171). É uma escuta recíproca, em que cada um tem algo a aprender. Povo fiel, Colégio Episcopal, bispo de Roma: cada um à escuta dos outros; e todos à escuta do Espírito Santo, o "Espírito da verdade" (Jo 14,17), para conhecer aquilo que Ele "diz às Igrejas" (Ap 2,7).

• Terceiro, o primado do papa. "O fato de o Sínodo agir sempre *cum Petro et sub Petro* [...] não é uma restrição da liberdade, mas uma garantia da unidade. Com efeito, o papa é, por vontade do Senhor, perpétuo e visível fundamento da unidade, não só dos bispos, mas também da multidão dos fiéis" (LG, n. 23).

Ligado a isso está o conceito de *hierarchica communio*, usado pelo Concílio Vaticano II: os bispos estão unidos ao bispo de Roma pelo vínculo da comunhão episcopal (*cum Petro*) e, ao mesmo tempo, estão hierarquicamente sujeitos a ele como Cabeça do Colégio (*sub Petro*) (cf. LG, n. 22):

O Sínodo dos Bispos é o ponto de convergência deste dinamismo de escuta, efetuado em todos os níveis da vida da Igreja. O caminho sinodal começa por escutar o povo, que "participa também da função profética de Cristo" (LG, n. 12), de acordo com um princípio caro à Igreja do primeiro milênio: "*Quod omnes tangit ab omnibus tractari debet*"[24] (Francisco, *Discurso*). Ao comparar o Estudo da CNBB "Missionários(as) para a Amazônia", de 2010, ainda escrito na espiritualidade pastoral da Encíclica *Fidei Donum* (1957), de Pio XII, com o Documento Final do Sínodo para a Amazônia, percebe-se a profunda mudança de um paradigma missionário que todavia espera a sua transformação em realidade pastoral. O envio de missionários para a Amazônia é substituído pelo investimento em ministérios e reconhecimento de agentes da missão na Amazônia que aguardam a imposição das mãos da Igreja.

10.3 Conferência Eclesial da Amazônia e do Caribe (Ceama)

O Sínodo tocou em pontos e polaridades nevrálgicos que acompanham a vida da Igreja: sinodalidade e unanimidade; participação e comunhão; encarnação nas culturas e tradição monocultural; continuidade e ruptura, local e universal. Na *Evangelii Gaudium*, o Papa

---
24. O que atinge todos deve ser tratado por todos.

Francisco já avisara que não queria com a sua autoridade substituir a voz dos bispos e das regiões (cf. EG, n. 16). Com o *Documento Final* do "Sínodo para a Amazônia", Francisco ouviu a voz do episcopado pan-amazônico, mas sentiu resistências de outras regiões e setores em aceitar as propostas mais urgentes. Portanto, Francisco optou por devolvê-las a um organismo episcopal pós-sinodal a ser constituído na região. Em uma das últimas propostas, o DFSA pediu a criação desse organismo: "Propomos a criação de um organismo episcopal que promova a sinodalidade entre as Igrejas da região, que ajude a delinear a face amazônica desta Igreja e que continue a tarefa de encontrar novos caminhos para a missão evangelizadora [...]. Trata-se de um organismo episcopal permanente e representativo que promova a sinodalidade na região amazônica, articulado ao Celam, com estrutura própria [...]. Dessa forma, pode [...] assumir, a partir do território da Igreja na América Latina e no Caribe, muitas das propostas surgidas neste Sínodo" (DFSA, n. 115).

Já nos últimos dias do sínodo, circulou entre alguns delegados, afinados com a Cúria Romana e o próprio Papa Francisco, a ideia de encarregar um organismo episcopal permanente da execução das propostas de "novos caminhos" pastorais para a Amazônia. Dessas articulações surgiram as duas últimas propostas concretas da Assembleia Especial do Sínodo para a Região Pan-Amazônica: a constituição de uma conferência episcopal, que se tornou eclesial, com a incumbência de articular "redes e iniciativas eclesiais e socioambientais em nível continental e internacional" (DFSA, n. 115), e a elaboração de um rito amazônico (DFSA, n. 119).

a) Estatutos e objetivos

Esse "organismo episcopal" nasce como "Conferência Eclesial da Amazônia" (Ceama), em 29 de junho de 2020, para sincronizar as conversões do *Documento Final* do Sínodo com os sonhos da *Querida Amazônia* do Papa Francisco. Pela complexidade de sua construção institucional (cf. cap. III dos Estatutos Ceama) e da participação de seus delegados-membros (cf. cap. II) nas votações, os processos decisórios, que começam com a escolha das prioridades pastorais, exigirão discernimentos permanentes.

Já nos dias 26 e 27 de outubro de 2020, ocorreu, de modo virtual, a Primeira Assembleia Ordinária da Ceama. Entre os dias 12 e 14 de dezembro de 2021, depois do seu reconhecimento canônico pelo Papa Francisco, em 9 de outubro 2021, a Ceama realizou, em São Paulo, a Segunda Assembleia Plenária. Três anos depois do Sínodo, o Cardeal Marc Quellet, prefeito do Dicastério para os Bispos, em um decreto de 3 de outubro de 2022, anunciou a aprovação dos estatutos da Conferência Eclesial da Amazônia (Ceama) pelo Papa Francisco por três anos. O decreto de criação apresenta a Ceama como "organização da Igreja Católica com personalidade jurídica, canônica e pública". Como um organismo episcopal permanente, ela representa os nove países da região pan-amazônica (Bolívia, Brasil, Colômbia, Equador, Guiana Francesa, Guiana, Peru, Suriname e Venezuela).

Em seus estatutos, a Ceama assume os sonhos da Querida Amazônia e a essência teológico-pastoral do pontificado de o Papa Francisco, que são um amplo processo de consulta de todos os batizados, a responsabilidade de seu magistério partilhado com os bispos, a transformação de uma possível conferência episcopal em conferência eclesial ancorada no Povo de Deus dos batizados, a "improvável" unanimidade nas decisões, a sinodalidade, a harmonização dos desafios entre macro e microrregiões, a dimensão ecumênica e, como prefixo de tudo, o alinhamento ao Evangelho como prática missionária e visão social, cultural ecológica e eclesial. "Sonho com uma Amazônia em que se lute pelos direitos dos mais pobres, dos povos originários, dos últimos, de modo que a sua voz seja escutada e sua dignidade seja promovida" (QAm, n. 7).

A Ceama, que tem tido um olhar atento para as organizações já existentes na região, reconhece sua relação fraterna com a "Rede Eclesial Pan-Amazônica" (Repam), o "Conselho Episcopal Latino-Americano" (Celam), a "Confederação Latino-Americana e do Caribe de Religiosos e Religiosas" (Clar), a "Cáritas América Latina e Caribe", bem como com as conferências episcopais e as jurisdições eclesiais dos territórios amazônicos". Foram, ainda, devidamente lembrados os dicastérios da Santa Sé e as organizações de caráter ecumênicos, sociais, culturais e acadêmicos (cf. Estatutos Ceama, art. 8). Nessa multiplicidade dos organismos, já se evidencia, desde o início, certa lentidão para tomar decisões. A Ceama procura impulsionar "uma pedagogia do cuidado da Casa Comum, o respeito à identidade e aos conhecimentos ancestrais, o compromisso com os mais pobres e esquecidos, o resguardo do bioma e o desenvolvimento pleno da ecologia integral em plena comunhão com o *sensus fidei* do Povo de Deus" (Ceama, Preâmbulo). As "conversões" segundo o Documento Final, na Querida Amazônia, tornaram-se "sonhos". Na Conferência Eclesial da Amazônia (Ceama) convivem "conversões" com "sonhos", como em tudo que foi dito sobre a sinodalidade. Devido a certa indefinição da competência jurídica dos protagonistas da sinodalidade com voz e voto decisórios na Ceama, logo surgirão conflitos ideológicos. Apostar em processos que geram unanimidade faz parte dos "sonhos", que, sem conversão, podem se tornar pesadelos. É mais realista e evangélico aprender a conviver com a diversidade cultural, entre o regional e o universal, e assumir os conflitos dessa diversidade, do que, com a uniformidade que simula unanimidade, reprimir o medo da diversidade.

Em sua Segunda Assembleia Plenária, entre 13 e 14 de dezembro 2021, a Ceama elaborou um "Plano de Ação" com o compromisso ("Objetivo Geral") de elaborar um "Plano de Pastoral de Conjunto (PPC)", a ser articulado com os planos pastorais de cada

Conferência Episcopal Nacional da região e com três objetivos específicos:
1. Articular as jurisdições eclesiásticas e suas práticas com o PPC.
2. Articular os núcleos temáticos que surgiram do DFSA e da *Querida Amazônia*: Educação, cultura, novos ministérios e formação.
3. Promover diálogos, alianças e redes no espírito sinodal em função do PPC.

Além dos objetivos, foram elencadas três estratégias para a Ceama: formação, comunicação e consolidação, segundo seus estatutos (diálogo em todas as suas instâncias, escuta ativa e sustentabilidade).

b) Rito amazônico

Na tarefa de discutir e encaminhar um "rito amazônico", a Ceama pode revelar seu verdadeiro rosto. A Conferência Eclesial da Amazônia (Ceama) foi fundada para transformar desafios pastorais em respostas praticáveis e para articular "redes e iniciativas eclesiais e socioambientais em nível continental e internacional" (DFSA, n. 115).

A primeira tarefa, incorporada ao núcleo temático da cultura, que a Ceama assumiu, infelizmente sem a participação das próprias comunidades, foi a elaboração de um "rito para os povos nativos", previsto como o último trabalho relacionado aos temas votados pela assembleia do Sínodo (DFSA, n. 116-119). A elaboração apressada desse rito foi favorecida por setores sem experiência presencial na realidade amazônica.

Causou estranheza o fato de uma Igreja sem rosto amazônico, sem ministérios inculturados, ainda marcada pela herança colonial, iniciar sua busca por novos caminhos pastorais com a construção de um rito amazônico para uma imensa área geográfica habitada não só por povos indígenas, mas também por afrodescendentes, ribeirinhos e migrantes em zonas rurais e urbanas. Mesmo entre os povos nativos, as diferenças culturais podem ser muito grandes. A homogeneidade natural e verbal ("selva amazônica") não forja uma homogeneidade cultural que permitiria dispensar certo "pluralismo litúrgico" (DFSA, n. 116). Um rito amazônico pluricultural pressupõe a presença de ministros autóctones inculturados e comunidades vivas como protagonistas e primeiros agentes dessa inculturação. A elaboração de um rito para tantos povos diferentes e para comunidades sem ministérios autóctones, sem ampla participação das próprias comunidades, não seria a tentativa de construir novas "reduções" e ceder às tentações de uma "nova colonização"?

c) Desafios culturais

O mais importante na transformação dos desafios (cf. DFSA) e dos sonhos (cf. QAm) em práticas pastorais é a consulta e a participação das comunidades como destinatárias e protagonistas de tal "rito amazônico". Cabe aos que constituem a Ceama, em todas as suas decisões, atentar para que ela não se torne uma Conferência Episcopal para a Amazônia, mas se realize como uma Conferência Eclesial da Amazônia, com plena escuta e participação do Povo de Deus.

Nessa missão pós-colonial, cinco advertências são indispensáveis:
1. No DFSA, o "rito para os povos nativos" (DFSA, n. 116), também chamado de "rito amazônico" (DFSA, n. 119), está em último lugar do documento, porque pressupõe a assunção de outras propostas do próprio Sínodo. Um rito amazônico pluricultural presume a presença de ministros autóctones inculturados e comunidades como protagonistas e primeiros agentes dessa inculturação. Essas comunidades devem ser escutadas.

2. A proposta sinodal para encaminhar um "rito amazônico" não se refere a todos os povos que hoje vivem na Amazônia (povos nativos, afrodescendentes, ribeirinhos e migrantes), mas aos "povos nativos" (DFSA, n. 116-119) e seus "costumes de povos ancestrais" (DFSA, n. 119). Mesmo entre esses, deve-se distinguir um grande pluralismo cultural, ritual e litúrgico.

3. O "rito amazônico" não deve ser elaborado em uma perspectiva colonial e tutelar *para* a Amazônia, mas em uma perspectiva *da* Amazônia, pelos próprios povos nativos e suas lideranças religiosas. Podem também ajudar nessa tarefa missionários, missionárias e antropólogos com longa e harmoniosa experiência de vida em territórios indígenas e dispostos a renunciar ao seu protagonismo histórico nessas áreas, cabendo a cada geração missionária tentar eliminar as barreiras que excluem partes do Povo de Deus da plena participação ministerial e sacramental.

4. O "rito amazônico" e "a Igreja com rosto amazônico" invocam as tarefas da inculturação: "Precisamos que os povos indígenas plasmem culturalmente as Igrejas locais amazônicas [...], uma Igreja com rosto amazônico e uma Igreja com rosto indígena" (Francisco, 2018), já que "tudo o que a Igreja oferece deve encarnar-se de maneira original em cada lugar do mundo" (QAm, n. 6). Por se tratar de um imperativo do seguimento de Jesus (cf. DSD, n. 13), a inculturação não é optativa. Para anunciar o projeto de Deus, Jesus se serviu sempre do cultural e historicamente disponível. A cultura de nenhum povo é normativa para outro povo. "A Amazônia desafia-nos a superar perspectivas limitadas [...] para buscar caminhos mais amplos e ousados de inculturação" (QAm, n. 105).

5. O Vaticano II nos ensinou a assumir a universalidade e historicidade da Igreja sem prejuízo das Igrejas locais. Nenhum dos documentos do Concílio de 1962 foi assumido com unanimi-

dade. A "Igreja com rosto amazônico", que no DFSA assumiu muitas propostas localmente urgentes, não deve ser obrigada a esperar até que essas propostas tenham a mesma urgência e necessidade para a Igreja universal. A fé, embutida em uma grande diversidade de culturas, pode manter a sua unidade na diversidade de suas urgências e configurações culturais. O Documento Final do Sínodo Universal, de outubro de 2024, nos lembrou: "A Igreja inteira sempre foi uma pluralidade de povos e idiomas, de Igrejas com seus ritos, disciplinas e heranças teológicas e espirituais particulares, de vocações, carismas e ministérios a serviço do bem comum" (DFSU, n. 38). E essa pluralidade, que se realiza em harmonia, como obra do Espírito, "não é uniformidade" (DFSU, n. 26). A unidade tem dimensões enraizadas no aqui e agora, dimensões políticas e escatológicas, que exigem de cada um de seus participantes o despojamento da encarnação. Tudo está interligado.

O paradigma da Conferência Eclesial da Amazônia (Ceama) é um fruto da releitura da sinodalidade do Vaticano II. Para poder cumprir a sua missão, a Ceama precisa repensar o exercício do magistério pontifício e episcopal articulados com o protagonismo dos batizados em suas comunidades. Repensar significa fazer parte de um processo sem ponto-final. Em face ao Evangelho, o Papa Francisco convida a Igreja a ser ousada e paciente (cf. EG, n. 33), ousada no reconhecimento de uma grande dívida histórica, paciente no pagamento dessa dívida em prestações possíveis.

A experiência da Ceama como modelo de uma instituição eclesial pós-sinodal para seleção, assunção e transformação, em realidade pastoral de uma multiplicidade de propostas feitas em um respectivo sínodo, ainda não acertou seu caminho, mas tampouco terminou. Diante da dificuldade de responder a propostas e desafios de macrorregiões geográficas, antropológicas e culturais muito diferentes no interior da moldura de uma Igreja universal, o

Papa Francisco citou já no início de seu pontificado a Carta Apostólica *Octogesima Adveniens* de Paulo VI: "Perante situações, assim tão diversificadas, torna-se difícil para nós tanto o pronunciar uma palavra única como o propor uma solução que tenha um valor universal" (OA, n. 4; EG, n. 184). Contudo, permanece a esperança de que futuras instituições com estruturas eclesiais participativas, e com a incumbência de transformar propostas sinodais em processos e planos pastorais, avancem na razão pela qual foram criadas, de integrar o magistério episcopal no magistério eclesial, guardando a especificidade de ambos.

10.4 XVI Assembleia Geral do Sínodo dos Bispos (2021-2024)

Os encaminhamentos do "Sínodo para a Amazônia" ainda não contribuíram para levantar voos altos de esperança em vista do novo sínodo universal, já em andamento. Mas talvez nos deram razões para não perder a esperança e para aprofundar a caminhada missionária. Foram muitas vezes argumentos que, em nome da universalidade e unidade da Igreja, impediram transformações nas Igrejas locais.

O tema da "XVI Assembleia Geral do Sínodo" (2021-2024) foi a própria sinodalidade: "Para uma Igreja sinodal: comunhão, participação e missão". "O processo sinodal tem não apenas o ponto de partida, mas também o seu ponto de chegada no Povo de Deus" (EC, n. 7). O reconhecimento regional e a sua diversidade e originalidade foram descritos por Francisco como "modelo de poliedro" que "reflete a confluência de todas as partes [...]. Tanto a ação pastoral como a ação política procuram reunir nesse poliedro o melhor de cada um" (EG, n. 236). Os sínodos nos inspiram para manter os sonhos e a profecia, mas nos obrigam também de ajustar o Direito Canônico.

a) Itinerário

A Constituição Apostólica *Episcopalis Communio* (EC) descreve o caminhar legal do sínodo, porém sem rigidez e com uma atenção particular para a participação do Povo de Deus no processo sinodal. Seguindo as orientações da EC, a Secretaria Geral do Sínodo e seus assessores elaboraram para essa *XVI Assembleia Geral do Sínodo* um primeiro esboço de texto, o *Documento Preparatório*. Nele, deram certo destaque para o discurso que o Papa Francisco proferiu por ocasião da *Comemoração do cinquentenário da instituição do Sínodo dos Bispos* (Francisco, *Discurso*, 2015) e para o documento *A sinodalidade na vida e na missão da Igreja*, elaborado pela Comissão Teológica Internacional (CTI, 2018).

O *Documento Preparatório* foi enviado às Igrejas locais e organizações eclesiais com um *vade-mécum* metodológico. Deveria ser acolhido, escutado e discutido depois da abertura do Sínodo em Roma, dias 9 e 10 de outubro de 2021 e, a partir de 17 de outubro, em todas as Igrejas particulares.

Até abril de 2022, sínteses dessas contribuições das regiões foram enviadas à Secretaria Geral para elaborar, até setembro de 2022, o *Instrumentum Laboris 1* (IL, n. 1) para a *Primeira Sessão* sinodal. Também o IL 1 foi enviado às Igrejas locais e organismos eclesiais com a incumbência de produzirem, até março de 2023, em assembleias continentais seus documentos, cujas sínteses haveriam de servir à *Primeira Sessão* da XVI Assembleia Geral Ordinária do Sínodo dos Bispos.

Em 26 de outubro 2024 foi publicado o *Documento Final* da segunda e última sessão desse Sínodo Universal, com seus 155 pontos de destaque (DFSU). A reserva de "questões disputadas" a dez grupos de estudo antes do início da segunda sessão do Sínodo Universal permitiu ao próprio Sínodo apresentar um Texto Final purificado de grandes disputas e ao papa aprovar esse texto sem

Exortação Apostólica posterior (cf. DFSU, n. 8): "Quero, deste modo, reconhecer o valor do caminho sinodal realizado, que através deste Documento entrego ao santo povo fiel de Deus". A delegação de pontos polêmicos, como, por exemplo, o diaconato das mulheres, aos dez grupos encarregados com as "questões disputadas", cujo trabalho continuou depois da Assembleia do Sínodo, facilitou o acolhimento do DFSU não só pelo papa, mas também por setores em desacordo com mudanças estruturais. Pode-se observar diferenças importantes entre os encaminhamentos do DFSA com a sua Exortação posterior e o DFSU sem Exortação.

b) Competência

A partir do Relatório de Síntese (ReS1) da *Primeira Sessão* do sínodo, de 2023, e do Documento Final (DFSU), de 2024, quais são as transformações, as tarefas e os serviços que se podem esperar desse sínodo? Segundo a Constituição Apostólica *Episcopalis Communio* (EC), o Sínodo dos Bispos "presta uma eficaz colaboração ao Romano Pontífice" (EC, n. 1). No decorrer de seus cinquenta anos de existência, o sínodo se tornou, segundo a *Episcopalis Communio*, um "válido instrumento" para o "aprofundamento da doutrina cristã, reforma das estruturas eclesiásticas, promoção da atividade pastoral" e "à evangelização do mundo atual" (EC, n. 1).

A assembleia sinodal faz parte de um processo de "uma Igreja que está aprendendo o estilo da sinodalidade procurando as formas mais apropriadas para sua realização" (*Introdução* ao ReS1). A Primeira Sessão do Sínodo, com cerca de trezentos e sessenta e cinco participantes com voz e voto, realizou-se na aula Paulo VI, em torno de trinta e cinco mesas-redondas entre os dias 4 e 29 de outubro de 2023. As mesas-redondas sinalizam o desejo de uma participação maior dos convocados. Iniciou-se o Sínodo Universal com a possibilidade de que nas escutas e discussões poderia emergir uma nova compreensão das relações, responsabilidades recíprocas e necessidades entre a Igreja universal e a Igreja particular.

Apesar de ser um sínodo episcopal, participaram nas escutas e nos discernimentos, nas discussões e votações, representantes ordenados e não ordenados, homens e mulheres do Povo de Deus. No final dessa *Primeira Sessão*, foi produzido um Relatório de Síntese: Uma Igreja sinodal em Missão (*Vatican News*, 29 out. 2023), que foi votado e enviado para a acolhida, discussões e acréscimos às dioceses do mundo inteiro.

c) Relatório de Síntese

O "Relatório de Síntese" (ReS1), elaborado na Primeira Sessão da XVI Assembleia do Sínodo, qualifica-se na sua *Introdução* como "instrumento ao serviço do discernimento" que continuou na *Segunda Sessão*, de 2 a 28 de outubro de 2024. O Relatório de Síntese está estruturado em torno de três eixos e vinte capítulos:

1. A meta do Sínodo de ser parteira de uma Igreja com um rosto sinodal, com alguns fundamentos teológicos que apoiam essa sinodalidade.

2. A segunda parte, intitulada "Todos discípulos, todos missionários", trata da missionariedade do conjunto do Povo de Deus, das mulheres, da vida consagrada e de agregações laicais, dos diáconos e dos presbíteros, dos bispos e do papa.

3. A terceira parte propõe "Tecer laços, construir comunidades" e aborda algumas questões específicas: a formação, o ambiente digital e a relação entre sinodalidade, colegialidade e primado; a relação do Sínodo dos Bispos e "seu caráter eminentemente episcopal"; e a "dimensão eclesial" da vida da Igreja (a participação de todos) e a dimensão primacial (o serviço do bispo de Roma, garante de comunhão).

Os vinte capítulos, que atravessam as três partes, apresentam três resumos que servirão para as Igrejas regionais, até o reinício do Sínodo pela *Segunda Sessão*. Todos os capítulos são estruturados por "convergências", "questões a aprofundar" e "propostas".

As "convergências" identificam, segundo seus autores, os pontos firmes que a reflexão pode ter em conta: "São como um mapa que permite que nos orientemos no caminho e não percamos a estrada" (ReS1, *Introdução*). As *questões a aprofundar* recolhem os pontos sobre os quais reconhecemos que é necessário continuar no caminho de um aprofundamento teológico, pastoral e canônico: "São como cruzamentos onde é preciso parar, para compreender melhor qual a direção a seguir. Já as *propostas* indicam possíveis pistas a percorrer: algumas são sugeridas, outras recomendadas, outras, ainda, exigidas com maior força e determinação" (*ibid.*).

d) Documento Final

O Documento Final (DFSU) apresenta as múltiplas contribuições da Segunda Sessão da assembleia sinodal, estruturadas em cinco partes, as quais procuram oferecer "um renovado impulso missionário através de um chamado à alegria e à renovação da Igreja no seguimento do Senhor e no compromisso com o serviço de sua missão" (DFSU, n. 3). Esse compromisso, além de apontar para o diálogo ecumênico (DFSU, n. 122), inclui também o intercâmbio com "a pluralidade de religiões e culturas, a multiformidade de tradições espirituais e teológicas, a variedade de dons e tarefas do Espírito na comunidade, bem como a diversidade de idade, gênero e afiliações sociais" (DFSU, n. 42). Nesse intercâmbio trata-se de uma troca de ideias e dons (cf. DFSU, n. 122). A pedido do papa, o documento visa a uma mística sinodal e à mudança de mentalidade e estilo de vida eclesial. Por conseguinte, tornou-se um prefixo ou guia para futuros trabalhos sinodais e atividades missionárias, sem propostas concretas para novas práticas condizentes a uma pastoral missionária aqui e agora. Substituindo a palavra "sinodalidade" pela palavra "missão", o DFSU pode ser considerado como tentativa de propor uma "Teologia da Missão", a qual poderia ser chamada de prefácio de uma "missiologia sinodal", entendendo, contudo, que seu "olhar para o Senhor não se desvia dos dramas da história" (DFSU n. 2).

A primeira parte do DFSU, intitulada *O coração da sinodalidade* (DFSU, n. 13-48), elenca, como fundamentos teológicos do Documento Final, o "chamado pelo Espírito Santo à conversão" da ação pastoral, do Povo de Deus como sacramento da unidade e a da sinodalidade como espiritualidade e profecia social. A primeira, segunda, terceira e quarta partes falam da "conversão" e lembram nesse particular o Documento Final do Sínodo para a Amazônia (DFSA) que nos títulos de cada um de seus cinco capítulos inscreveu a palavra "conversão".

A segunda parte do DFSU é um ensaio da passagem da conversão individual à conversão coletiva, resumido com o lema: *No barco, juntos: a conversão de relacionamentos* (n. 49-78), devendo esses ser vividos em uma pluralidade de contextos, carismas, vocações e ministérios ordenados a serviço da harmonia nas comunidades eclesiais missionárias.

A terceira parte propõe desde o barco, onde convivemos, *Lançar a rede* e pensar na *"conversão de processos"* (n. 79-108). Em seguida, identifica três práticas, que exigem uma profunda "transformação missionária": "discernimento eclesial, processos de tomada de decisão e uma cultura de transparência, responsabilidade e avaliação" (DFSU, n. 11).

A quarta parte do Documento Final (DFSU, n. 109-139) relaciona a *Pesca abundante* com *a conversão de laços* que estruturam essa "pesca". "O horizonte da comunhão na troca de dons é o critério orientador das relações entre as Igrejas. Ele combina a atenção aos vínculos (laços) que formam a unidade de toda a Igreja com o reconhecimento e a valorização das particularidades ligadas ao contexto em que vive cada Igreja local, com sua história e tradição" (DFSU, n. 124). A sinodalidade vivida por uma Igreja em missão "permite que as Igrejas se movam em ritmos diferentes" (DFSU, n. 124), os quais representam "uma oportunidade de troca de dons e enriquecimento mútuo". As Conferências Episcopais e as Assembleias Eclesiais (regionais, nacionais, continentais) são fóruns de discernimento "que permitem aos Bispos, colegialmente, tomar as decisões às quais estão obrigados em virtude do ministério que lhes foi confiado" (DFSU, n. 127). "Como é possível cultivar de novas formas a troca de dons e o entrelaçamento de vínculos que nos unem na Igreja, em um momento em que a experiência de estar enraizado em um lugar está mudando profundamente" (DFSU, n. 11)?

A quinta parte trata da *Formação de uma população de discípulos missionários*, dos quais cada um escuta o Senhor dizendo: *Eu também te envio* (DFSU, n. 140-151). O envio pressupõe uma formação "integral, contínua e compartilhada" (DFSU, n. 143) na sinodalidade missionária, que por sua vez demanda "novas dinâmicas participativas" (DFSU, n. 141). "A formação sinodal compartilhada para todos os batizados constitui o horizonte dentro do qual se pode compreender e praticar a formação específica requerida para os ministérios individuais e para as diferentes formas de vida" (DFSU, n. 147).

A proposta da construção de um mundo mais justo e fraterno faz do DFSU um texto amplamente inclusivo (cf. DFSU, n. 148-151). Na *Conclusão*, lembra dois eixos desse mundo novo:

- a unidade "que salva: com Deus, com toda a humanidade e toda a criação" (DFSU, n. 154), e

• a harmonia de um lugar reservado para os pobres, os últimos e os excluídos em *"Um banquete para todos os povos"*.

e) Discernimento

A discussão sobre o "discernimento" em face às divergências de opções e polaridades de setores eclesiais tem o caráter de modelo também muito além do Sínodo da sinodalidade. Em função de uma votação majoritariamente favorável, permeia o "Relatório de Síntese" (ReS1) e o "Documento Final" (DFSU) um certo irenismo. O preço que se paga por essa premissa é a exclusão de termos polêmicos e questões incômodas do léxico eclesiástico, ou o congelamento prolongado das "questões a aprofundar" (LGBTQ+, ministério diaconal e sacerdotal feminino, celibato sacerdotal, identidade de gênero). Contudo, o ReS1 nomeia, geralmente, as discordâncias abertamente e com muito respeito, enquanto o DFSU foi obrigado a "terceirizar" as questões polêmicas aos dez grupos de estudo já mencionados.

No ReS1, muitos sinodais "falaram de uma Igreja que fere. Clericalismo, machismo e um uso inapropriado da autoridade continuam a deturpar o rosto da Igreja". Propuseram "uma profunda conversão espiritual como base para qualquer mudança estrutural" (ReS1, n. 9f). O valor da tradição original e os sinais do tempo de hoje dividiram a discussão. "Foram expressas diferentes posições acerca do acesso das mulheres ao ministério diaconal. Alguns consideram que esse passo seria inaceitável na medida em que se encontra em descontinuidade com a Tradição. Para outros, porém, conceder às mulheres o acesso ao diaconato recuperaria uma prática da Igreja das origens. Outros, ainda, discernem neste passo uma resposta apropriada e necessária aos sinais dos tempos […]. Alguns exprimem o receio de que este pedido seja expressão de uma perigosa confusão antropológica" (ReS1, n. 9j), alinhada ao espírito da época e não aos sinais dos tempos.

Um argumento teológico, denominado "princípio mariano-petrino", que novamente foi lembrado nessa discussão sobre a assunção de ministérios pelas mulheres, é de Hans Urs von Balthasar (1905-1988). Esse princípio, que também aos últimos quatro papas serviu para manter a postura tradicional no que se refere à ordenação sacramental das mulheres e defender a reserva masculina de ministerialidade ordenada, mostrou-se não conclusivo em vista do reconhecimento da igualdade entre mulheres e homens no exercício do serviço sacramental-ministerial, na base comum do batismo. Para um discernimento crítico do princípio de Balthasar, o Papa Francisco convidou, no dia 4 de dezembro de 2023, três teólogas para aprofundar essas questões pendentes e romper com a "masculinidade tóxica" diante do Conselho de Cardeais (cf. Vantini et al., 2024). Vantini jogou uma pá de cal sobre os princípios de Balthasar, chamando-os de "uma fórmula vazia com tristes e injustos efeitos colaterais".

A "experiência de sinodalidade" não é somente o pano de fundo para a narrativa sobre a diversidade consensual dos carismas, das vocações e dos ministérios e sobre um campo de obras paradas. A sinodalidade é também prática pastoral e narrativa sobre construções e consertos de telhados que necessitam de reformas e decisões urgentes.

A Ceama, que é uma filha do "Sínodo para a Amazônia", mostrou que precisa ter muita clareza sobre metas, possibilidades e objetivos do trabalho pós-sinodal. Desde o primeiro dia, o tempo pós-sinodal exige uma ampla participação do Povo de Deus, sobretudo na escolha das prioridades.

A XVI Assembleia Sinodal não foi convocada para mais uma vez, em uma lógica do adiamento, relatar decisões congeladas em *stand by* ou como *status quaestionis*, que desde o Vaticano II amadureceram. E foi o Concílio que "apresentou a conversão eclesial como a abertura a uma reforma permanente de si mesma por fidelidade a Jesus Cristo [...]. Como instituição humana e terrena, a Igreja necessita perpetuamente desta reforma" (EG, n. 26; UR, n. 6). Essas reformas têm "consequências pastorais, que somos chamados a considerar com prudência e audácia" (EG, n. 47). A permanente vitória da prudência sobre a audácia seria a vitória do legalismo sobre a profecia.

O Sínodo sobre a sinodalidade precisa avançar na definição da competência pastoral e jurídica desse termo. Muitos questionamentos e decisões, que geralmente não são novos, podem ser tomados sem revisão do Direito Canônico, como, por exemplo, a conexão obrigatória do celibato ao sacerdócio (cf. DFSA, n. 111; ReS1, n. 11f).

O Relatório de Síntese menciona cinco vezes explicitamente a adaptação do Direito Canônico à realidade eclesial vivida hoje (*Introdução*, 1r, 9m, 13d, 19c). Uma dessas propostas de adaptação do Direito Canônico se refere às mulheres na Igreja: "É urgente garantir que as mulheres possam participar nos processos de decisão e assumir papéis de responsabilidade na pastoral e no ministério. O Santo Padre aumentou de modo significativo o número de mulheres em posições de responsabilidade na Cúria Romana. Consequentemente, é necessário adaptar o Direito Canônico" (ReS1, n. 9m). O mesmo deve acontecer nos outros níveis da vida eclesial. Uma real participação do Povo de Deus, além da escuta, da presença numérica e de atividades pastorais executivas, vai depender de permanentes ajustes entre conversão sinodal e participação eclesial. Esses ajustes necessitam humildade, vigilância, discernimento, coragem profética e lealdade eclesial.

10.5 Resumo, palavras-chave, questões

No *Relatório de Síntese* (RedS1) da "XVI Assembleia Geral do Sínodo dos Bispos", apresentado depois da *Primeira Sessão*, múltiplas questões e causas estão presentes e aguardam respostas, estudos, discernimentos e decisões. Era previsível que também a *Segunda Sessão* desse Sínodo (2-28 out. 2024) não poderia dar essas respostas para a prática pastoral cotidiana da Igreja universal. Por isso, o Papa Francisco, dando continuidade ao processo sinodal, constituiu, no intervalo entre a primeira e a segunda sessão do Sínodo, dez grupos de estudo específico. No início da Segunda Sessão, esses *grupos de estudo*, cujo mandato vai até junho de 2025, fornecem relatórios e informações iniciais aos delegados e delegadas da Segunda Sessão da XVI Assembleia Geral, mas continuam com seu apoio teológico e jurídico até o fim de seu mandato fora do próprio Sínodo que terminou seus trabalhos específicos em 26 de outubro 2024.

Os núcleos temáticos emanados dos trabalhos sinodais e trabalhados em perspectiva sinodal missionária por esses dez *grupos de estudo* foram: as relações entre Igrejas Católicas Orientais e Igreja Latina (1), a escuta do clamor dos pobres (2), a missão no ambiente digital (3), a revisão de textos e práticas de ambientes clericais em perspectivas sinodais missionárias (4), os ministérios e o papel da mulher (5), a vida consagrada e os movimentos eclesiais (6), as funções e a identidade dos bispos (7), o papel dos núncios (8), as questões "controversas" (9) e o diálogo ecumênico (10).

Com esse leque de questões assumidas e a sinergia entre assessorias competentes e representantes do Povo de Deus como membros da assembleia sinodal, o processo sinodal se tornou paradigmático para futuros sínodos. A escuta sinodal, que foi também uma escuta dos "sinais dos tempos" e que é sempre uma escuta de Deus nos "sinais dos tempos", está a caminho de produzir um novo rosto da Igreja em saída e a serviço do mundo dos mais necessitados.

A bandeira vermelha de uma Igreja em saída, e impulsionada pelo Espírito Santo, e o avental branco do lava-pé de Jesus, na Última Ceia, que nos dá a razão da saída, o servir aos descalços até os confins do mundo, fortalecem a esperança de que é possível transformar o sonho do Papa Francisco em realidade: "Sonho com uma opção missionária capaz de transformar tudo, para que os costumes, os estilos, os horários, a linguagem e toda a estrutura eclesial se tornem um canal proporcionado mais à evangelização do mundo atual do que à autopreservação. A reforma das estruturas, que a conversão pastoral exige, só se pode entender neste sentido: fazer com que todas elas se tornem mais missionárias, que a pastoral ordinária em todas as suas instâncias seja mais comunicativa e aberta, que coloque os agentes pastorais em atitude constante de 'saída' e, assim, favoreça a resposta positiva de todos aqueles a quem Jesus oferece a sua amizade" (EG, n. 27). Parafraseando Guimarães Rosa: "Moço, corre ao encontro do teu amor, mas não tropece, na soleira de saída, por excesso de velocidade. Deus é paciência. O contrário, é o diabo". Deus tem sonhos, sem dormir. Mas como? Só Ele sabe".

Referências

ACOSTA, J. De procuranda indorum salute. *In: Obras del Padre José de Acosta*. Madri: Atlas, 1954 [B.A.E. 73].

AGOSTINHO. *A verdadeira religião*. São Paulo: Paulinas, 1987.

AGOSTINHO. *A Trindade*. 2. ed. São Paulo: Paulus, 1995 (Col. Patrística, vol. 7).

AGOSTINHO. *Retratações*. São Paulo: Paulus, 2019 (Col. Patrística, vol. 43).

ALBERIGO, G. (coord.). *História do Concílio Vaticano II*: v. I: O catolicismo rumo à nova era – O anúncio e a preparação do Vaticano II: janeiro de 1959 a outubro de 1962. Petrópolis: Vozes, 1996.

ALTANER, B.; STUIBER, A. *Patrologia*: vida, obra e doutrina dos Padres da Igreja. 2. ed. São Paulo: Paulinas, 1972.

AMALADOSS, M. O Deus de todos os nomes e o diálogo inter-religioso. *Cadernos Teologia Pública*, II/10, São Leopoldo: Instituto Humanitas/Unisinos, 2005.

BATAGIN, S. (coord.). *Novo milênio*: perspectivas, debates, sugestões. São Paulo: Paulinas, 1997, p. 11-52.

BAUMANN, Z. *Identidade*. Rio de Janeiro: Zahar, 2004.

BENTO XVI. Discurso aos cardeais, arcebispos e prelados da Cúria Romana na apresentação dos votos de Natal (22 dez. 2005). Disponível em: www.vatican.va/holy father/benedict xvi/speeches/2005/december/documents – Acesso em 15 out. 2022

BEOZZO, J.O. *A Igreja do Brasil no Concílio Vaticano II: 1959-1965*. São Paulo: Paulinas, 2005.

BEOZZO, J. O.; MELIÀ, B.; SUESS, P. *et al. Conversão dos cativos*: povos indígenas e missão jesuítica. São Paulo: Nhanduti, 2009.

BERGOGLIO, J. Intervenção durante o pré-Conclave. *A suave e confortadora alegria de evangelizar.* Disponível em www.ihu. unisinos.br (Notícias, 26 mar. 2013). Acesso em 29 mar. 2013. Cf. nestas Referências: SUESS, P. Francisco: nome novo, 2013, p. 172s.

BERGOGLIO, J.; SKORKA, A. *Sobre o céu e a terra.* São Paulo: Paralela, 2013.

BOFF, L. *A Trindade, a sociedade e a libertação.* Petrópolis: Vozes, 1986.

BOSCH, D. J. *Para comprender el ecumenismo.* Estella: Verbo Divino, 1991.

BOSCH, D. J. *Missão transformadora*: mudança de paradigma na Teologia da Missão. São Leopoldo: Sinodal, 2002.

BRADANINI, S. Unidade "Fundamentos bíblicos da missão". Curso básico de missiologia. Disponível em: http://www.missiologia.org.br/wp-content/uploads/2017/11/2nucleo.pdf – Acesso em 15 nov. 2024.

BRECHTER, S. Die Entstehungsgeschichte des Missionsdekrets. *In: Lexikon für Theologie und Kirche.* Freiburg i. Br.: Herder (Sonderdruck), 1986. v. XIV, p. 10-21.

CAMARA, Dom H. Vaticano II: correspondência conciliar – v. I, tomo 1: Circulares à Família de São Joaquim, 1962-1964. *In: Obras completas.* Recife: Instituto Dom Helder Camara/Universitária UFPE, 2004.

CARDIM, F. *Tratados da terra e gente do Brasil.* Belo Horizonte/São Paulo: Itatiaia/Edusp, 1980.

Carta Pastoral do episcopado brasileiro ao clero e aos fiéis de suas dioceses por ocasião do Centenário da Independência (1922). Rio de Janeiro: Marques Araújo, 1922.

CASALDÁLIGA, P.; VIGIL, J. M. *Espiritualidade da libertação.* 2. ed. Petrópolis: Vozes, 1993.

CASSIRER, E. *Ensaio sobre o homem*: introdução a uma filosofia da cultura humana. São Paulo: Martins Fontes, 1997.

CASSIRER, E. *Linguagem e mito*. 4. ed. São Paulo: Perspectiva, 2000.

CASTRO, A. L. *Didactica misionera*: elementos teológicos para crecer con ojos misioneros. Bogotá: Paulinas, 1987.

Catecismo da Igreja Católica. Petrópolis/São Paulo: Vozes/Paulinas/Loyola/Ave-Maria, 1993.

CHAMORRO, G. *A espiritualidade guarani*: uma teologia ameríndia da palavra. São Leopoldo: Sinodal, 1998.

CNBB. *Subsídios para Puebla*. São Paulo: Paulinas, 1978 (Documentos da CNBB, 13).

CNBB. *Das diretrizes a Santo Domingo*. São Paulo: Paulinas, 1992 (Documentos da CNBB, 48).

CNBB. *Diretrizes gerais da ação evangelizadora da Igreja no Brasil (1995-1998)*. São Paulo: Paulinas, 1995 (Documentos da CNBB, 54).

CNBB. *Diretrizes gerais da ação evangelizadora da Igreja no Brasil (2003-2006)*. São Paulo: Paulinas, 2003 (Documentos da CNBB, 71).

CNBB. *Missionários(as) para a Amazônia*. São Paulo: Paulus, 2010 (Estudos da CNBB, n. 100).

CNBB. *Comunidade de comunidades*: Uma nova paróquia. A conversão pastoral da paróquia. São Paulo: Paulinas, 2014 (Documentos da CNBB, 100).

COMBLIN, J. *O Enviado do Pai*. Petrópolis: Vozes, 1974.

COMISSÃO TEOLÓGICA INTERNACIONAL (CTI). *A sinodalidade na vida e na missão da Igreja*, 2018). Disponível em: The Holy See: https://www.vatican.va > rc_cti_20180302_sinodalita_po – Acesso em 4 nov. 2024.

CONCILIO PLENARIO DE LA AMÉRICA LATINA. *Actas y decretos (09/07/1899, Roma)*. Roma: Tipografia Vaticana, 1906 [tradução oficial bilíngue, latim/espanhol].

Concilium Plenarium Brasiliense (Rio de Janeiro, 1939). Petrópolis: Vozes, 1939.

Concilium. Espiritualidade (seção especial), n. 19, 1966.

Concilium. Mística e crise internacional, n. 254/4, 1994.

CONGAR, Y. *Mon journal du Concile*. Paris: Cerf, 2002. 2 vols.

CONGAR, Y. *Creio no Espírito Santo*: v. I: Revelação e experiência do Espírito; v. II: Ele é o Senhor e dá a vida; v. III: O rio da vida corre no Oriente e no Ocidente. São Paulo: Paulinas, 2005.

CONGREGAÇÃO PARA A DOUTRINA DA FÉ. *Declaração Dominus Iesus sobre a unicidade e universalidade salvífica de Jesus Cristo e da Igreja*. São Paulo: Paulus/Loyola, 2000.

CONSELHO EPISCOPAL LATINO-AMERICANO. *Documentos do Celam*: Conclusões das conferências do Rio de Janeiro, Medellín, Puebla e Santo Domingo. São Paulo: Paulus, 2004.

CONSELHO INDIGENISTA MISSIONÁRIO (CIMI). *Plano pastoral e estatuto do Cimi*. 3. ed. Brasília: Cimi, 2013.

CONSELHO PONTIFÍCIO PARA A PROMOÇÃO DA UNIDADE DOS CRISTÃOS. *Diretório para aplicação dos princípios e normas sobre o ecumenismo*. São Paulo: Paulinas, 1994.

CONSELHO PONTIFÍCIO PARA O DIÁLOGO INTER-RELIGIOSO/CONGREGAÇÃO PARA A EVANGELIZAÇÃO DOS POVOS. *Diálogo e anúncio*. Petrópolis: Vozes, 1991.

CORTÉS, F. *Cartas y documentos*. México: Porrúa, 1963 [BP 2].

COSTA FREIRE, J. Prefácio: *Playdoier* pelos irmãos. *In:* KEHL, M. R. (org.). *Função fraterna*. Rio de Janeiro: Relume-Dumará, 2000.

CUNHA, M. C. da; CASTRO, E. V. de. Vingança e temporalidade: os tupinambá. *Anuário Antropológico*, 85, 1985, p. 57-78.

CURSO DE VERÃO. *Espiritualidade e mística*. São Paulo: Paulus/Cesep, 1997.

DENZINGER-SCHÖNMETZLER. *Enchiridion symbolorum definitionum et declarationum de rebus fidei et morum*. 36. ed. Barcelona/Friburgo/Brisgóvia/Roma: Herder, 1976.

DÍAZ DEL CASTILLO, B. *Historia verdadera de la conquista de la Nueva España*. México: Porrúa, 1980. 2 vols. [BP 6/7].

DIDAQUÉ: catecismo dos primeiros cristãos. 4. ed. Petrópolis: Vozes, 1983.

ENDO, S. *O silêncio*. Rio de Janeiro: Civilização Brasileira, 1979.

EPISTOLÁRIO DE SAN JERÔNIMO. Introdução, versão e notas por: Juan Bautista Valero. Madri: La Editorial Católica S.A., 1962, v. 1. p. 66.

FOUILLOUX, E. A fase antepreparatória (1959-1960). *In:* ALBERIGO, G. (coord.). *História do Concílio Vaticano II*: v. I: O catolicismo rumo à nova era – O anúncio e a preparação do Vaticano II: janeiro de 1959 a outubro de 1962. Petrópolis: Vozes, 1996. p. 69-170.

FRANCISCO. *Mensagens e homilias*: JMJ, Rio de Janeiro 2013. Brasília: CNBB, 2013.

FRANCISCO. Discurso por ocasião da comemoração do cinquentenário da instituição do Sínodo dos Bispos, 17 de outubro de 2015. *Acta Apostolicae Sedis* (AAS), 107, 2015, 1139.

FRANCISCO. Viagem Apostólica do Papa Francisco ao Chile e Peru. Encontro com os povos da Amazônia no Coliseu de Puerto Maldonado. Discurso, 19 jan. 2018, *in: The Holy See*: http//www.vatican.va – Acessado: 04.11.2024.

FRANCISCO XAVIER, São. *Obras completas*. Braga/São Paulo: Ed. A.O./Loyola, 2006.

FREUD, S. O mal-estar na civilização [1929]. In: *Obras Completas*. Rio de Janeiro: Imago, 1969. v. XXI, p. 67-148.

FRÖHLICH, R. *Curso básico de história da Igreja*. São Paulo: Paulinas, 1987.

GADAMER, Hans-Georg. *Verdade e método*: traços fundamentais de uma hermenêutica filosófica. 6. ed. Petrópolis: Vozes, 2004.

Grande Sinal: Revista de espiritualidade e pastoral. Espiritualidade e militância política, ano XLII, n. 5, 1988.

GÜNTHER, W. Geschichte und Bedeutung der Weltmissionskonferenzen im 20. Jahrhundert. *Weltmission Heute*, n. 52, 2002, p. 91-114.

GUTIÉRREZ, G. *Beber no próprio poço*: itinerário espiritual de um povo. 4. ed. Petrópolis: Vozes, 1987.

HABERMAS, J. La unidad de la razón en la multiplicidad de sus voces. *In:* HABERMAS, J. *Pensamiento postmetafísico.* Madri: Taurus, 1990. p. 155-187.

HAMMAN, A. *Santo Agostinho e seu tempo.* São Paulo: Paulinas, 1989.

HIMITIAN, E. *A vida de Francisco*: o papa do povo. São Paulo: Objetiva, 2013.

HOLANDA, S. B. de. *Visão do paraíso*: os motivos edênicos no descobrimento e colonização do Brasil. 6. ed. São Paulo: Brasiliense, 1994.

HUNTINGTON, S. P. *O choque de civilizações.* Rio de Janeiro: Objetiva, 1997.

INTERNATIONALE THEOLOGENKOMMISSION. *Die Einheit des Glaubens und der theologische Pluralismus.* Einsiedeln: Johannes Verlag, 1973. p. 17-95 [Proposições com comentários de J. Ratzinger, P. Nemeshegyi, Ph. Delhaye – versão original em francês: *La Documentation Catholique*, n. 1632, 20 mai. 1973, p. 459s.

IRINEU DE LIÃO. *Contra as heresias.* São Paulo: Paulus, 1997 [Col. Patrística].

KERTELGE, K. (ed.). *Mission im Neuen Testament.* Friburgo/Basileia/Viena: Herder, 1982.

KITTEL, G. Diathäkä ("aliança"). *In: Theologisches Wörterbuch zum Neuen Testament.* Stuttgart: Kohlhammer, 1967. v. II, p. 105-137.

KLOPPENBURG, B. *Concílio Vaticano II*: v. I: documentário pré-conciliar, 1962; v. II: primeira sessão, 1963; v. III: segunda sessão, 1964; v. IV: terceira sessão, 1965a (116a, 117a, 118a Congregação Geral: a atividade missionária da Igreja, p. 298-316); v. V: quarta sessão, 1966 (146a, 147a, 148a Congregação Geral: a atividade missionária, p. 257-276). Petrópolis: Vozes, 1962-1966.

KLOPPENBURG, B. A IV e última sessão do Vaticano II. *REB*, 25/3, 1965b, p. 425-488.

LE GUILLOU, M.-J. A missão como tema eclesiológico. *Concilium* (port.), 20, out.-dez. 1965, p. 68-111.

LEHMANN, K. *Das Christentum*: eine Religion unter anderen? Zum interreligiösen Dialoga aus katholischer Perspektive. Bonn: Deutsche Bischofskonferenz, 2005.

LEHMANN, K. *Chancen und Grenzen des Dialogs zwischen den abrahamitischen Religionen*. Berlin: Katholische Akademie/Kommissariat der Deutschen Bischöfe, 2006.

LÉVI-STRAUSS, C. *Tristes trópicos*. Lisboa: Ed. 70, 1993.

LOHFINK, N. Die unerfüllten Prophezeiungen. Von den Hoffnungen des Alten Testaments und ihrer Geltung für die Christen. *Orientierung*, 45/23-24, 15-31 dez. 1981, p. 255-258.

LORSCHEIDER, A. Conferências Gerais do Episcopado Latino-Americano e do Caribe: introdução. *In:* CONSELHO EPISCOPAL LATINO-AMERICANO. *Documentos do Celam*. São Paulo: Paulus, 2004, p. 7-13.

MASSERDOTTI, F. *Meditações de espiritualidade missionária*. São Paulo: O Recado, 1987.

MELIÁ, B. A experiência religiosa guarani. *In:* VV.AA. *O rosto índio de Deus*. Petrópolis: Vozes, 1989 [Col. Teologia e Libertação].

MERKLEIN, H. *Jesu Botschaft von der Gottesherrschaft*. Stuttgart: Katholisches Bibelwerk, 1984.

MESTRE ECKHART. *Deutsche Predigten und Traktate*. 5. ed. Munique: Hanser, 1978.

MESTRE ECKHART. O desprendimento, a completa disponibilidade, a total liberdade. *In:* MESTRE ECKHART. *A mística de ser e de não ter*. Petrópolis: Vozes, 1983. p. 147-158.

MESTRE ECKHART. *Sermões alemães*. Petrópolis/Bragança Paulista: Vozes/Edusf, 2006.

MEULENBERG, L. A questão social na Igreja antiga. *REB*, 45/180, dez. 1985, p. 663-677.

MEULENBERG, L. *Basílio Magno*: fé e cultura. Petrópolis: Vozes, 1998.

MONTAIGNE, M. de. *Ensaios*. São Paulo: Abril, 1972.

NICOLESCU, B. *O manifesto da transdisciplinaridade*. São Paulo: Triom, 1999.

NISSEN, J. *New Testament and mission*: historical and hermeneutical perspectives. Frankfurt a.M.: Peter Lang, 1999.

PAOLI, A. *Espiritualidade hoje*: comunhão solidária e profética. São Paulo: Paulinas, 1987.

Pastoral collectiva dos Senhores Bispos da Província Ecclesiástica Meridional do Brasil e resoluções e estatutos da Primeira Conferência dos Bispos da Província Ecclesiástica do Sul do Brasil – ao clero secular e regular de nossas dioceses (03-12 nov.1901, São Paulo). Rio de Janeiro: Leuzinger, 1902.

PAVENTI, S. Entstehungsgeschichte des Schemas "De *activitate missionali ecclesiae*". *In*: SCHÜTTE, J. (org.). *Mission nach dem Konzil*. Mainz: Matthias-Grünewald, 1967. p. 48-81.

PESCH, R. Voraussetzungen und Anfänge der urchristlichen Mission. *In*: KERTELGE, K. (ed.). *Mission im Neuen Testament*. Freiburg/Basel/Wien: Herder, 1982. p. 11-70.

RATZINGER, J. Comentário à Constituição Dogmática *Dei Verbum* sobre a revelação divina (DV). *In*: *Lexikon für Theologie und Kirche*. 2. ed. Friburgo/Basileia/Viena: Herder (Sonderdruck), 1986. Suplemento, v. II, p. 515-528.

RATZINGER, J. *Die Vielfalt der Religionen und der Eine Bund*. 3. ed. Bad Tölz: Urfeld, 2003.

RATZINGER, J. Der Neue Bund. Zur Theologie des Bundes im Neuen Testament. *In*: RATZINGER, J. *Die Vielfalt der Religionen und der Eine Bund*. 3. ed. Bad Tölz: Urfeld, 2003, p. 47-79.

RATZINGER, J. Der Dialog der Religionen und das jüdisch-christliche Verhältnis. *In*: RATZINGER, J. *Die Vielfalt der Religionen und der Eine Bund*. 3. ed. Bad Tölz: Urfeld, 2003, p. 93-121.

RATZINGER, J. Konzilsaussagen über die Mission ausserhalb des Missionsdekrets. *In*: SCHÜTTE, J. (org.). *Mission nach dem Konzil*. Mainz: Matthias-Grünewald, 1967, p. 21-47.

REB, 39. Número especial: *Espiritualidade de encarnação*, fasc.156, dez. 1979.

RELATÓRIO DE SÍNTESE (ReS1), apresentado depois da Primeira Sessão: Uma Igreja sinodal em missão, XVI Assembleia Geral Ordinária do Sínodo dos Bispos. *Vatican News*, 29 out. 2023. Disponível em: Synod 2021-2024, https://www.synod.va (PDF), Relatório de Síntese. Acesso em 30 out. 2023.

RICHARD, P. O fundamento material da espiritualidade (Rm 8,1-17 e 1Cor 15,35-58). *Estudos Bíblicos*, 7, 1987, p. 73-85.

ROSA, J. G. *Grande sertão*: veredas. 13. ed. Rio de Janeiro, José Olympio, 1979.

RUBIN, S.; AMBROGETTI, F. *El jesuita*: conversaciones con el cardenal Jorge Bergoglio. Buenos Aires: [s.n.], 2010.

RUIZ DE MONTOYA, A. *Conquista espiritual feita pelos religiosos da Companhia de Jesus nas províncias do Paraguai, Paraná, Uruguai e Tape (1639)*. Porto Alegre: Martins, 1985.

SAN BERNARDO. *Obras completas*. Madri: BAC, 1983. v. I.

SCHIERSE, F. J. A revelação trinitária neotestamentária. In: *Mysterium Salutis*. Petrópolis: Vozes, 1972. v. II/1, p. 77-118.

SCHÜTTE, J. (org.). *Mission nach dem Konzil*. Mainz: Matthias-Grünewald, 1967.

SEGUNDA CONFERENCIA GENERAL DEL CELAM. *La Iglesia en la actual transformación de América latina a luz del Concílio*: tomo I: ponencias. 5. ed. Bogotá: Secretariado General del Celam, 1970. p. 101-121.

SENIOR, D.; STUHLMUELLER, C. *Os fundamentos bíblicos da missão*. São Paulo: Paulinas, 1987.

SIEVERNICH, M. *Die christliche Mission*. Geschichte und Gegenwart. Darmstadt: Wissenschaftliche Buchgesellschaft, 2009.

SOBRINO, J. Espiritualidad y seguimiento de Jesus. In: *Mysterium liberationis*: conceptos fundamentales de la Teología de la Liberación. Madri: Trotta, 1990. v. II, p. 449-476.

SPADARO, Antonio (Org.). Das Interview mit Papst Franziskus. Freiburg – Basel – Wien: Herder. 2013. Tb. In: Tb. In: *L'Osservatore Romano*, edição semanal em português, Ano XLIV, n. 39, Domingo, 29 de setembro de 2013. - Tb. disponível em: https://www.vatican.va/content/francesco/pt/speeches/2013/september/documents/papa-frances co_20130921_intervista-spadaro.html

SUESS, P. Questionamentos e perspectivas a partir da causa indígena. *In:* BRANDÃO, C. R. *et al. Inculturação e libertação*: Semana de Estudos Teológicos. São Paulo: Paulinas/Cimi/CNBB, 1986. p. 160-175.

SUESS, P. Liberdade e servidão – Missionários juristas e teólogos espanhóis do século XVI frente à causa indígena. *In:* SUESS, P. (org.). *Queimada e semeadura*: da conquista espiritual ao descobrimento de uma nova evangelização. Petrópolis: Vozes, 1988. p. 21-44.

SUESS, P. Raiz e caminho – Balizas para uma espiritualidade missionária. In: *Grande Sinal*, 42, 1989/5, p. 527-538.

SUESS, P. (org.). *A conquista espiritual da América Espanhola*: 200 documentos – século XVI. Petrópolis: Vozes, 1992 (2. ed., 2024).

SUESS, P. Evangelizar os pobres e os outros a partir de suas culturas – Uma proposta de fundo para Santo Domingo. *REB*, 52/206, jun. 1992, p. 364-386.

SUESS, P. O esplendor de Deus em vasos de barro – Cultura cristã e inculturação em Santo Domingo. *In:* BOFF, C. *et al. Santo Domingo*: ensaios teológico-pastorais. Petrópolis: Vozes, 1993. p. 166-190.

SUESS, P. José de Anchieta e a memória dos outros. *REB*, 57/227, set. 1997, p. 515-536.

SUESS, P. Medellín e os sinais dos tempos. *REB*, 58/232, dez. 1998, p. 851-870.

SUESS, P. (org.). *Os confins do mundo no meio de nós*: simpósio missiológico internacional. São Paulo: Paulinas, 2000.

SUESS, P. Culturas em diálogo. *REB*, 61/243, set. 2001, p. 602-621.

SUESS, P. Pedras e horizontes para uma mística missionária militante – Apontamentos de um retiro no Cimi. *Convergência*, 39/374, jul.-ago. 2004, p. 364-372.

SUESS, P. *A propósito da evangelização explícita*: a Declaração *Dominus Iesus* revisitada [Coleção "Livros Digitais Koinonia", 2005]. Disponível em: www.servicioskoinonia.org/Libros-Digitales.

SUESS, P. A missão no canteiro de obras do Vaticano II – Contexto e texto do Decreto *Ad Gentes* revisitado 40 anos depois de sua promulgação. *REB*, 261, jan. 2006, p. 115-136.

SUESS, P. Cinco passos para retomar e continuar a caminhada. *Espaços*, 15/1, 2007, p. 29-36. Também em: CONFERÊNCIA NACIONAL DOS BISPOS DO BRASIL (CNBB). *Memória, projeto, seguimento*: Missões Populares da Igreja no Brasil. Brasília: CNBB, 2007. p. 75-83.

SUESS, P. Da revelação às revelações. *Concilium*, 2007/1, p. 43-51.

SUESS, P. Quinta conferência – quinta-essência. A missão como paradigma-síntese de Aparecida. *REB*, 67/268, out. 2007, p. 908-928.

SUESS, P. Teologia da Missão. Argumentos, linguagens, eixos e compromissos do paradigma missionário. *In:* LABONTÉ, G.; ANDRADE, J. (org.). *Caminhos para a missão*: fazendo missiologia contextual. Brasília: Centro Cultural Missionário, 2008a, p. 149-190.

SUESS, P. Ecumenismo e diálogo inter-religioso. *In:* AMERÍNDIA (org.). *V Conferência de Aparecida*: renascer de uma esperança. São Paulo: Paulinas, 2008b, p. 255-265.

SUESS, P. Do Brasil de batizados ao Brasil de discípulos missionários. Caminhar com Aparecida além de Aparecida. *Convergência*, 43/414, set. 2008c, p. 565-592.

SUESS, P. O dom da grande pesca. A última aparição de Jesus aponta para o ser missionário da comunidade (cf. Jo 21,1-14). *Convergência*, 43/415, out. 2008d, p. 650-656.

SUESS, P. *Dicionário de Aparecida*: 42 palavras-chave para uma leitura pastoral do Documento de Aparecida. 3. ed. São Paulo: Paulus, 2010.

SUESS, P. Francisco: nome novo, programa impossível? *In:* PASSOS, J. D.; SOARES, A. M. L. (org.). *Francisco*: renasce a esperança. São Paulo: Paulinas, 2013, p. 166-176.

SUESS, P. A proposta do Papa Francisco para o Sínodo Pan-Amazônico de 2019: Sinodalidade, Missão, Ecologia Integral. *Perspectiva Teológica*, Belo Horizonte, 51, 2019, p. 15-30.

SUESS, P. Fragmentos Pastorais do Sínodo Pan-Amazônico após um ano de sua realização. *Convergência*, 534, 2021, p. 62-75.

SUESS, P. O sínodo para a Amazônia: entre conveniência pastoral e audácia socioecológica. *Caminhos de Diálogo*, 8, 2020, p. 35-45. Também em: JUNCOSA, J. E.; ÁLVAREZ, L.; SALAZAR, V. L. (org.). *Misiones, Estado y pueblos indígenas*: transformaciones de una relación histórica. Quito: Abya-Yala/UPS, 2022. v. 1, p. 49-63.

SUESS, P. Apontamentos para a evangelização inculturada. *In:* PASSOS, J. D.; AQUINO JÚNIOR, F. de (org.). *Por uma Igreja sinodal*: reflexões teológicos-pastorais. São Paulo: Paulinas, 2022. v. 1, p. 175-191.

SUESS, P. Aufbruch nach der Amazonas-Synode – Synodal hellhörig und missionarisch beunruhigt. *In:* ZULEHNER, P. M.; NEUNER, P.; HENNERSPERGER, A. (org.). *Synodalisierung*: eine Zerreißprobe für die katholische Weltkirche? Expertinnen und Experten aus aller Welt beziehen Stellung. Ostfildern: Matthias Grünewald Verlag, 2022. v. 1, p. 193-207.

SUESS, P. O longo caminho da conversão sinodal à participação eclesial. *In:* PASSOS, J. D.; AQUINO JÚNIOR, F. de (org.). *Por uma Igreja sinodal*: reflexões teológicos-pastorais. São Paulo: Paulinas, 2022. v. 1, p. 175-191.

SUESS, P. Ceama – Um paradigma do magistério de Francisco. *In:* AQUINO JÚNIOR, F. de; SOUZA, N. (org.). *10 anos de Francisco*: balanço e perspectivas. São Paulo: Recriar, 2023, p. 147-160.

TAN, J. Y. "Missio inter gentes" – Towards a new paradigm in the mission theology of the Federation of Asian Bishops' Conferences. *Mission Studies*, 21/1, 2004, p. 65-95.

TEIXEIRA, F. Diálogo inter-religioso, ontem e hoje. Disponível em: www.missiologia.org.br (curso 5.3).

THILS, G. *L'infaillibilité du peuple chrétien "in credendo"*. Paris/Louvaina: Desclée de Brouwer/E. Warny, 1963. Também no caderno temático: "Os fiéis também ensinam na Igreja", de *Concilium*, 200, 1985/4.

VANTINI, L.; CASTIGLIONI, L.; POCHER, L. *Smaschilizzare la Chiesa?* Confronto critico sul "principi" di H. U. von Balthasar. Prefazione di Papa Francesco. Milão: Paoline, 2024.

VICEDOM, G. F. *Missio Dei*: eine Einführung in eine Theologie der Mission. *In*: MÜLLER, K.W. (org.). *Actio Dei*: Mission und Reich Gottes. Nürenberg, 2002.

Videomensagem. *In: Boletim da Sala de Imprensa da Santa Sé*, 7 ago. 2013.

VIEIRA, A. Sermão da Epifania (1662). *In: Sermões*. Porto: Lello & Irmão, 1959. v. I, tomo 2, p. 1-61.

VIGIL, J. M. *Macroecumenismo latino-americano*. Disponível em: www.missiologia.org.br (curso 5.2).

VIOTTI, H. A. (org.). Cartas: correspondência ativa e passiva. *In: Obras completas*. São Paulo: Loyola, 1984. v. VI.

Weltmission Heute, 2002, n. 52, Hamburg: Evangelisches Missionswerk in Deutschland/EMW [número especial por ocasião dos 50 anos da Conferência Missionária Mundial de Willingen (Alemanha): 1952-2002].

Iniciação à Teologia

Coordenadores:
Welder Lancieri Marchini e Francisco Morás

Confira outros títulos da coleção em
livrariavozes.com.br/colecoes/iniciacao-a-teologia
ou pelo Qr Code

Conecte-se conosco:

f facebook.com/editoravozes

◉ @editoravozes

𝕏 @editora_vozes

▶ youtube.com/editoravozes

☎ +55 24 2233-9033

www.vozes.com.br

Conheça nossas lojas:

www.livrariavozes.com.br

Belo Horizonte – Brasília – Campinas – Cuiabá – Curitiba
Fortaleza – Juiz de Fora – Petrópolis – Recife – São Paulo

 *Vozes de Bolso*

EDITORA VOZES LTDA.
Rua Frei Luís, 100 – Centro – Cep 25689-900 – Petrópolis, RJ
Tel.: (24) 2233-9000 – E-mail: vendas@vozes.com.br